Albrecht, 1979

VERLAG
FRITZ
MOLDEN

Roger Garaudy

DIE ALTERNATIVE

Ein neues Modell der Gesellschaft
jenseits von Kapitalismus und Kommunismus

VERLAG FRITZ MOLDEN · WIEN-MÜNCHEN-ZÜRICH

1. Auflage

Aus dem Französischen übertragen von
LISELOTTE RONTE

Titel der französischen Originalausgabe
L'ALTERNATIVE

Schutzumschlag und Ausstattung: Hans Schaumberger, Wien
Lektor: Günter Treffer
Technischer Betreuer: Franz Hanns
Schrift: Garmond Garamond-Antiqua
Satz und Druck: Friedrich Jasper, Wien
Bindearbeit: A. Popek, Wien
ISBN: 3-217-00499-x

Es fruchtet wenig, nach den Fehlern zu forschen; denn es zeugt von unlauterem Geist, die Rolle des Kritikers, der da tadelt, höher zu bewerten als die des Dichters, der da schöpferisch tätig ist.

Kopernikus

Inhalt

EINLEITUNG

Die Welt verändern und das Leben verändern

Unsere Gesellschaft ist in Auflösung begriffen.

Eine Veränderung an Haupt und Gliedern ist vonnöten, und diese kann nicht mit den traditionellen Methoden vollbracht werden. Die Beilegung einer Krise solchen Ausmaßes erfordert mehr als eine Revolution: sie erfordert eine radikale Veränderung nicht nur der Eigentumsverhältnisse und der Machtstrukturen, sondern auch der Kultur und der Schule, der Religion und des Glaubens, des Lebens und seines Sinns.

Die Welt verändern und das Leben verändern. Marx und Rimbaud.

Eine Möglichkeit allerdings scheidet völlig aus: so weitermachen wie bisher.

Es geht nicht darum, neue Antworten auf alte Fragen und Probleme anzubieten. Wir sehen uns Fragen völlig neuen Inhalts gegenüber und müssen daher die Art der Fragestellung selbst ändern. Vor allem aber ist es notwendig, daß die richtigen Fragen gestellt werden. Dabei dürfen wir nicht von den Ideologien ausgehen, die uns trennen, sondern vielmehr von den Problemen, die wir alle gemeinsam haben.

Das politische Grundkonzept an sich muß verändert werden: Es geht nicht mehr darum, seine Stimme abzugeben oder einer Partei beizutreten; vielmehr gilt es für jeden von uns, die Zukunft zu erfinden und zu entwerfen.

In der Politik gibt es kein „gebrauchsfertiges Modell“.

Es genügt nicht, daß der Mensch alles gibt, was er hat; es

wird Schwereres von ihm verlangt: alles zu geben, was in ihm ist. Mit anderen Worten: den Dichter hervorzukehren, den er in sich trägt.

Denn eine radikale Neuorientierung unserer Gesellschaft verlangt von einem jeden von uns vor allem eine Anstrengung der schöpferischen Phantasie.

Schöpferische Phantasie, um eine Gesellschaftsform und eine Lebensweise zu entwerfen, die von den heute existierenden radikal abweichen.

Schöpferische Phantasie, um die neuen Mittel und Wege zu erfinden und zu verwirklichen, mit denen diesem Zivilisationsentwurf zum Sieg verholfen werden kann.

Dieses Buch soll ein Appell und ein Anreiz sein für alle, denen die Zukunft am Herzen liegt; für alle, die den Sinn und die Freude ihres Lebens darin suchen, an der Schöpfung teilzunehmen — durch die Kunst, den Glauben, die Liebe, den forschenden Geist oder durch die Revolution.

Ein Appell zunächst an die Jugend; denn jung sein heißt nichts anderes, als fähig sein, ein Leben zu ersinnen und zu leben, das grundverschieden ist von demjenigen, das heute existiert.

Ein Schicksal auf sich nehmen oder eine Geschichte neu gestalten.

Daß diese Entscheidung uns offensteht, ist die Grundthese dieses Buches.

Es enthält kein Programm, sondern einen Zivilisationsentwurf.

Es will keine Partei schaffen, wohl aber einen neuen Geist.

Es schlägt keine Utopie vor, vielmehr einen konkreten Weg zu einem Denken und einem Handeln hin, die den Problemen unserer Zeit angemessen sind.

Hören wir zunächst die Jugend an; erfahren wir von dem, was sie ablehnt und was sie auf ihre Fahnen schreibt, damit sie nicht eine geschlossene Gesellschaft für sich bildet, sondern ihre erzieherische Rolle voll und ganz spielen kann.

Eine Revolution im Maßstab unserer Zeit ist eine Revolution, welche die Postulate über die *Ziele der Gesellschaftsform,* die seit der Renaissance die unsere ist, in Frage stellt; welche den sozialen, politischen und ideologischen *Dualismus* in Frage stellt, der für alle Gesellschaftsformen seit Beginn der Zivilisation charakteristisch ist.

Eine solche Revolution bedeutet die Veränderung der Strukturen ebenso wie die der Bewußtseinsinhalte und der Kultur. Und ebendiese dreifache Veränderung kennzeichnet den Sozialismus der Arbeiterselbstverwaltung.

Die Strukturen, die den Forderungen der heutigen wissenschaftlichen und technologischen Veränderungen entsprechen, können weder die des Kapitalismus noch die der stalinistischen Technobürokratie sein.

Die Bewußtseinsinhalte können nicht länger dazu verurteilt sein, zwischen zwei Dogmen zu wählen: zwischen einer „Religion als Opium für das Volk" und dem positivistischen Atheismus. Der Zerfall des traditionellen Christentums und des traditionellen Marxismus machen eine neue Begegnung der Revolution und des Glaubens möglich.

Die Kultur verlangt die Neufestlegung ihrer Ziele, ihres Inhalts und der Methoden ihrer Ausbreitung, um jedermann zu ermöglichen, voll und ganz an der Ausarbeitung des neuen Zivilisationsentwurfs — der „Kulturrevolution", wie die chinesischen Kommunisten ihn nennen — mitzuwirken.

Welcher Motor treibt diese Veränderung an? Die Gesamtheit der Kräfte, die mit der Entwicklung von Technologie und Wissenschaft ständig wachsen und die sich ihrer selbst als eines neuen historischen Blocks bewußt werden durch eine systematische Bildungs- und Informationsarbeit der Arbeiterklasse und dieses Blocks, von dem sie ein Teil ist.

Wie kann diese Veränderung bewußt verwirklicht werden? Die unerläßlichen Übergangsziele sind: die Einheit der Gewerkschaften, die Vereinigung der Kräfte der Arbeit und der Kultur, die Arbeiterräte und der nationale Streik als wesentliches kritisches Moment des Übergangs zum Sozialismus.

Zu welchem Sozialismus? Zum Sozialismus der Arbeiterselbstverwaltung, von dem Marx im Kommunistischen Manifest die eindeutigste Definition gibt: „... eine Assoziation, worin die freie Entwicklung eines jeden die Bedingung für die freie Entwicklung aller ist.“

Das sind keine Thesen, sondern Arbeitshypothesen, die jeden jungen Menschen, jeden Mann, jede Frau auffordern — ohne daß sie aus ihrer Partei, ihrer Gewerkschaft, ihrer Kirche oder irgendeiner anderen beliebigen Gemeinschaft austreten —, diese Forderung und diese Frage eben dorthin zu tragen und dort diesen Geist des Forschens und der Selbstbestimmung lebendig zu machen.

Es gibt keinen „dritten Weg“. Es gibt nämlich auch gar nicht zwei Wege, es gibt tausend Sackgassen — aber nur eine einzige Alternative zum Chaos.

Hier handelt es sich nicht um eine Ökonomie der Revolution.

Eine radikale Veränderung ist bereits im Gange: Wir haben die Umrisse eines Plans entworfen, um diese Veränderung bewußt in den Griff zu bekommen.

Wir haben nicht die Wahl zwischen Ordnung und Veränderung. Uns bleibt nur die Wahl zwischen einer konvulsiven Revolution und einer konstruktiven Revolution.

N. B. Wenn jemand nicht bereit sein sollte, seine eigenen Gewißheiten in Frage zu stellen, sollte er dieses Buch schon jetzt zuklappen: es ist nicht für ihn geschrieben.

I

Die Herausforderung durch die Jugend

1. Die Zukunft und die Jugend

Dieses Buch handelt von der Zukunft — von der unmittelbar bevorstehenden und der ferneren. Die eine ist bereits im Keim vorhanden und stellt die Hauptdimension der Gegenwart dar; von der Warte der anderen aus können wir die Gegenwart begreifen und unsere Entscheidungen für einen gemeinsamen Entwurf und Aufbau dieser Zukunft klarer sehen.

Unsere Zukunft ist nicht so eindeutig wie die Amerikas vor Christoph Kolumbus. Es gibt mehrere Zukunftsmöglichkeiten, für die wir verantwortlich sind. Wenn man sich über die Zukunft Gedanken macht, treibt man also nicht nur Vorausschau; es sollen dabei die verschiedenen Möglichkeiten aufgezeigt werden, so daß wir Gelegenheit haben, die Folgen einer jeden einzelnen unserer heutigen Entscheidungen vorauszusehen; daraus lassen sich dann die Maßnahmen ableiten, die es uns erlauben, von den verschiedenen einzelnen Zukunftsmöglichkeiten die wirklich wünschenswerten in die Tat umzusetzen.

Wenn die Zukunft nicht notwendigerweise die Verlängerung und Fortsetzung unserer Ängste ist, wie sie sich in dem gegenwärtigen Abtreiben in die Katastrophe abzeichnen (d. h. unter der Voraussetzung, daß wir nicht handeln), so ist sie auch nicht notwendigerweise die Verlängerung unserer Wünsche und unserer Träume, solange wir in unseren Entwürfen nicht die vorhandenen Kräfte, die konkreten Bedingungen für ihre Entfaltung berücksichtigen und die präzisen Ziele einbeziehen, auf die hin sie gelenkt und vereinigt werden können.

Die Zukunft hat schon begonnen: Daran erinnert uns die Jugend mit ihrer ablehnenden Haltung und ihrem Zorn jeden Tag aufs neue. Wenn man sich Gedanken über die Zukunft macht, sollte man vielleicht zunächst einmal diese Jugend befragen.

Sie stürzt über diese alte Erde herein wie eine Sturmflut. Fünfundzwanzig Millionen Franzosen, die Hälfte unseres Volkes, sind keine dreißig Jahre alt. In den Vereinigten Staaten von Amerika ist die Hälfte der Bevölkerung unter fünfundzwanzig. Die Hälfte der Chinesen ist unter einundzwanzig. Zwei Milliarden der knapp vier Milliarden zählenden Erdbevölkerung sind nach dem Ende des Zweiten Weltkriegs geboren. Tag für Tag zählt unser Planet einhundertfünfzigtausend Bewohner mehr.

Überall in der Welt geht diese Jugend — die Hälfte der Weltbevölkerung — ihren eigenen Weg, ja sie gründet sogar eine Gegengesellschaft mit eigenen ungeschriebenen Gesetzen, eigenen Sitten und selbstgewählten Verhaltensweisen, die nicht jene der etablierten Ordnung sind.

Dieses Unbehagen in der Jugend ist so allgemein verbreitet, daß Teilantworten, wie sie in der Politik so beliebt sind, nicht in Frage kommen. Das ist eine Revolte gegen die Widersprüche des Kapitalismus! Eine Revolte gegen die Bürokratie und den Despotismus der sozialistischen Länder! Ein Ausbruch von Nationalismus und Fremdenhaß in der Dritten Welt!

Denn die Jugend rebelliert überall: dort, wo man ihr Möglichkeiten eröffnet hat, wie in China durch die Kulturrevolution, ebenso wie dort, wo sie ihre Chance nicht erhielt, wie 1968 in Frankreich und andernorts.

Ob man das nun bedauert oder sich darüber freut — diese Einstellung wirft ein grundsätzliches Problem auf: nämlich die radikale Infragestellung unserer „Werte“ und unserer Institutionen. Diesen kritischen Fragen können wir nicht ausweichen.

Hier geht es weder darum, eine demagogische Lobeshymne auf die Jugend anzustimmen, noch einen Strafantrag gegen sie zu stellen. Wir sollen vielmehr versuchen, die Jugend zu deuten und zu erklären. Doch zunächst müssen wir sie anhören und dabei versuchen, sie zu verstehen.

Heutzutage reagiert man auf die Jugend ähnlich wie zu Beginn des 19. Jahrhunderts auf die Arbeiterklasse. Es gab Leute, die in ihr eine einzige Bedrohung sahen. „Die Barbaren hausen sogar innerhalb unserer Stadtmauern!" Und man dachte nur an Unterdrückung, an Blutvergießen, wie sie damals die Geschichte ganz Europas kennzeichneten. Doch die Arbeiterbewegung breitete sich unaufhaltsam aus. Andere wieder verstanden es, durch ungeplante Revolten das Heraufkommen einer großen Revolution zu verraten. Nach den Ereignissen von 1968 hat ein beispielhaftes Buch Klarheit in meine Gedanken über die Jugend gebracht: Friedrich Engels' 1845 erschienenes Werk «Die Lage der arbeitenden Klassen in England». An keiner Stelle idealisiert Engels die ersten Frühformen der Revolte. Er bezeugt vielmehr, daß die Industrialisierung eine Welt geschaffen hat, in der „nur eine entmenschte, degradierte, intellektuell und moralisch zur Bestialität herabgewürdigte, körperlich kränkliche Rasse sich behaglich und heimisch fühlen kann". [1] Er beschreibt den wilden Konkurrenzkampf unter den Arbeitern um Arbeitsplatz und Lohn, das Bettlertum, die Trunksucht, die sich vom Laster zu einem „natürlichen Phänomen" gewandelt hat, und — als Folge der Fabriksklaverei — die Prostitution, die so allgemein verbreitet war, daß man sie ironisch „die zwölfte Arbeitsstunde" nannte. Erniedrigung oder Revolte — eine andere Wahl gab es nicht, und die ersten Formen der Revolte waren die unergiebigsten: Maschinenstürmerei und Menschenmord. In diesem ursprünglichen Chaos vermochte Engels jedoch die Kräftelinien der zukünftigen Arbeiterbewegung zu erkennen, die fünfundzwanzig Jahre später mit der Kommune von Paris sich anschickte, „den Himmel zu stürmen".

Als ein Jahrhundert nach Engels die Arbeiterpriester sich mit dieser Arbeiterbewegung befaßten, mußten sie in ihr mit Hochachtung und Demut eine der stärksten geistigen Mächte unseres Jahrhunderts „im Kampf für neue menschliche Beziehungen, für eine Transformation der Existenzbedingungen und der Menschen und für eine neue Entfaltung der Menschheit“ erkennen.

Engels hatte diese Vision angesichts einer im Entstehen befindlichen Welt. Sie deckt sich mit der Einstellung der christlichen Religion, die in dem gekreuzigten Menschensohn das unwiderlegbare Versprechen der Auferstehung sieht — zwei untrennbare Dimensionen ein und derselben Realität.

Allein aus dieser Einstellung heraus können wir ein Verständnis aufbringen für das, was im Begriff ist zu vergehen, und was in dieser Jugend und durch sie im Begriff ist, neu zu entstehen.

Versuchen wir doch, die wir mit unseren hochmütigen Weisheiten so offensichtlich Bankrott gemacht haben, den Sinn ihres göttlichen Wahns zu begreifen.

Auf meinen Reisen, durch meinen Beruf wie durch meine aktive politische Arbeit habe ich den Vorzug gehabt, dieser Jugend überall auf der Welt zu begegnen: ich habe sie an der Universität von Moskau und auf dem amerikanischen Campus von Berkeley oder Stanford erlebt, habe mich in San Franzisko mit Hippies unterhalten und dort Verbindungen zu den „Schwarzen Panthern“ aufgenommen; ich war Gast der jungen Kommunisten von Belgrad und der Studenten an den großen Universitäten von Australien und von Kanada. Ich habe mit der Jugend von Berlin und von Mailand zu tun gehabt und auch mit der von New Delhi, Djarkarta oder Mexiko, mit jungen Afrikanern in Algier wie im Kongo und mit Vertretern der Zengakuren in Japan; ich habe mich an Ort und Stelle, innerhalb von vier Monaten, mit der Jugend in den Kibbuzim und der israelischen Armee wie mit jungen Agronomen im unteren Niltal und Arbeitern von Assuan in Oberägypten unterhalten.

Zunächst möchte ich hier bezeugen, was mich meine weltweite Erfahrung mit der Jugend gelehrt hat — nicht nur im Hinblick auf meine eigenen Kinder und meine Studenten, sondern auch in bezug auf den Sinn der nahe vor uns liegenden Geschichte, die im Entstehen begriffen ist, der Zukunft also.

Wenn ich all die Einwände und Herausforderungen, die Geständnisse und Zornesausbrüche, die Verzweiflung und Kämpfe — so groß ihre Verschiedenheit und so tief ihre Gegensätze auch sein mögen — betrachte, so bin ich heute ganz sicher, daß wir unsere unmittelbare Zukunft erkennen können: Im Bankrott unserer Zivilisation und zuweilen unserer Revolutionen zeichnet sich, dessen bin ich gewiß, schon die große Alternative ab.

Voraussetzung ist, daß wir über alles Lärmen und Schreien hinweg zu hören und zu verstehen vermögen, wogegen diese Jugend kämpft und wofür sie eintritt.

Die Herausforderung dieser Jugend trägt Fragen völlig neuen Inhalts an uns heran. Wir können versichert sein, daß wir überhaupt nichts verstehen, wenn wir uns mit Redensarten zu beruhigen suchen wie: Die Jugend war schon immer so ... Auch wir waren einmal jung und haben uns gegen unsere Eltern aufgelehnt ...

Um zu ermessen, was sich um uns herum ereignet, müssen wir uns klarmachen, daß ein heute Siebzigjähriger in der Mitte der Menschheitsgeschichte geboren ist: seit seiner Geburt haben sich ebenso viele Dinge ereignet wie sich in den sechstausend Jahren überlieferter Geschichte zugetragen haben.

Wenn dieser Herr sich dessen nicht bewußt ist oder wenn er glaubt, es handle sich da um einen schlechten Witz, so ist ihm nicht zu helfen. Er läuft Gefahr, daß er, der zu Beginn des 20. Jahrhunderts geboren wurde, einer anderen Welt angehört als seine Enkelkinder. Auf Grund des jäh beschleunigten geschichtlichen Rhythmus sind diese Enkel, die heute etwas älter als zwanzig Jahre sind, die Vorboten einer Zivilisation, die gegen Ende des Jahrhunderts den Kinderschuhen entwachsen sein wird.

Die jähe Veränderung, die sich seit der Mitte des 20. Jahrhunderts vollzieht und die durch die Entwicklung der elektronischen Datenverarbeitung, der Atomenergie und des Fernsehens gekennzeichnet ist, läßt sich mit dem Wandel, der durch die Erfindung der Dampfmaschine am Ende des 18. Jahrhunderts oder des Buchdrucks im Zeitalter der Renaissance ausgelöst wurde, nicht vergleichen.

Die einzigen Veränderungen, die in ihrer Tragweite der unsrigen vielleicht vergleichbar sind, waren das Seßhaftwerden des Menschen durch den Ackerbau und die Einführung der Schrift, die zwischen dem sechsten und dem dritten Jahrtausend vor Christus zusammen mit der Erfindung des Pflugs, des Rads, der Segelschiffahrt, des Bronzegusses, der Töpferei, der Bewässerung und der Stadt am Anfang der Zivilisation stehen. Vom Ende der Jungsteinzeit bis zur Mitte unseres Jahrhunderts hat sich keine Wachstumskrise von ähnlicher Bedeutung ereignet.

Um diese „Geschwindigkeitsveränderung" zu messen, wollen wir uns hier einiger Orientierungspunkte bedienen.

Zunächst die Schnelligkeit der menschlichen Fortbewegung: die ersten Herren des Sumererreiches, die ersten Pharaonen Ägyptens, die ersten Horden der mongolischen Steppen vor fünf oder sechs Jahrtausenden bewegten sich ebenso schnell fort wie Alexander, Cäsar oder Napoleon; den Rhythmus bestimmten die Pferde und ihre Relaisstationen. Die Eisenbahn im 19. Jahrhundert hat diese Geschwindigkeit nur verdreifacht oder vervierfacht. Erst die Überschallflugzeuge und vor allem die bemannten Weltraumraketen haben eine radikale Änderung herbeigeführt.

Auf einem noch viel wichtigeren Gebiet, nämlich dem der menschlichen Ernährung, hat sich der Anteil der ländlichen Bevölkerung, der notwendig ist, um die Städte zu ernähren, im Laufe der Jahrtausende nur unwesentlich verändert. Noch zu Beginn des 20. Jahrhunderts betrug er selbst in den Industriestaaten mehr als 50 Prozent. Erst in der zweiten Hälfte des 20. Jahrhunderts sank er dann bis auf 7 Prozent.

Während die Gesamtproduktion von Gütern und Dienstleistungen jahrtausendelang nur um 3 bis 4 Prozent in einem Jahrhundert und selbst zur Zeit der ersten industriellen Revolution nur um 20 bis 30 Prozent wuchs, verdoppelt sie sich heute in den hochentwickelten Ländern alle fünfzehn Jahre, so daß eine Gesellschaft in dem Augenblick, in dem einer ihrer Bürger das Greisenalter erreicht, zweiunddreißigmal mehr produziert als zur Zeit seiner Geburt.

Die Entwicklung des Wissens ist noch rasanter. Ein berühmter Bericht der UNESCO hat aufgezeigt, daß 90 Prozent der Wissenschaftler und Forscher, die es seit Anbeginn der Zivilisation gegeben hat, in unserer Zeit leben. Eine in aller Welt anerkannte Autorität auf dem Gebiet des Schulfernsehens schreibt: „Angesichts des Tempos, in dem sich das Wissen entfaltet, wird zu dem Zeitpunkt, da ein heute geborenes Kind die Universität verläßt, die Summe der Kenntnisse der Menschheit viermal größer sein. Wenn dieser Mensch dann fünfzig Jahre alt ist, werden zu diesem Zeitpunkt 97 Prozent seines Wissens seit seiner Geburt entdeckt und erfunden worden sein."

Die Veränderung, die das Fernsehen bewirkt hat, ist nur noch zu vergleichen mit dem Wandel, den die Anfänge der Schrift ausgelöst haben; das Fernsehen hat nicht nur wie seinerzeit die Buchdruckerkunst, quantitativ zur Verbreiterung der Kultur beigetragen, sondern auch die Qualität des Inhalts der Kultur verändert. Die Epoche der Geschichte, in der allein die Schrift die Mittlerin zwischen dem Menschen und der Welt war, ist vorüber; von nun an ist es möglich, die ganze Welt zu sehen und zu hören und ohne den Umweg über Zeichen und Symbole gleichzeitig und überall auf dem Planeten dabeizusein. Die Kinder und jungen Menschen kommen auf diese Weise unmittelbar mit Lebensformen, Lebensabläufen und Verhaltensmustern in Berührung, die in ihrer Erfahrungswelt einen sehr viel entscheidenderen und größeren Raum einnehmen als Familie, Kirche oder Schule.

Auf allen Gebieten hat also der „Höchstgeschwindigkeitsrhythmus" der Zivilisation, der sechstausend Jahre mehr oder weniger konstant geblieben war, um die Mitte des 20. Jahrhunderts jäh eine Schwelle überschritten.

In diesen Bruch des Geschichtsablaufes ist die junge Generation von heute hineingeboren. Ihre Probleme sind anders als die irgendeiner anderen Generation vor ihr, anders auch als unsere eigenen, als wir zwanzig waren.

Wie könnte es uns also erstaunen, daß ihre erste Reaktion eine globale Ablehnung unserer vorfabrizierten Antworten, unserer Institutionen und unserer Werte ist? Statt uns über diese Ablehnung zu entrüsten, wäre es vielleicht sinnvoller, wir würden uns fragen, ob unsere Antworten auf diese völlig neuartigen Fragen überhaupt noch Gültigkeit haben können, ob unsere Institutionen auf diese neuen Aufgaben eingestellt sind, ob unsere „Werte" noch stimmen oder ob das Leben sie nicht schon längst überholt hat. Seien wir der Jugend dankbar, daß sie uns durch die Heftigkeit ihrer Reaktionen die Notwendigkeit bewußt gemacht hat, die Gesamtheit unserer Lebensweise und Existenz von Grund auf neu zu überdenken.

Gerade die ältesten Institutionen werden am radikalsten in Frage gestellt: die Familie, die Kirche, die Schule, der Staat, aber auch unsere Vorstellungen und Begriffe von Arbeit und Eigentum, von Politik und Moral, von Kultur und Kunst.

Wir wollen zunächst versuchen, ohne jedes Werturteil zu beschreiben, wie sich die Jugend das alles vorstellt und wie sie es selbst lebt.

2. Wogegen die Jugend kämpft

Die Eltern sind das Symbol für die Überlieferung von Verhaltensmustern. Die erste Ablehnung gilt also der Familie, und gegen diese richtet sich auch die erste Auflehnung.

Eine Umfrage des *Institut français de l'opinion publique* deckt folgende grausame Wahrheit auf: 7 Prozent der befragten Personen wissen nicht, ob ihre Eltern noch leben.

Rund fünftausend Jungen und Mädchen zwischen vierzehn und zwanzig Jahren in Höheren Lehranstalten sowie Berufs- und Fachschulen wurde die Frage vorgelegt: „Was würden Sie lieber tun, um Ihre Privatinteressen zu finanzieren: einen Teil Ihrer Ferien arbeiten oder Ihre Familie um Geld bitten?" 85 Prozent antworteten mit „Arbeiten" — denn so könnten sie sich ihren Familien entziehen, ein anderes Milieu kennenlernen und das verdiente Geld ungehindert für Freizeitzwecke eigener Wahl ausgeben.

In den Industriestaaten sind Sinn und Inhalt der Familie nach und nach ausgehöhlt worden. Die Familie ist keine Arbeitseinheit mehr wie in Gesellschaften mit einer bäuerlichen oder handwerklichen Struktur. Sie ist kein Mittelpunkt für Bildung und Erziehung mehr, weder im technischen noch im moralischen Sinn. Als Wohneinheit und Konsumeinheit stellt sie für diese Jugend keinen „Wert“ und noch weniger eine Autorität dar. Die alten Bindungen, die auf Tradition, später auf Geld und schließlich bloß auf dem Buchstaben des Gesetzes beruhten, werden nur noch als Form der Repression angesehen, die keine lebenswichtige Funktion mehr hat.

Die Häufigkeit der Ehescheidungen bei der Jugend (40 Prozent Scheidungen im ersten Ehejahr an den kalifornischen Universitäten) ist lediglich ein anderer Aspekt des gleichen Phänomens: angesichts des unaufhörlichen Wandels der gesamten Existenzbedingungen und ihrer Probleme bedeuten Beständigkeit und lebenslange Treue eines Paares für die Jugend einen Anachronismus und eine Verarmung. Die Eifersucht ist für diese Generation eher ein Zeichen von Besitzanspruch als von Liebe. Die Familie hört auf, eine privilegierte Gemeinschaft zu sein. Es ist bezeichnend, daß der Inzest, die größte Tragödie in allen traditionellen Gesellschaften von Ödipus bis in die Mitte des 20. Jahrhunderts, in einem Film wie „Herzflimmern“ von Louis Malle mit schallendem Gelächter enden kann.

Die Sexualität außerhalb des herkömmlichen Familienzusammenhangs ist also freigesetzt. Bereits in der ersten Hälfte unseres Jahrhunderts hat Freud die Rolle aufgezeigt, welche die Unterdrückung der Sexualität im Gefüge der gesamten Zivilisation spielt. Die Absage an die Zivilisation in ihrer Gesamtheit unterstreicht ausdrücklich die Ablehnung der sexuellen Tabus. Als erster hat sich der Körper aufgelehnt; auf dem Weg in die Rebellion ist ihm der Geist gefolgt.

Es wäre absurd, die Pille zu beschuldigen, sie habe zur sexuellen Anarchie geführt; sie hat lediglich die Brüchigkeit einer „Moral“ deutlich sichtbar gemacht, die auf der Angst vor den wirtschaftlichen oder gesellschaftlichen Folgen unseres Handelns beruhte. Einem zwanzigjährigen Jungen oder Mädchen von heute erscheinen die religiösen, moralischen und politischen Polemiken über die Geburtenkontrolle, die nun zehn Jahre zurückliegen, ebenso sinnlos wie die Streitgespräche über das Geschlecht der Engel im alten Byzanz.

Wenn die Jugend es ablehnt, sich in ein Produktions- und Konsumsystem ohne jede menschliche Zweckbestimmtheit integrieren zu lassen, so fordert diese Jugend nicht mehr wie einst Bergson „ein Mehr an Seele", ganz im Gegenteil: Um Gesellschaftsformen zu sprengen, die beherrscht werden von abstrakten, entmenschlichten Forderungen nach Wachstum um des Wachstums willen und nach Technik um der Technik willen, fordert sie die Rückbesinnung auf den Körper, fordert die Beendigung des Dualismus von Körper und Seele, Symbol und Rechtfertigung aller anderen Dualismen, aller anderen Repressionen.

Dieses Bestreben der Jugend, das System zu zerbrechen und zu überholen, wird nirgends so evident wie in dem Protest an den Universitäten und den Schulen.

1968 war der spektakulärste Augenblick dieses Protests und dieser Hoffnungen. Doch die Krise hat schon vor 1968 begonnen, und da bis zum heutigen Zeitpunkt nirgendwo auch nur ein einziges Problem gelöst worden ist, hält die Krise trotz Enttäuschungen und Repressionen weiter an.

Jeder, der in irgendeiner Form einem Lehrberuf nachgeht, kann bezeugen, daß er auf wachsende Schwierigkeiten stößt und daß seine Aufgabe über kurz oder lang völlig unmöglich werden könnte.

Nicht nur die Universität, sondern das Bildungs- und Erziehungssystem als Ganzes werden in Frage gestellt. Die Jugend prüft kritisch den Inhalt und den Wert des Wissens und der Kultur, die soziale und gesellschaftliche Rolle des Unterrichtswesens, die Strukturen der Institutionen Universität und Schule.

Die Bestrebungen in diesen drei Bereichen sind in ihrem

Ausdruck zwar häufig verworren, doch ihre tiefgreifende Zielrichtung bleibt klar und eindeutig.

Hier soll diese radikale Kritik nur in großen Linien umrissen werden.

Wenn die Jugend den Inhalt und den Wert des ihr übermittelten Wissens in Frage stellt, so geht sie von dem Verdacht aus, man wolle ihr eine bestimmte Anzahl von Mythen beibringen, die zur Aufrechterhaltung des Status quo notwendig seien.

Sieht man die „Protestliteratur" durch, ob sie nun aus Nanterre und der Sorbonne im Jahre 1968 kommt oder aus Berlin, Tokio, Berkeley, Lateinamerika oder Italien, so stößt man am häufigsten auf das Thema, das der Jugend oktroyierte Wissen *verschleiere die Realität, statt sie aufzudecken.*

In dieser Hinsicht sind die „Geisteswissenschaften" geradezu ein Musterbeispiel. Hier wird das Bemühen, jede Spur von Widerspruch in unseren Gesellschaften zu verwischen, auf die Spitze getrieben. Die Studenten der Soziologie an der Universität von Amsterdam kündigten 1967 einen Vortrag an unter dem Titel: „Soll die Soziologie eine Geisteswissenschaft sein?" Nach dem zu urteilen, meinten sie, wie im allgemeinen an der Universität gelehrt wird, so sind Soziologie, Volkswirtschaftslehre, Psychologie keine Geisteswissenschaften (im Sinne einer „Wissenschaft vom Menschen"), sondern lediglich klägliche Anhängsel der Naturwissenschaften. Soziologen und Psychologen beobachten im allgemeinen die Menschen wie ein Volk von Ratten, um ihr Verhalten zu messen und zu quantifizieren. Auf dem Niveau der menschlichen Individual- und Gesellschaftsformen gebe es nur einen höheren Grad von Komplexität. Die sogenannten „Geisteswissenschaften", so folgerten sie, hätten die gleiche Methode und vor allem das gleiche Objekt wie die Naturwissenschaften: die Manipulation der Phänomene, die in diesem Fall eben Menschen sind.

In einem Bericht über die gesellschaftliche Rolle der Soziologie betonten 1968 die jungen Soziologen von Nanterre — Studenten und Professoren —, die Industriesoziologie habe im wesentlichen das Ziel, den Arbeiter seinen Funktionen anzupassen; die politische Soziologie mystifiziere den eigentlichen Begriff der Politik, indem sie ihre Forschungen auf die von den Wählern getroffenen Entscheidungen konzentriere, als seien diese der eigentliche Motor des politischen Lebens; die auf die Werbung angewandte Soziologie sei nichts anderes als eine Anpassungstechnik; selbst die von dem Verteidigungsminister der USA, McNamara, unter dem Stichwort „Projekt Camelot" ausgearbeiteten Pläne für den Polizeieinsatz gegen die lateinamerikanischen Revolutionäre seien als „soziologisches Studienprogramm" vorgelegt worden.

Zum gleichen Zeitpunkt stellten sich die jungen Psychologen der Sorbonne eine analoge Frage: „Soll der Psychologe das Instrument einer ‚besseren' Anpassung an ein sich selbst entfremdendes System sein?"

Es ist nicht erstaunlich, daß die Studentenbewegung von 1968 in Frankreich gerade in den Fachgebieten Soziologie, Psychologie und Philosophie begonnen hat: mehr als woanders wurde dort deutlich sichtbar, daß die Heucheleien einer angeblichen „wissenschaftlichen Objektivität" Techniken der Menschenmanipulation verschleiern, die dazu da sind, um das Management von Unternehmen ebenso wie das Regieren von Staaten zu erleichtern.

So verstanden, sind die Geisteswissenschaften integrierender Bestandteil einer repressiven Gesellschaft.

Auf den Vorwurf, die Realität werde verschleiert statt aufgedeckt, folgt dann die Anklage, die *Persönlichkeit werde zerstört statt entwickelt.*

Ist es nicht das Ziel des institutionalisierten Erziehungs- und Bildungswesens, das Kind zu integrieren, um es auf eine Funktion in der Produktion oder im Staat vorzubereiten? So ist man bestrebt, in der Schule und später auf der Universität eine Hierarchie von Posten und Rollen zu errichten, einen jeden zu formen und zu spezialisieren, um die Art Mensch auszubilden, die von dieser Gesellschaft gebraucht wird. Wie kann man sich dann noch wundern, daß sich diese Jugend eingesperrt fühlt in Tausenden von kleinen vorgefertigten Schubfächern, in die ein jeder hineinschlüpfen und dann sein Leben lang dort drinnen bleiben muß?

Wie schätzt die Jugend das durch ein Diplom attestierte Wissen ein, das einem ermöglicht, sich in einem dieser kleinen Fächer einzunisten und dort künftig einen Lohn oder ein Gehalt zu beziehen und, falls es sich um ein öffentliches Amt handelt, dieses wie ein Patent auszubeuten? Das manchmal bereits einen Fünfundzwanzigjährigen zum Ruhegehaltsempfänger macht? In ihren Augen ist dieses Wissen keine persönliche Aktivität mehr, sondern eine Ware. Da die gesellschaftliche Stellung häufig nach der Quantität der Ausbildung bemessen wird, die der Betreffende konsumiert hat, bekommt das Wissen die Eigenschaft einer Münze. Marx hat die Entfremdung des Arbeiters in der Klassengesellschaft und deren Grundlage, die Entwicklung des Fetischismus der Ware, analysiert; eines Fetischismus, der sich vertieft und ständig zunimmt, wenn er von der Ware auf das Geld und vom Geld auf das Kapital übergreift. Unsere Jugend bekämpft eine analoge Entwicklung auf dem Gebiet des Wissens, das ebenfalls ein entfremdetes Wissen ist — nicht mehr schöpferische Arbeit des Menschen, sondern von außen an ihn herangetragen und dem einzelnen übergeordnet, ohne jede Beziehung zu seinen eigenen Bedürfnissen, zu seinem Anspruch auf persönliche Entfaltung.

Eine der Hauptforderungen der Jugend richtet sich gegen eine Pädagogik, die die jungen Menschen in die Logik des Systems zu integrieren sucht, und sie verlangen eine Untersuchung, die *mit* ihnen und selbst *von* ihnen, nicht aber *für* sie durchgeführt wird.

Wie utopisch die Formen der Forderungen zuweilen auch sein mögen, sie zielen alle auf einen Kampf gegen die Entmenschlichung und Entfremdung des Wissens ab. Hinter dem Schlagwort „kritische Universität" verbirgt sich der Anspruch auf eine Ausbildung, die dazu beiträgt, Widersprüche, Ausbeutung und Unterdrückung nicht länger zu verschleiern; vielmehr soll sie bewußt machen, daß unser heutiges System nicht das einzig mögliche, daß unsere Welt nicht eine geschlossene, notwendige ist, die keine Auswege kennt, sondern daß in unserer Situation alle diese Erscheinungsformen begrenzt sind und außerdem verändert werden können.

Der dritte große Vorwurf: das Erziehungs- und Bildungswesen *unterschlägt das Problem der Zielsetzungen.* Im Jahre 1968 hat die Jugend in einem heftigen Ausbruch gezeigt, daß sie nicht bereit ist, sich in ein System integrieren zu lassen, dessen Sinn, dessen Wertmaßstäbe und Zielsetzungen sie anfechten muß.

Wenn die Jugend sich weigert, an Kriegsvorbereitungen teilzuhaben, der Umweltverschmutzung weiter Vorschub zu leisten, sich bedingungslos dem Wachstum um des Wachstums willen und der Manipulation des Verbrauchers zu unterwerfen, so handelt es sich dabei nicht um eine Absage an die Technik im Sinne Rousseaus, sondern um die Weigerung, das Leben ausschließlich der Technik unterzuordnen, anstatt die Technik dem Leben zu unterstellen.

Die Jugend fragt ungestüm und mit Gewalt: warum? und schneidet damit eine grundlegende und wesentliche Frage an, nämlich die nach dem Übergang von der Manipulation zur Selbstbestimmung.

Die Infragestellung der Schule leitet sich her aus der Infragestellung der Wissensinhalte: wenn dieses Wissen notwendig ist *für die Aufrechterhaltung des Status quo,* welche gesellschaftliche Funktion erfüllt dann die Institution, die dieses Wissen vermittelt?

Das Hauptbemühen ist darauf gerichtet, jeden einzelnen in seinem Fachgebiet unterzubringen, damit er den größtmöglichen Beitrag zur wichtigsten Aufgabe leiste: der Steigerung der Produktion und der Produktivität. Der Begriff der „Allgemeinbildung", zuerst als „Religion" etikettiert, dann als Unterricht in den „Humaniora", zuweilen auch unter dem Titel „Geisteswissenschaften" laufend, entspricht einem nicht mehr produktiven, wohl aber repressiven Bedürfnis.

Eine solche Begriffsbestimmung von Kultur und Bildung ermöglicht die Aufrechterhaltung eines Kastenregimes.

Nicht ohne Grund fühlte sich unsere Jugend zur chinesischen Kulturrevolution hingezogen, die die Autorität des Mandarins in Frage stellte, der seit zwei Jahrtausenden der

Gebildete, der Grundbesitzer und der kaiserliche Beamte in einer Person war. Das Herausarbeiten des Zusammenhangs zwischen der Bildungstradition und dem gesellschaftlichen und sozialen Beharrungsvermögen ist der gemeinsame Nenner der Jugend in aller Welt.

Die Infragestellung der *Struktur* der Schule leitet sich her aus der Infragestellung der Wissensinhalte und der gesellschaftlichen Rolle, die sie spielt.

Der vordergründigste Aspekt des Problems ist die mangelnde Anpassung der Institution Schule und Universität an die Anforderungen unserer Zeit. Die Universität hat lange lediglich die Funktion gehabt, Akademiker zu produzieren. Das Universitätsgetto öffnet sich jedoch so langsam den Realitäten, daß noch heute in den geisteswissenschaftlichen Abteilungen 80 Prozent der Studenten angeblich für Tätigkeiten ausgebildet werden, die sie niemals ausüben können.

Diese mangelnden Berufsaussichten haben bei dem Umsichgreifen der Revolten eine wichtige Rolle gespielt, und trotzdem ist das nicht der schlimmste Aspekt dieser Institution.

Die Struktur des Bildungs- und Erziehungswesens weist den gleichen Dualismus auf wie alle anderen Erscheinungsformen der repressiven Gesellschaft und verbindet sich mit der ausgeprägtesten Form des Dualismus zwischen Regierenden und Regierten, nämlich mit der Bürokratie.

Am stärksten ausgeprägt — und von der Jugend auch am häufigsten bekämpft — ist in dieser Struktur die enge Verknüpfung des Schul- und Universitätssystems mit dem System der Initiationsriten. Das Ziel ist immer das gleiche: die Integration der Jugend in die Gesellschaft. Die Kaste der Priester, später der Mandarine, spielt eine solche Rolle: als Wahrerin der Tradition und des Wissens fällt ihr die Aufgabe zu, Sperren zu errichten und eine Auslese zu treffen. Die Technik des Initiationsritus weist verwirrende Analogien zu derjenigen der sakralen Gesellschaften auf. Marx sagt in seiner «Kritik der Hegelschen Staatsphilosophie»: „... das Examen ist nichts anderes als die *bürokratische Taufe des Wissens,* die offizielle

Anerkenntnis von der *Transsubstantiation des profanen Wissens* in das heilige.“ [2]

Der rituelle Aspekt bringt den autoritären Charakter des Systems mit sich. Auf diesem Gebiet sind die Forderungen der Studenten und der Schüler in allen Ländern der Welt identisch: Sie wollen nicht Objekt, sondern Subjekt der Erziehung sein, wollen lieber das Gespräch mit dem älteren Berater als die große Hauptvorlesung, wollen nicht nach einem von außen herangetragenen Wertsystem beurteilt werden, das ihren Sorgen, Gedanken und Bedürfnissen fremd ist, sondern nach ihren schöpferischen Fähigkeiten, und anstelle der sogenannten „Textauslegungen“ und gekünstelten Dissertationen fordern sie die persönliche Mitarbeit am schöpferischen Akt des Künstlers.

Hier kommen wir zu dem Zentralproblem: zur Kritik an der Schule, die nur am Anfang des Lebens und außerhalb des wirklichen Lebens steht, die nichts weiß von persönlichen Problemen, vom Körper und seinen Bedürfnissen, von der Schöpfung und dem Schöpferischen, und die jedes leidenschaftliche Suchen nach den wahren Zielen ausschließt. Daß hier Anklage gegen den dualistischen Charakter der Schule als einer lebensfremden Institution erhoben wird, führt notwendigerweise zu einer politischen Kritik.

Erste Feststellung: die Masse der Jugend steht außerhalb der politischen Parteien und — noch weiter und allgemeiner gefaßt — auch außerhalb jeder Organisation, die aufgebaut ist auf dem dualistischen Prinzip der Delegation von Macht, der Entfremdung von Macht in Händen eines „Abgeordneten“ im Parlament, einer Partei, selbst einer Gewerkschaft oder einer Religionsgemeinschaft.

Die am straffsten gegliederte und zahlenmäßig stärkste Organisation in Frankreich ist zweifellos die kommunistische Partei. Doch selbst den optimistischsten Schätzungen zufolge zählt die kommunistische Jugendorganisation keine fünftausend Mitglieder; die Jugendorganisation der Regierungspartei, die U. D. R. *(Union Démocratique Républicaine),* ist von dieser Zahl weit entfernt. Die Gesamtheit der linken und extrem linken politischen Gruppen umfaßt keine fünfundzwanzigtausend aktiven Mitglieder, die der rechten Gruppen noch weniger. Insgesamt sind in Frankreich von rund fünf Millionen Jugendlichen nicht einmal hunderttausend politisch organisiert, d. h. also weniger als zwei Prozent. In den Gewerkschaften sind die meisten „wilden Streiks", die sich der Kontrolle der Organisation entziehen, das Werk von Jugendlichen.

Die U. N. E. F. *(Union des étudiants français)* umfaßt, wenn man den Bestand ihrer beiden Gruppen addiert, keine zwanzigtausend Mitglieder gegenüber einer Gesamtzahl von siebenhunderttausend Studenten, und die entsprechenden Organisationen der Rechten haben noch weniger Zulauf.

Die Organisationen der katholischen Jugend, die bis vor kurzem noch die stärksten waren, schmelzen dahin wie Schnee an der Sonne, spalten sich oder sie widersetzen sich der Hierarchie.

Soll das nun heißen, daß die Jugend sich von der Politik abwendet? Keineswegs. Sie wendet sich ab von einem ganz bestimmten Konzept einer Politik, die angeblich in ihrem Namen geschieht, jedoch auf Grund einer Art stillschweigender Delegierung und ohne die Jugend daran teilhaben zu lassen. Diese will nichts zu schaffen haben mit einem dualistischen Konzept und einer dualistischen Praxis der Politik, in denen ein Führungskader das politische Bewußtsein „von außen" an die Massen heranträgt und daraus für sich den Anspruch ableitet, in ihrem Namen zu denken und zu entscheiden.

In der ganzen Welt läuft dagegen die Bewegung der Jugend und insbesondere die studentische Bewegung auf einen politischen Kampf hinaus. In Lateinamerika, wo im Jahre 1918 die argentinischen Studenten im Manifest von Cordoba zum ersten Mal die Autonomie ihrer Universität und das Recht nach Selbstverwaltung forderten, hat dieser Bruch mit der paternalistischen und autoritären Konzeption im Laufe der letzten zehn Jahre die wichtigsten Länder des Kontinents erobert und politischen Charakter angenommen. Bei ihrem Aufstand im Jahre 1964 stützen sich die bolivianischen Studenten auf die ersten an den Universitäten durchgesetzten Freiheiten und besetzen mit Waffengewalt die Universität von La Paz. Als sich 1962 in Venezuela die Guerillas organisieren, bildet die Universität von Caracas ein regelrechtes Rekrutierungszentrum. Bei der Befreiung Kubas gehört neben Fidel Castros „Bewegung des 26. Juli" und der kommunistischen Partei auch das „Revolutionäre Studentendirektorium" zum Verband der revolutionären Organisationen.

1960 kommt es in Japan im Protest gegen die Erneuerung des Vertrages mit den Vereinigten Staaten von Amerika zum Aufbruch der Studentenbewegung. Die Regierung muß Eisenhower bitten, seinen Besuch in Tokio abzusagen, nachdem zehntausend Studenten ins Parlament eingedrungen sind und vierzigtausend Mitglieder der Zengakuren Seite an Seite mit dreihunderttausend Arbeitern der Gewerkschaften (Sohyo) an dem Marsch zum Parlament teilgenommen haben. Acht Jahre später gewinnt die Bewegung erneut an Stärke und Bedeutung, als sie gegen die Teilnahme Japans am Vietnamkrieg und gegen die geplante Erneuerung des Bündnisses mit Amerika protestiert.

In China, wo die revolutionäre Bewegung und der Kampf gegen den japanischen Imperialismus sich an der gewaltigen Studentenkundgebung vom 4. Mai 1919 orientierten, die eine ganze Generation von Aktivisten geformt hat (unter ihnen auch Mao Tse-tung), gelang den Studenten mit der Kulturrevolution abermals ein dramatischer Einbruch in das politische Leben. Als 1966 die Universitäten geschlossen wurden, gingen die Studenten zusammen mit den Roten Garden in der Gesamtheit der Jugend auf und nahmen teil an dem Kampf gegen das neue Mandarinentum, der Parteibürokratie, gegen den Dualismus stalinistischer Prägung, wo ein Führungsapparat der Partei und des Staates für sich in Anspruch nimmt, den Sozialismus *für* das Volk, aber nicht *durch* das Volk zu verwirklichen — um ein Wort Lenins zu gebrauchen. Der Einbruch der jungen Generation in das politische Leben vollzieht sich zwar oft in chaotischer, aber dennoch unwiderruflicher Weise.

In Italien war die Besetzung der Universität von Turin im Dezember 1967 gekennzeichnet durch die Aufstellung eines Gegenlehrplans in den einzelnen Fakultäten, der den Inhalt des Hochschulwesens von Grund auf in Frage stellte. Eine große Zahl katholischer Studenten, deren Held Camillo Torres war, der im Untergrund 1966 ermordete kolumbianische Priester, schlossen sich dieser Bewegung an.

In Spanien gibt es wenig Studenten (1965 waren es fünfundsechzigtausend bei einer Gesamtbevölkerung von einunddreißig Millionen). Dennoch haben sie 1962 gegen die offizielle Studentenorganisation ihre Geheimorganisation gegründet: den demokratischen Universitätsbund Spaniens, der im Dezember 1963 noch weiter ausgebaut werden konnte. Seit dem Zusammenschluß mit den Arbeiterausschüssen im Jahre 1967 spielt die Studentenbewegung, in der Kommunisten und Katholiken gemeinsam aktiv tätig sind, eine wichtige Rolle im Kampf gegen die Diktatur Francos.

Nachdem die U. N. E. F. in Frankreich eine so hervorragende Rolle im Kampf gegen den Algerienkrieg gespielt hatte, schmolz ihr Mitgliederbestand nach 1962 immer mehr zusammen, und darüber hinaus wurde die Bewegung durch unverantwortliche Studentenführer geschwächt. Dennoch trieben der Kampf gegen den Vietnamkrieg und der Ärger über die repressiven Bildungsreformen die große Masse der Studenten 1968 in den politischen Kampf, der zunächst aus Solidarität und später um der eigenen Ziele willen den gewaltigsten Streik auslöste (über neun Millionen Arbeiter und Funktionäre!), den Frankreich je erlebt hat. Damals wurde in riesigem Maßstab ein Experiment durchgeführt, und die Analyse dieses Experiments und seiner Erfahrungen ist der wesentliche Bestandteil dieser Studie.

Unmittelbar nach dem zweiten Weltkrieg stand in Deutschland die Mehrheit der Studenten rechts oder blieb passiv. Noch 1966 waren über 80 Prozent von ihnen gegen jede Teilnahme an der Leitung und Verwaltung ihrer Universitäten. 1967 lehnte die Hälfte der Studenten die Anerkennung der Oder-Neiße-Linie ab und hielt das parlamentarische Regime in Deutschland für befriedigend.

Die studentische Bewegung begann 1966 an der Freien Universität Berlin, im Zuge des Kalten Krieges nach amerikanischem Muster eingerichtet und somit anfälliger als die alten traditionellen Universitäten in Deutschland.

1967 folgte Schlag auf Schlag: in gewaltigen Demonstrationen nahmen die Studenten gegen den Besuch des Vizepräsidenten der Vereinigten Staaten von Amerika und später gegen den des Schahs von Persien Stellung. Ein Student wurde von der Polizei erschossen. Der Konzern der Springer-Presse startete eine systematische Kampagne, um die öffentliche Meinung gegen die Studenten aufzuhetzen. Doch die Bewußtseinsfindung unter den Studenten erfolgte sehr rasch: die Repression, die Manipulation, die Ergebenheit gegenüber den Vereinigten Staaten von Amerika, den Aggressoren in Vietnam — alle diese Fakten ließen sich nun als verschiedene Aspekte in ein und dasselbe System einordnen, nämlich das System des deutschen Kapitalismus, das schon einen Hitler hervorgebracht hatte. In Hamburg, Köln, Frankfurt und München wurden die Verlagsräume der Springer-Presse von den Studenten besetzt; in ganz Deutschland wurde die Verteilung der Springer-Zeitungen lahmgelegt. Die Bonner „Große Koalition" enthüllte mit aller Deutlichkeit, wie das parlamentarische System der politischen Parteien ad absurdum geführt wurde.

Die deutschen Studenten haben in der weltweiten Rebellion der Jugend eine wichtige Rolle gespielt, indem sie von der Theorie her den parlamentarischen Schwindel aufdeckten und gleichzeitig den politischen Kampf außerhalb des Parlaments und der politischen Parteien ansiedelten.

Dieses politische Verhalten der Jugend weist trotz aller Verschiedenheiten der nationalen Verhältnisse mindestens zwei wesentliche Merkmale auf. Die Tatsache, daß es im wesentlichen außerhalb der traditionellen Kader der politischen Organisationen zum Tragen kommt, ist ein Indiz für einen radikalen Wandel in der allgemeinen Linie der Politik: unter einer echten politischen Veränderung ist vor allem eine Veränderung der zu verfolgenden *Ziele* zu verstehen und nicht bloß der *Mittel,* mit denen diese politische Organisation oder jene Partei glaubt, ein und dasselbe Ziel besser und nachhaltiger verwirklichen zu können, nämlich das wirtschaftliche Wachstum und die Erhöhung des Lebensstandards.

In der traditionellen Auffassung der Politik ist jede Revolution im wesentlichen eine Übertragung der Macht von einer Gruppe auf eine andere, wobei jeder einzelne seine Macht an einen Apparat delegiert und veräußert, der in allen seinen Varianten stets ein gemeinsames Merkmal aufweist: die Bewahrung des Dualismus zwischen Regierenden und Regierten. Der regierende Apparat denkt und entscheidet im Namen aller, indem er de facto die große Mehrheit der Bevölkerung von jeder wirklichen Teilnahme an der Ausarbeitung von Entscheidungen und an der Beschlußfassung, vor allem aber von der Auswahl der zu verfolgenden Ziele fernhält. Die Ablehnung dieses Dualismus findet in der Parole von der „unmittelbaren Demokratie" ihren Ausdruck.

Diese Negationen, diese Absagen und Weigerungen, diese Revolten der Jugend — aber auch diese Verzweiflung, denn in Frankreich nehmen sich jedes Jahr siebentausend Jugendliche zwischen siebzehn und fünfundzwanzig das Leben — enthüllen, wie tief die Krise unserer Zivilisation geht. Sie tragen mit dazu bei, daß wir uns der Notwendigkeit einer radikalen Infragestellung unserer Ordnung, unserer Institutionen, unserer „Werte" und der unaufschiebbaren Dringlichkeit bewußt werden, die Zielsetzungen unserer Gesellschaft einer kritischen Überprüfung zu unterziehen.

Die Jugend lehnt auf allen Ebenen und in allen Bereichen unsere Gesetze ab. Das bekommen die Lehrenden gründlich zu spüren; die verwirrten Eltern schwanken zwischen autoritärer Willkür einerseits, wodurch die vorhandenen Risse nur bestätigt und verstärkt werden, und einer demagogischen Resignation andererseits, die keine lebendige Gemeinschaft zwischen den beiden Generationen aufkommen läßt; die Regierungen bedienen sich einschmeichelnder Redewendungen und gleichzeitig repressiver Mittel und Waffen.

Das Entweder-Oder ist unausweichlich geworden: entweder eine Repression ohne Ende und ohne Aussichten oder aber eine radikale Veränderung, d. h. eine Alternative nicht nur zu unserer Politik, sondern auch zu unserer Zivilisation.

Diese Alternative kann nicht *für* die Jugend und *ohne* sie erarbeitet werden. Eine oktroyierte Zukunft wird es nicht mehr geben.

Nachdem wir versucht haben, den wahren Sinn der Kritik zu ermitteln, den Ernst und die Tiefe des aufgeworfenen Problems auszuloten, müssen wir uns noch fragen, ob nicht etwa in diesen Gegengesellschaften mit ihren eigenen ungeschriebenen Gesetzen, die sich durch Abtrennung eines wesentlichen — und häufig des aktivsten — Teils der Jugend gebildet haben, eine Zukunft im Entstehen ist. Das ist ein Hauptpunkt unserer Überlegungen über die Zukunft und über die Gestaltung dieser Zukunft, denn die negativen Aspekte des Systems bringen nur dann eine echte Revolution hervor, wenn eine andere Möglichkeit, ein anderes Modell existiert. Eine Minderheit kann ihr nur dann zum Durchbruch verhelfen und eine neue Perspektive eröffnen, wenn sie diese Möglichkeit suggeriert, dieses Modell in großen Zügen entwirft.

Wofür kämpft also die Jugend, wofür tritt sie ein?

3. Wofür die Jugend kämpft

Ein Wille zur freien Selbstbestätigung, der nicht zu verwechseln ist mit dem verblaßten Individualismus früherer Generationen, drückt sich beispielsweise in der Musik und im Tanz aus. Das sind die typischsten Formen dieser „Gegenkultur“, ein Protest gegen den formalen Intellektualismus, der für das öffentliche Bildungs- und Erziehungswesen charakteristisch ist, in dem die praktische Ausübung der Künste, der schöpferische Ausdruck des Selbsts nur eine klägliche Rolle spielen.

Unabhängig von jedem Werturteil über die Qualität dieser Musik und dieses Tanzes (das ist ein anderes Problem, das anderweitig behandelt werden soll [3]) lassen sich drei Merkmale für diese schwärmerische Besessenheit der Jugend ablesen.

Zunächst werden Musik und Tanz nicht mehr als Veranstaltungen angesehen, denen man passiv beiwohnt. Die *Teilnahme* ist eine unmittelbare. Die Musik oder auch der Gesang beginnen; die Erwachsenen hören zu, die Jugend setzt sich in Bewegung wie zum gemeinsamen Zelebrieren eines dionysischen Kults. Weiter sind die Künste ein Mittel, das Räderwerk der nur nutzbringenden Tätigkeiten zu unterbrechen: die Popkunst entspringt vielleicht nur dem Willen, die Gegenstände ihrer funktionellen Bedeutung zu entreißen. Selbst wenn sie keine Kunst ist, so ist sie doch zumindest eine Moral, eine Haltung dem Leben gegenüber. Auch hier finden wir wieder die Bestätigung, daß ein anderes Leben, eine andere Gesellschaft möglich sind neben der heutigen, solange bis die alte ausgeschaltet werden kann.

Diese Musik und dieser Tanz sind genau die Künste, die sich den Worten, der begrifflichen Form der Rede entziehen. Diese streng genommen *ästhetische,* d. h. *unmittelbar sinnlich wahrnehmbare* Dimension unserer Beziehung zur Welt ist von der westlichen Zivilisation stets zugunsten der rein intellektuellen Aktivitäten hintangesetzt worden. Bei den nichtwestlichen Völkern hingegen spielt sie eine wesentliche Rolle. Das ist einer der Hauptgründe für die Anziehungskraft, die Indien oder der Zen-Buddhismus oder auch noch der aus afrikanischen Quellen schöpfende Jazz auf die jungen Menschen ausüben.

Es handelt sich auch hier um eine Infragestellung der Ziele. Für einen Abendländer bedeutet „verstehen" herkömmlicherweise etwas mit Worten erklären, und eben hier liegen die Wurzeln aller ästhetischen Mißverständnisse: Man glaubt gern ein Bild „verstanden" zu haben, wenn der Museumsführer den Bildinhalt beschrieben hat, d. h. alles das, was streng genommen nicht Malerei in der Malerei ist. „Picasso verstehe ich nicht . . ." Warum sollte ein Maler das Bedürfnis verspüren zu malen, wenn das, was er ausdrücken will, sich mit Worten erklären läßt? Dann wäre er besser Philosoph, Historiker oder Prediger geworden.

Wir dürfen uns nicht verhehlen, daß wir es hier mit einem grundsätzlichen Gegensatz zwischen zwei Konzeptionen von Weltverständnis zu tun haben. Hier könnte ein ernsthafter und echter Dialog ganz wesentlich zur Überwindung dieses Gegensatzes beitragen, so daß weder die ästhetische Dimension noch die logische Dimension unseres Wissens und unserer Kultur, noch der Hegelsche Rationalismus oder das „Tao“ des Laotse unterschätzt werden. Es ist ganz und gar kein historischer Zufall, daß der Kampf der Neger in den Vereinigten Staaten von Amerika eine so ausschlaggebende Rolle in dem Erwachen der Jugend gespielt hat; daß die Unterstützung des Befreiungskampfes des vietnamesischen Volkes ein gemeinsames Anliegen der Jugend in aller Welt ist; daß die Tänze, die Gesänge, die Künste Afrikas ein immer größer werdendes Publikum finden, daß Indien eine neue Faszination ausübt, daß Joga und Zen-Buddhismus sich einer Beliebtheit erfreuen wie nie zuvor; daß die chinesische Kulturrevolution einen beispielhaften Anstoß gegeben hat; daß keiner der Helden der Jugend — Mao, Lumumba, Ché Guevara, Angela Davis — der westlichen Welt angehört.

Der Kampf der lange Zeit kolonisiert oder unterdrückt gewesenen Völker bedeutet, stark vergrößert, dasselbe wie die der Jugend in aller Welt gemeinsame Forderung: Sie wollen nicht als Objekt behandelt werden, sie wollen die Anerkennung ihrer eigenen Persönlichkeit durchsetzen, sie stemmen sich gegen jeden Versuch der Integration in ein von außen herangetragenes, oppressives und repressives System.

Daß diese Jugend dem Sinnlichen und Unmittelbaren wieder Geltung verschafft, ist ein hoffnungsvolles Versprechen für die Zukunft. Zweifellos ist damit manchmal auch der Wunsch verbunden, die Intensität der sinnlichen Wahrnehmung zu übersteigern, und sei es durch die Droge. So wird die Droge ein Mittel zur Erhöhung der ästhetischen Erfahrung. Das Lob des Haschisch und seiner halluzinogenen Kräfte bei Baudelaire hat in großem Ausmaß Schule gemacht. Marihuana überhöht die Wahrnehmung von Farben, Tönen, Düften. Meskalin oder LSD haben ähnliche Wirkungen, wenn auch mit größeren schädlichen Folgeerscheinungen. Diese Euphorie löst Illusionen aus. Vor einem halben Jahrhundert haben die Surrealisten die Erfahrung gemacht, daß das passive automatische Niederschreiben für einen Dichter eine fruchtbare Methode des Schöpferischen ist; wird jedoch das automatische passive Niederschreiben von einem durchschnittlich begabten Menschen angewandt, so kommt auch nur Durchschnittliches zustande. Die Dichtung ist kein fremdes Land, das man nur noch zu erforschen braucht, nachdem man dort gewaltsam eingedrungen ist. Ebensowenig genügt es, sich „einer systematischen Überspannung aller Sinne" preiszugeben, um ein Rimbaud zu werden. Der Gebrauch der Droge zur Abschüttelung aller Grenzen und als vollkommener Ausdruck des eigenen Selbsts geht also auf eine Mythologie der Spontaneität zurück. Die Spontaneität hat einen unbestreitbaren Befreiungswert gegenüber jeder Anmaßung, „von außen" an den Menschen seine Wahrheit und sein Glück heranzutragen; gegenüber der Logik eines bankrotten Systems stellt sie die Kraft des Sinnlichen und des Unmittelbaren wieder an ihren Platz; sie kündigt eine neue Form der menschlichen Beziehung an.

Doch eine ständig wiederholte Spontaneität ist keine Spontaneität mehr; sie verwandelt sich in ihr Gegenteil. Eine immer wieder neu herbeigeführte Überreizung der sinnlichen Wahrnehmung stumpft die Sensibilität ab. Es besteht die Gefahr, daß die Trips, zu denen die Droge uns einlädt, immer ärmer und einsamer werden. Doch bestehen bleibt — und das ist das Wesentliche —, daß diese Trips ein Mittel sind, einer Gesellschaft abzusagen und zu entfliehen, in der das Leben nicht mehr zu ertragen, nicht mehr zu leben ist. *Der Rauschgiftsüchtige ist kein Delinquent, sondern ein Kranker. Und seine Krankheit ist gesellschaftlichen und sozialen Ursprungs.*

Um jede Heuchelei in dieser Sache zu vermeiden, scheint es nach dem Vorhergesagten angebracht, daran zu erinnern, daß man die Verbraucher der am meisten die Gesundheit schädigenden (und auch teuersten) Drogen, wie etwa Heroin, nicht nur in der Jugend antrifft, sondern auch — und sogar in überwiegendem Maße — unter den Erwachsenen und unter den älteren Menschen. Es muß eindeutig festgestellt werden, daß die Nutznießer dieses Handels, der auf internationaler Ebene in gewaltigen Syndikaten organisiert ist, im allgemeinen mehr „reife" Menschen sind und in Organisationen, die nicht in den Händen der Jugend liegen, sehr mächtige Helfershelfer besitzen. Will man die Schuldigen treffen, so muß man bestimmt nicht bei der Jugend anfangen, sondern bei dem System, das diesen Handel hervorbringt und duldet.

Man kann dem Gebrauch von Mitteln, die zur Flucht aus dieser Welt dienen, nur dann wirksam Einhalt gebieten, wenn man eine Welt schafft, die den Wunsch nach Entfliehen nicht mehr aufkommen läßt.

Hier gelangen wir an die Grenzen des religiösen Problems. Es stellt sich der Jugend von heute in einer um so einschneidenden und kritisch zugespitzten Form dar, als die Kirche im Abendland über ein ganzes Jahrtausend uneingeschränkt die Kupplerin für die großen Möglichkeiten des Entfliehens gewesen ist und geistig-geistliche Rechtfertigungen für alle Dualismen geliefert hat, vom Dualismus der Seele und des Körpers bis hin zu dem der Klassen und den politischen Herrschafts- und Machtformen.

Es überrascht nicht, daß es die Religionsgemeinschaften sind, die heute von allen aus der Vergangenheit überkommenen Institutionen durch den Protest der Jugend am stärksten erschüttert werden — und zwar bis in ihre Fundamente, denn die Jugend war gleichsam der Sauerteig; nun setzt sich die schwerfällige Masse nach und nach in Bewegung.

Die Jugend hat in den Dualismus der inneren Organisation der Kirche eine Bresche geschlagen durch ihren mißtrauischen Argwohn gegenüber allem, was die Kirche zu einer eigenständigen außerhalb der Gesellschaft und über ihr stehenden Körperschaft machen könnte. Das äußert sich nicht nur in der Tatsache, daß z. B. die katholische Kirche in zunehmendem Maße Mühe hat, junge Leute für die Ausbildung als Priester an ihren Seminaren zu gewinnen, daß bestimmte religiöse Orden (sowohl männliche als auch weibliche) mangels Nachwuchs ihre Novizenhäuser haben schließen müssen, sondern noch stärker in der immer dringender werdenden Forderung nach Verschmelzung der Kirche mit der Welt und ihren Problemen. Die Arbeiterpriester waren die Wegbereiter einer künftig nicht mehr rückgängig zu machenden Bewegung, indem sie es ablehnten, die Arbeit vom Glauben, die Priesterwürde vom Arbeiterleben zu trennen, und dieses Arbeiterleben verstanden sie in allen Dimensionen: nicht nur Not und Elend, die geteilt werden, sondern auch aktiver politischer Kampf. Die Frage des Zölibats der Priester und der Nonnen ist heute nur noch einer von vielen Aspekten dieses Willens, die Kirche voll und ganz in das Leben zu integrieren und den Glauben auf allen Gebieten des Lebens praktisch zu leben, nicht aber außerhalb des Lebens. Die Bedeutung, die man in der katholischen Kirche dem Laienapostolat beimißt, der Möglichkeit, verheiratete Männer und Frauen als Priester zu ordinieren, fällt ebenfalls unter diese Absage an alle Dualismen. Natürlich werden sich nicht alle diese jungen Leute den streitbaren Christen anschließen, die im Fieber der Junitage des Jahres 1968 im Amphitheater Saint-Yves und in der Kirche Saint-Séverin erklärten: „Wir verwerfen die schandbare Trennung von Glaubenskindern und ihren Vätern, den Priestern und Pastoren. Die geistliche Kaste muß gestürzt werden. Sie verlangt danach. Weg mit den Mandarinen." Doch das war nur der — vielleicht übertriebene — Ausdruck einer tiefen, ebenfalls nicht mehr aufzuhaltenden Strömung.

Diese Strömung findet ihren Ausdruck in einer neuen Doktrin, in der Theologie selbst. Unter der christlichen Jugend Lateinamerikas mehren sich die Stimmen, die einen immer enger werdenden Zusammenhang zwischen Auferstehung und Aufstand zu erkennen meinen, und das Buch von Pater Comblin, das diesen Geist bezeugt, hat bezeichnenderweise den Titel «Theologie der Revolution».

Ebenso aufschlußreich ist es, daß im französischen Protestantismus sich ein rascher Wandel von der von Pastor Bonhoeffer beeinflußten „Theologie der Wirklichkeit" zur „Theologie der Revolution" vollzogen hat. Unter den jungen Protestanten von Straßburg, die sich auf die Vorstellungen von Bonhoeffer berufen, sind die radikalsten Streitthesen der sogenannten „Situationisten" entwickelt worden.

In den Ländern der Dritten Welt haben einflußreiche Gruppen sämtlicher Religionen einen Zusammenschluß mit den nationalen Befreiungsbewegungen herbeigeführt: nicht nur in Lateinamerika, sondern auch unter fast prophetischen und messianischen Formen bei den jungen Muselmanen in Afrika, wo der Islam — wie z. B. in Algerien — mit dem nationalen Befreiungskrieg eng verbunden war, so wie es heute in Vietnam die buddhistischen Bonzen sind. Nichts hat mich so beeindruckt wie in Bangkok im Tempel von Wat-pho ein junger buddhistischer Mönch (eben jenes Buddhismus, der so lange Zeit die dualistischste aller Religionen und am stärksten bemüht war, den Menschen von der Erde abzulenken) mit außergewöhnlichem kämpferischem Eifer davon sprach, er wolle sich nicht einer anderen Welt oder der Vergangenheit zuwenden, sondern der Zukunft, um die Welt zu verändern.

In den christlichem Kirchen muß sich die Jugend mit dem furchtbaren, schwer lastenden Gewicht der Vergangenheit auseinandersetzen: mit dem Dualismus von Seele und Körper und mit der damit verbundenen Folgerung der Platoniker von der Unsterblichkeit der Seele, mit jener Tendenz — wie Teilhard de Chardin sagte —, im Körper, im Sexualleben wer weiß was für einen Pfuhl zu sehen. Dieser Dualismus wird unmittelbar ins Politische und Gesellschaftliche übertragen: unter dem Vorwand des Primats des „Geistes" eine deutliche und ausgesprochene Präferenz für eine „Ordnung", die an der Seite des „Geistes" angesiedelt ist, gegenüber den Revolten, die dem Chaos und der „Materie" gleichgesetzt werden.

Demgegenüber drückt die unter der Jugend sich abzeichnende grundlegende Orientierung — und zwar in radikal neuer Weise — eine der tiefgehendsten Strömungen des Christentums aus, die das herausstreicht, was die Theologen Eschatologie nennen, d. h. die christliche Hoffnung.

Doch hier offenbart sich, über den rein theologischen Aspekt weit hinausgehend, eine neue Art, die Beziehungen des Menschen zur Welt und die Beziehungen der Menschen untereinander praktisch zu leben. Mangels eines besseren Begriffs wollen wir sie „dionysisch" nennen.

Zunächst einmal, weil wir damit Nietzsche heraufbeschwören, an dem sich, bewußt oder unbewußt, viele Aktionen der Jugend von heute orientieren.

Apollo, Sinnbild und Ideal des klassischen griechischen Denkens, ist der Herr der Vernunft, der Disziplin, des Gleichgewichts, der typisch griechischen Weisheit, die jeden Versuch, die Grenzen des Menschen zu überschreiten, als Maßlosigkeit, als *Hybris* verdammt — die Herrschaft des Gesetzes und der Ordnung. Paradigma des apollinischen Tuns ist der Bildhauer, der Handwerker, der jedes Ding nach dem Gesetz formt und herstellt und dabei die gottgewollte Ordnung achtet.

Paradigma des dionysischen Tuns ist der Tänzer. Der Tanz ist die Metapher eines Lebens, das nicht als transzendente Ordnung begriffen wird, die durch Arbeit nachzuvollziehen ist, sondern als ein Strom, der durch uns hindurchfließt und dessen Darstellung die Fähigkeit der Worte übersteigt. Er bedeutet das Wiederaufleben der ursprünglichen, präzivilisatorischen Einheit von Mensch und Natur, und er hat sich in der Geschichte jedesmal dann als Eruption offenbart, wenn die überlieferten Grenzen überschritten worden sind, nämlich in den Mystizismen und in den Revolutionen, in den Utopien und in den Wahnideen.

Der alte aristotelische Gott, die bewegungslose Antriebskraft, dieser frigide Gott ist tot, und ich bezweifle sehr, ob die Jugend auf seinem Begräbnis Tränen vergießt. In einer Zeit, in der die Substanz Werden, die Masse Energie, das Sein Relation ist, nach Marx, Nietzsche und Freud, kann für die Jugend der einzige Gott, der zu begreifen und mit Leben zu erfüllen ist, nur die schöpferische Kraft im Innern eines jeden Dinges sein. Gott ist überall dort, wo etwas Neues im Entstehen begriffen ist, in einem schöpferischen Akt der Kunst, in einer wissenschaftlichen Entdeckung, in einer Liebesbeziehung oder in einer Revolution. Gott ist das Gegenteil der Entropie. Entropie, du Universalgesetz des Energieverlustes, das Leben hat über dich fast schon den Sieg davongetragen! Ein neuer Glaube ist angetreten, und mit seiner Herausforderung zu neuem Aufstieg gibt er dem Leben seinen Sinn, seine Kraft und seine Blüte zurück.

Diese Haltung der Jugend strebt eine neue Form der Beziehungen unter den Menschen an, eine neue Einstellung zum Leben: die Verwandlung des Schicksals in Dichtung.

Was unsere Jugend bekämpft, das ist der Dualismus in allen seinen Formen. Sein unmittelbarer Ausdruck ist der Dualismus von Seele und Körper, der alle anderen mit einschließt: den Dualismus der Autoritäten — die des Vaters, des Meisters, des Chefs, der „Werte", der Religionen, der Parteien, der herrschenden Klassen — und den Dualismus der Menschen, die in die Rolle von nur Ausführenden gezwungen werden; die Ziele werden „von außen" an sie herangetragen, in der Moral wie in der Politik, in der Arbeit wie in der Literatur oder in der Kunst, und man erwartet von ihnen lediglich die Integration in dieses System von Zielen, das unter historischen Bedingungen und Voraussetzungen geschaffen wurde, die völlig verschieden sind von den heutigen, und das keine Antwort weiß auf die Fragen und die Forderungen und Notwendigkeiten unserer Zeit.

Was unsere Jugend öffentlich ankündigt, das ist eben die dringende Notwendigkeit, endlich die grundlegende Frage nach den Zielen zu stellen, selbst wenn sie das auf eine chaotische, anarchische, utopische, kurz mythische Weise tut. Ja, es gibt einen „Mythos" der Jugend. Aber Mythen entstehen niemals vergebens: Sie werden geschaffen, wenn ein tiefes Bedürfnis des Menschen auftaucht und dieses Bedürfnis in der bestehenden Gesellschaft nicht gestillt werden kann. Der Mythos deutet nur an; wir müssen lernen, ihn zu entziffern. Der Mythos ist immer Hinweis auf Transzendenz. Man muß ihn lesen, um zu verstehen, was er bedeutet. Dieses Buch soll ein Versuch zum Lesen und Entziffern sein. Ein buddhistisches Sprichwort lautet: „Wenn der Finger auf den Mond zeigt, schaut der Dummkopf auf den Finger."

Von dem Versuch her, den Mythos zu lesen und zu entziffern, können wir gemeinsam mit der Jugend die Zukunft entwerfen und aufbauen. Was dieser Jugend fehlt, sind Gedächtnis und Hoffnung. Um ein blindes Abtreiben in die Katastrophe zu verhindern, müssen wir eine Freiheit jenseits des Konformismus und der Revolte erobern, müssen wir uns bemühen, mit dieser Jugend eine gemeinsame Geschichte und eine gemeinsame Hoffnung zu haben.

II.

Was geschehen muß

1. Eine Veränderung der Strukturen: weder Kapitalismus noch stalinistische Technobürokratie

Das Fehlen menschlicher Zweckbestimmtheit in der Wirtschaft und in der Gesellschaft ganz allgemein hat seinen Ursprung im Prinzip des Kapitalismus selbst.

Die Zeit von der Renaissance bis zum Beginn des 20. Jahrhunderts ist gekennzeichnet durch die Ausdehnung des Handels und der Wirtschaft.

Der Zusammenbruch des großen kontinentalen Verkehrsnetzes in der Zeit der Völkerwanderung und, einige Jahrhunderte später, die Beherrschung des Mittelmeerraumes durch die Araber machten aus Europa einen zerstückelten Wirtschaftsraum, in dem der Markt nur noch eine untergeordnete Rolle innerhalb der begrenzten Wirtschaftseinheiten der Feudalgesellschaften spielte. Weder die Menschen noch der Grund und Boden oder das Geld waren den Gesetzen des Marktes unterworfen; außerwirtschaftliche Normen, die sich jedoch von den politischen und religiösen Hierarchien herleiteten, bestimmten und regelten die Arbeit der Menschen und das Eigentum an Grund und Boden, das kommerziell nicht übertragbar war; der Handel mit Geld war durch das Verbot von verzinslichen Darlehen, die dem Wucher gleichgestellt wurden, praktisch blockiert und konnte nur sporadisch von denjenigen betrieben werden, die außerhalb der Feudalgesellschaft lebten, d. h. an ihrem Rand oder in ihren Ghettos, wie beispielsweise die Juden.

Als durch die Zurückwerfung der Türken die Handelsschiffahrt im Mittelmeer wieder aufblühte und die großen Entdeckungen die Ausplünderung von drei Kontinenten möglich machten, wurden die Herrschaft des alten Besitz- und Blutadels und die religiösen Interdikte abgebaut. Außerhalb des Grundbesitzes der Feudal- und Sakralgesellschaft entwikkelten sich ein neuer Reichtum und eine neue Macht. Sie gründeten nicht mehr auf der Erblichkeit des Adels oder auf der geistlichen Ordination, sondern auf der Kraft und der List jener Männer, die eroberten und Handel trieben.

Die neuen Herren der Welt, die Gründer der ersten Kolonial„kompanien" rissen alles an sich, und zwar mit allen Mitteln, sei es wie in Amerika durch die Ausrottung ganzer Kontinente, oder wie in Afrika durch den Sklavenhandel mit Negern, oder wie in Asien durch Plünderungen von Kulturen, die zwar höher entwickelt, aber schlechter bewaffnet waren als die Europäer, und schufen so zwischen dem 15. und dem 16. Jahrhundert auf weltweiter Ebene eine noch nicht dagewesene Struktur der menschlichen Beziehungen: zum erstenmal in der Geschichte zeigte der Markt die Tendenz, sich zum Weltmarkt zu entwickeln. Jedes religiöse, moralische oder politische Hindernis auf dem Weg zu dieser weltweiten Ausdehnung des Marktes wurde beseitigt, und das Gewinnstreben war fortan die einzige Antriebskraft menschlichen Tuns. Das Neue daran war nicht der Markt als solcher, sondern der absolutistische Anspruch des Marktes, der keine anderen Gesetze außer den seinen gelten ließ und sich alle anderen gesellschaftlichen und sozialen Beziehungen und Verhältnisse unterwarf. Und eben das charakterisiert den Kapitalismus und unterscheidet ihn von allen anderen gesellschaftlichen Systemen, die im Laufe der Geschichte verwirklicht worden sind. Er erreichte seinen Höhepunkt am Ende des 19. und zu Beginn des 20. Jahrhunderts.

Angespornt durch die großen Erfindungen in den Produktionstechniken und auf dem Gebiet des Transportwesens (insbesondere durch die Erfindung der Dampfmaschine), durch die Fortschritte in der Nachrichtenübermittlung vom Buchdruck bis zu Funk und Fernsehen, durch die Verbesserung des Kredit- und Devisenwesens wie des Bank- und Börsenwesens schuf die auf dem Markt und auf dem Profitstreben aufgebaute Wirtschaft, die typisch kapitalistische Wirtschaft also, in drei Jahrhunderten jene Institutionen, die geeignet waren, alles in das freie Kräftespiel des Marktes einzubeziehen.

Zunächst das *Geld,* indem man die Aufhebung der kirchlichen Interdikte gegen Wucher und Zinsdarlehen durchsetzte. Dann den *Grund und Boden,* dessen Freigabe zum Verkauf der Feudalgesellschaft einen tödlichen Stoß versetzte. Und schließlich die menschliche *Arbeit,* d. h. den Menschen selbst, nicht nur durch die Einführung des Sklavenhandels mit Negern, sondern auch durch die Einführung der lohnabhängigen Arbeitnehmerschaft, wodurch die Arbeitskraft in eine Ware verwandelt und wie alle anderen den Gesetzen des Marktes ausgeliefert wurde. Der Kapitalismus, sagte Lenin, ist das System der Warenproduktion, das ein Stadium erreicht hat, in dem die Arbeitskraft Ware wird.

Nachdem das Geld, der Grund und Boden und die Arbeit nur noch unpersönliche Handelseinheiten und somit den Gesetzen von Angebot und Nachfrage unterworfen waren, waren sie zu bloßen Teilen im Räderwerk jenes großen Mechanismus geworden, den einzig und allein die Gesetze des Dschungels der sich bekämpfenden Privatinteressen lenkten. Die vom Markt erzeugte „Freiheit" ist in ihrer reinsten Form praktisch die Registrierung der Kräfteverhältnisse zwischen den verschiedenen Besitzern von Reichtum. Von nun an hat jede Sache ihren Preis, der das Ergebnis aus diesem blinden Kampf aller gegen alle ist.

Alles ist käuflich und verkäuflich. Es gibt nichts mehr, was nicht vom Triebwerk dieser Teufelsmühle erfaßt wird.

Der Kapitalismus ist nicht nur ein ökonomisches System; denn dieses ökonomische System setzt notwendigerweise eine Gesellschafts- und Sozialstruktur voraus, d. h. hierarchische gesellschaftliche Beziehungen zwischen der Macht der besitzenden Minderheit und der Abhängigkeit aller derer, die nicht im Besitz der Produktionsmittel sind; ebenso eine politische Struktur, die in unterschiedlichen Formen die ökonomische und gesellschaftliche Abhängigkeit widerspiegelt; und schließlich ein Modell der Kultur und der Zivilisation, in dem die Menschen nach den Erfordernissen des Marktes, des Wettbewerbs, des Gewinns ausgebildet und von denjenigen manipuliert werden, die mit dem Kapital die erdrückende Mehrzahl der Informations- und Nachrichtenmittel besitzen (Presse, Verlag, Film, Rundfunk, Fernsehen, Werbung usw.).

Einer Gesellschaft, die nach den blinden Gesetzen der Konkurrenz aller gegen alle und des Gewinns und Profits einiger weniger regiert wird, wo die Investition keine gesellschaftliche Funktion mehr hat, sondern einzig und allein von dem privaten Unternehmen abhängig ist, entgleitet die bewußte Kontrolle ihrer wirklichen Ziele.

Es handelt sich um die erste Gesellschaft in der Geschichte, die nicht auf einem Kultur- und Zivilisationsentwurf errichtet ist.

Man hört immer wieder den Gemeinplatz, daß unsere „abendländischen" Gesellschaften seit der Renaissance entsakralisiert sind. Nichtsdestoweniger ist das ein Irrtum. Eine Sakralgesellschaft ist eben auf ein absolutes Ziel hin angelegt, das von außen herangetragen und dem Willen ihrer einzelnen Mitglieder übergeordnet ist. In den griechischen Stadtstaaten und später in der römischen Gesellschaft drückte die Religion, der Staatskult, die Bestimmung und die Ziele der Gesellschaft aus: die göttliche Ordnung ehren und achten. Mit dem Verfall des römischen Imperiums übernimmt die Kirche dieses Amt. Bezeichnenderweise geht der Titel „pontifex maximus" vom Kaiser auf den Papst über. Von Kaiser Konstantin bis zur Renaissance, also über ein Jahrtausend, waren unsere abendländischen Gesellschaften auf der Gewißheit gegründet, daß es eine gottgewollte Ordnung gab und daß sich alle Tugenden des persönlichen und kollektiven Lebens aus der Forderung herleiteten, sich nach diesem göttlichen Plan zu richten.

Seit der Renaissance und mit der Ausbreitung des Handels, später der Industrie, gewinnen Wirtschaft, dann Politik und schließlich auch Moral und Geistesleben zusehends an Eigenständigkeit.

Eine solche Gesellschaft ist *säkularisiert,* insofern die Religion dort „Privatangelegenheit" geworden ist. Aber sie ist deshalb noch nicht *entsakralisiert,* denn sie bleibt einem absoluten Endziel unterworfen, das von außen herangetragen und dem Willen ihrer Mitglieder übergeordnet ist, obwohl dieses Ziel kein religiöses mehr ist: der wirtschaftliche Erfolg der Unternehmen (sowohl der Einzel- als auch der Kollektivbetriebe) wird zum Ziel an sich.

Da Voraussetzung für die „erweiterte Reproduktion" des Systems die technische Entwicklung ist, wird diese ihrerseits zu einem Ziel an sich. Schon im 17. Jahrhundert sah Descartes „eine Wissenschaft" voraus, „die zu Herren und Besitzern der Natur machen werde". Bereits im 18. Jahrhundert war der Begriff des „Fortschritts" das Äquivalent für die frühere „Vorsehung" geworden, und zwar als absolute Norm für das menschliche Handeln, da der Fortschritt definiert wurde als ein konstantes Anwachsen der Produktion, des Verbrauchs, des Gewinns, der Leistung. Die moderneren Begriffe „Wachstum" oder „Entwicklung" bezeichnen dieselben Realitäten und dieselben Mythen und unterliegen auch denselben Kriterien.

J. K. Galbraith hat den Grundcharakter einer solchen Zivilisation in einem witzigen Einfall folgendermaßen umrissen: Dort geschieht alles so, als ob der Heilige Petrus, vor die Wahl gestellt, wen er ins Paradies einlassen und wen in die Hölle schicken solle, immer nur die eine Frage stellte: Was hast du auf Erden getan, um das Bruttosozialprodukt zu steigern?

In einer derartigen Gesellschaft gibt es noch eine absolute Zweckbestimmtheit: das Wachstum um des Wachstums willen, aber das ist eine Finalität ohne Ziel, oder genauer gesagt, ohne ein spezifisch menschliches Ziel. Das Spiel der Konkurrenz zwischen einzelnen, zwischen Unternehmen, zwischen Staaten ist derart, daß kein Mensch mehr über Zwecke und Ziele entscheidet, sondern nur noch über die Mittel, und zwar diejenigen Mittel, mit denen das Optimale an Gewinn und Wachstum erreicht werden kann.

So bleibt die absolute Finalität, von außen herangetragen und dem Willen der einzelnen übergeordnet, weiter bestehen, doch anstatt unverhohlen als Transzendenz eines göttlichen Gesetzes sichtbar zu werden, ist sie getarnt als eine Immanenz eines Naturgesetzes.

Wie konnte es zu einer solchen Zerrüttung der Gesellschaft und des Menschen kommen? Durch die Alleinherrschaft des Marktes, der die Arbeit, den Grund und Boden und das Geld seinen Mechanismen unterworfen hat.

Dadurch daß der Kapitalismus aus der Arbeitskraft des Menschen eine Ware macht, setzt er den Dualismus fort, der charakteristisch ist für jede auf dem Gegensatz zwischen zwei Hauptklassen aufgebaute Gesellschaft: nämlich zwischen denjenigen, die Eigentümer der Produktionsmittel sind (früher die Sklavenhalter, dann der feudale Grundbesitzer, heute der Kapitalist, der Eigentümer der Maschinen und Einrichtungen), und denen, die das nicht sind und somit den anderen unterworfen (in der Form der Erblichkeit wie die Leibeigenen gegenüber ihren Lehnsherren, oder in der Form des Verkaufs ihrer Arbeitskraft wie die Arbeiter gegenüber ihren Arbeitgebern). Dieser Dualismus, diese Abhängigkeit einer ungeheuer großen Mehrheit von einer wirtschaftlich herrschenden Minderheit ist offenkundig. Der Klassenkampf ist keine Erfindung der Revolutionäre. Der Bischof von Arras, Monsignore Huyghe, stellt fest: „Kein Arbeiter besitzt eine Garantie für seinen Arbeitsplatz. Er kann ohne jeden Rechtsanspruch aus irgendeinem beliebigen Grund gefeuert werden. Ehe man ihn einstellt, wird er nachdrücklichst aufgefordert, sein Leben zu beichten und seine Überzeugungen darzulegen. Und er kann entlassen werden aus Gründen, die einzig und allein sein Gewissen betreffen. Bestimmte Leute sagen heute, es gebe keine Klassen mehr. Ich stelle fest, es gibt mindestens zwei Klassen von Menschen: die Menschen nämlich, die einen Arbeitsplatz wollen, den sie von heute auf morgen verlieren können, und die Menschen, die im Besitz der absoluten Macht sind, sie zu entlassen."

Aus den offiziellen Lehrbüchern der Wirtschaftspolitik ist das Wort „Ausbeutung“ verbannt, als sei es ein polemischer und kein wissenschaftlicher Begriff. Niemand denkt jedoch daran zu leugnen, daß der Sklavenhalter seinen Sklaven ausbeutete, d. h. aus seiner Arbeit mehr Nutzen zog als sein Unterhalt ihn kostete. Niemand denkt daran zu leugnen, daß es sich bei dem Lehnsherrn und seinen Leibeigenen ebenso verhielt. Indem man aber leugnet, daß auch der Arbeiter von heute ausgebeutet wird, macht man die Anhäufung von Kapital undurchsichtig und unbegreifbar. Anders als beim Sklaven oder beim Leibeigenen besteht für den Arbeiter keinerlei gesetzliche Verpflichtung, diesem einen Chef treu zu bleiben, sondern vielmehr eine rein ökonomische Notwendigkeit, nämlich die zu leben, zwingt ihn, sich einen Chef zu suchen, der über die Produktionsmittel und das nötige Geld zur Lohnauszahlung verfügt. Solange dieses Privileg fortbesteht, wird sich daraus die Abhängigkeit herleiten mit der gleichen unerbittlichen Notwendigkeit, die denjenigen zum absoluten Souverän, d. h. zum Herrn über Leben und Tod machen würde, der Eigentum an einem Brunnen in der Wüste besäße und über die nötigen Mittel verfügte, dieses Monopol zu verteidigen.

Die Ausbeutung der lohnabhängigen Arbeitnehmerschaft nimmt heute andere Formen an: Auch wenn der Arbeiter im allgemeinen nicht mehr dem Hunger und der körperlichen Erschöpfung ausgeliefert ist, wie das im 19. Jahrhundert der Fall war, so ist er doch in einem doppelten Sinne entfremdet, und seine Entfremdung als Konsument entspringt seiner Entfremdung als Produzent. Es ist ein und dasselbe System, das ihn durch die Arbeitsdauer und den Arbeitsrhythmus abstumpft und seiner Substanz entleert und das ihn gleichzeitig manipuliert und konditioniert, um in ihm nur solche Bedürfnisse zu wecken, die für den Kapitalismus rentabel sind. Unter Ausbeutung versteht man nicht allein das, was man den Arbeitern an Geld stiehlt, sondern auch das, was man ihm an Lebensqualität nimmt. Die Wissenschaft und die Technik haben den Menschen seit der Renaissance nicht befreit.

Der schwarze oder mexikanische Hilfsarbeiter in Los

Angeles besitzt ein Auto. Da es in dieser Stadt fast überhaupt keine öffentliche Transportmittel gibt, ist er dazu gezwungen, sich einen Wagen zu halten, um an seinen Arbeitsplatz zu gelangen. Er verschuldet sich also für Jahre (praktisch für sein ganzes Leben), um sich einen Wagen zu kaufen und ihn später gegen einen neuen einzutauschen. Er macht Überstunden, damit er seine Raten bezahlen kann. Auf diese Weise erreicht er einen derartigen Grad von Verdummung und Vernichtung menschlicher Lebensqualität, daß er keine andere Entspannung mehr kennt, als vor seinem Fernsehapparat (den er ebenfalls auf Kredit gekauft hat) vor sich hinzudösen und sich das Fußballspiel oder die Schießerei in einem Spionage- oder Gangsterfilm anzusehen oder in einer pornographischen Illustrierten zu blättern, wenn er nicht lieber versucht, sich mit Hilfe von Haschisch oder LSD vollaufen zu lassen. So sieht der „hohe Lebensstandard“ in seiner amerikanischen Lesart aus: über 4000 Dollar pro Kopf der Bevölkerung! Wenn wir es weiter zulassen, daß uns das Räderwerk der Teufelsmühle in dieser Weise vereinnahmt, werden wir es bald auch so weit gebracht haben.

Nicht nur der Markt, sondern auch die lohnabhängige Arbeitnehmerschaft, die er hervorbringt, sind bedroht. Schon jetzt (und erst recht in der Zukunft) ist es technisch möglich, die Gesamtheit der notwendigen Verbrauchsgüter mit einer kleinen Zahl von Arbeitskräften und sehr kurzen Arbeitstagen herzustellen. Lord Bowden zeigt diese neue Situation am Beispiel des reichsten kapitalistischen Landes auf: „Die Wirtschaft der Vereinigten Staaten von Amerika befindet sich in einer außergewöhnlichen Situation: die Hälfte der arbeitenden Bevölkerung reicht aus, um die Bedürfnisse der gesamten Bewohner des Landes zu befriedigen . . ., so daß sich die Behörden gezwungen sehen, für die andere Hälfte eine Beschäftigung zu finden.“ Der *Kapitalismus kann nur überleben, wenn er die unnützen oder schädlichen Beschäftigungen vermehrt* (Armee, Zwischenhandel, parasitäre Berufe).

Schon 1964 wies eine amerikanische Untersuchungskommission nach, daß 38 Millionen Amerikaner in Not und Armut lebten, und kam angesichts der in Aussicht stehenden Ausbreitung der Automation zu der wesentlichen und wichtigen Feststellung: „Der traditionelle Zusammenhang zwischen Arbeit und Einkommen ist im Begriff zu zerreißen."

Es wird immer unmöglicher, ein System aufrechtzuerhalten, in dem die Einkünfte (der Arbeitnehmer wie der Arbeitgeber) von den Unternehmen ausgezahlt werden, wenn weder Löhne noch Preise dem Wachstum der Arbeitsproduktivität entsprechen, also ein System aufrechtzuerhalten, in dem die Befriedigung der Bedürfnisse eines Volkes von der privaten Initiative einiger Finanz- und Industriegruppen abhängt.

Die gegenwärtige Entwicklung der Wissenschaften und der Produktionstechniken erfordert, daß die Arbeit, ob manuell oder intellektuell, nicht länger eine Ware ist.

Dadurch daß man aus dem *Geld* eine Ware machte, d. h. ihm erlaubte, „sich ohne Arbeit zu vermehren", und dadurch daß man in der Funktion des Investierens eine Privatangelegenheit sah, und zwar durch das Spiel der Börse und der Spekulation mit den „Werten", ergeben sich aus den Grundsätzen des kapitalistischen „freien Unternehmertums" folgerichtig drei Hauptmerkmale:

- die Konzentration von Reichtum und Macht in der Hand einer zunehmend kleiner werdenden Zahl von Personen;
- ein blinder Wettlauf nach Gewinn um des Gewinns willen, nach Wachstum um des Wachstums willen;
- eine Herrschaft des Geldes, die sich auf alle nationalen Bereiche ausdehnt, so daß alle menschlichen „Werte" zu „ökonomischen Werten" werden, zu „Werten" in der Terminologie der Börse und wie diese dem Höchst- und Meistangebot unterworfen.

Die grundlegenden Erkenntnisse im «Kapital» von Marx behalten auf diesem Gebiet ihre uneingeschränkte Gültigkeit. Wir werden uns hier damit begnügen, ihre Auswirkungen auf unser tägliches Leben und auf die Qualität dieses Lebens zu unterstreichen.

Die Mechanismen der Anhäufung von Kapital, sei es in der Hand der Unternehmen (in Form von nicht ausgeschütteten Gewinnen und Rücklagen), sei es in der Hand von einzelnen (in Form von Dividenden, Tantiemen, Zinsen, Kapitalrenten), machen es möglich, alles das, was für das Leben unbedingt notwendig ist, in privates Eigentum zu verwandeln, und zwar die Hauptproduktionsmittel und die wichtigsten Mittel des Geld- und Güterverkehrs, und das Monopol dieser Macht einer immer kleiner werdenden Zahl von Personen vorzubehalten.

Diese Konzentration ist ein allgemein verbreitetes Phänomen in der gesamten kapitalistischen Welt: in England verfügten 1960 5 Prozent der Bevölkerung über 75 Prozent des Eigentums und 96 Prozent der Aktien; 1 Prozent hielt 81 Prozent der Aktien. Nach den Ermittlungen der Senatsunterkommission für den „Antitrustkampf“ (!) hatten in den Vereinigten Staaten von Amerika im Jahre 1960 200 Gesellschaften 40 Prozent des gesamten Aktienbestandes in Händen; im Jahre 1965 waren es 57 Prozent. Sie strichen 86 Prozent des Gesamtgewinns ein.

Die englische Zeitschrift «The Economist» vom 13. Juli 1968 faßte die Ansichten der „zuverlässigsten“ Nationalökonomen in der Voraussage zusammen, daß in zwanzig Jahren 300 internationale Gesellschaften das Wirtschaftsleben der kapitalistischen Welt kontrollieren werden.

Auf diese Weise wird eine immer größere Zahl von Einzelpersonen in ihren Auswahlmöglichkeiten immer mehr eingeschränkt.

Die notwendige logische Folge dieses blinden Wettlaufs nach Gewinn um des Gewinns willen und nach Wachstum um des Wachstums willen lautet: Technik um der Technik und Wissenschaft um der Wissenschaft willen.

Das geheiligte — und gleichwohl nie ausgesprochene — Postulat unserer Gesellschaftsformen, daß *alles, was technisch möglich ist, auch wünschenswert und notwendig sei,* erweist sich immer mehr als das mörderischste von allen.

Die Leistungskriterien — die höchsten für die Unternehmen gültigen Kriterien — sind in dem Augenblick auf die Gesamtgesellschaft ausgedehnt worden, als die Unternehmen einen ausschlaggebenden Einfluß auf den Staat ausübten, bis sie sich mit ihm identifizieren konnten.

Doch wenn die Rationalität des Unternehmens im Hinblick auf ein technisches Ziel bestimmt wird, so läßt sich die Rationalität der Gesamtgesellschaft nicht auf dieselbe Weise bestimmen oder doch nur auf die Gefahr hin, eine Produktionsgesellschaft um der Produktion willen und eine Konsumgesellschaft um des Konsums willen zu schaffen, d. h. eine Gesellschaft ohne menschliche Zweckbestimmung. Heute schon ist der Gegensatz zwischen der Rationalität der partiellen Verwirklichungen und der Irrationalität der Gesamtgesellschaft offenkundig. Die Regierungsprobleme eines Staates lassen sich nicht ausschließlich mit den für das „Management" eines Unternehmens gültigen Methoden lösen. Wenn der Staat sich einem Unternehmen angleicht, welches Produkt hat er dann herzustellen? — Menschen, also das gerade Gegenteil eines Produkts.

Die wissenschaftliche und technische Forschung, von nun an der wichtigste Garant für Reichtum und Macht, ist Selbstzweck geworden, unabhängig von ihren Auswirkungen auf die Zukunft des Menschen. Heute definiert man die Entwicklung nicht als eine Entwicklung des Menschen, sondern als wissenschaftliche und technische Entwicklung, für die der Mensch das Mittel geworden ist, nicht aber der Zweck.

Ein bezeichnendes Beispiel macht diese Entmenschlichung deutlich: man stuft heute die einzelnen Nationen nach dem Bruttosozialprodukt pro Kopf der Bevölkerung ein, ohne seine Aufteilung zu berücksichtigen, indem man gedankenlos einen Mittelwert errechnet zwischen dem Einkommen eines Rockefeller und dem eines schwarzen Müllarbeiters von Harlem, zwischen dem des Emir von Kuwait und dem der Docker im dortigen Erdölhafen. So erklärt es sich, daß Nationalökonomen wie Galbraith in den Vereinigten Staaten von Amerika und Mishan in England begonnen haben, das eigentliche Prinzip einer rein ökonomischen Beurteilung der Wirtschaft und die Anwendung rein ökonomischer Kriterien in Frage zu stellen, nämlich derjenigen des Wachstums um des Wachstums willen.

Joliot-Curie und nach ihm Oppenheimer, die die Problematik der Herstellung von Atombomben aus anderen als rein technischen Gesichtspunkten sahen, waren die ersten, die diese Beklemmung verspürten. Die Wissenschaft kann nicht absoluter Selbstzweck sein; sie gibt uns alles, was wir wünschen, aber sie sagt uns nicht, was wir uns wünschen sollen. Einstein sagte: „Früher hatte man vollkommene Ziele, aber unvollkommene Mittel. Heute hat man vollkommene Mittel und große Möglichkeiten, aber die Ziele sind verworren." Es ist ein Zeichen der Zeit, wenn in einer der größten „Denkfabriken" der Vereinigten Staaten, am Massachusetts Institute of Technology (M. I. T.), gestreikt wird in der völlig neuen Absicht, sich über den Sinn und das Ziel der heutigen wissenschaftlichen Forschung klar zu werden.

Es versteht sich gar nicht von selbst, daß man auf den Mond oder auf den Mars fliegen muß, nur weil es technisch möglich ist, während die in dieses Unternehmen (aus Gründen finanziellen Gewinns für die Konstrukteure, politischen Prestiges und militärischer Rivalität) investierten Summen ausreichen würden, auf der Erde das Problem des Hungers zu lösen und zwischen der Dritten Welt und den entwickelten Industrieländern ein Gleichgewicht herzustellen.

Es versteht sich nicht von selbst, daß es ein vorrangiges Ziel sein muß, 150 Managern die Möglichkeit zu verschaffen, jeden Tag mit der „Concorde" in drei statt in sieben Stunden über den Atlantik zu fliegen, während man mit den gleichen Investitionen und dem gleichen Aufwand an technischer Forschung die öffentlichen Transportmittel für die gesamte Region von Paris hätte menschenwürdiger gestalten können.

Das alles sind keine Antworten, sondern Fragen — die verschiedenen Variationen einer einzigen Frage: soll man sich bemühen zu beweisen, daß eine bestimmte Leistung notwendig ist, nur weil sie technisch möglich ist? Und soll man sich bemühen, dies zu beweisen, indem man von den impliziten Postulaten einer Gesellschaft ausgeht, für die das bedingungslose Wachstum das immanente Gesetz des Systems geworden ist, das jeder Infragestellung entzogen bleibt?

Die Ausdehnung der Herrschaft des Geldes auf alle nationalen Bereiche ist eine unmittelbare Folge der „freien Marktwirtschaft". Da die Investitionen einzig und allein als Funktion des Profits des Kapitalbesitzers realisiert werden und nicht als Funktion der Bedürfnisse der Gesellschaft, tragen sie zur Auflösung des Menschen bei, nicht aber zu seiner Förderung und Entfaltung. Galbraith hat für Amerika die wachsende Kluft zwischen dem Überfluß in den Befriedigungsmöglichkeiten privater Bedürfnisse einerseits und dem Mangel an Möglichkeiten zur Befriedigung sozialer Bedürfnisse andererseits nachgewiesen. Das aber trifft für alle kapitalistischen Länder zu.

Die Investitionen für die Juke-Boxen in sämtlichen Bars von Frankreich sind höher als diejenigen, die für die Kulturzentren bewilligt werden. Die Produktions- und Werbeetats der Tabakfabriken überschreiten bei weitem die des öffentlichen Gesundheitswesens.

Indem die „Werte" der Kultur zu kommerziellen „Werten" gemacht werden, sind sie angehalten, eine rentable „Ware" auf einem Markt zu sein, auf dem sich die durch die sich entfremdenden sozialen Beziehungen der kapitalistischen Gesellschaft geschaffenen Bedürfnisse äußern: Kompensationsbedürfnisse durch Gewalt oder Fluchtbedürfnisse gegenüber allen Frustrationen in der Liebe und in der Kultur. Worauf geben denn die Gangsterfilme eine Antwort, worauf die Darstellungen vom Übermenschen von Eddie Constantine bis zu James Bond, worauf die Pornographie oder das Rauschgift oder auch die Inflation an „Idolen" aus der Welt des Schlagers, des Films oder des Fernsehens, die mit den gleichen Werbemitteln „gemacht" werden wie ein Parfum, ein Rasierwasser oder ein Deodorant, deren sexuelle Anziehungskraft angepriesen wird?

Die „Grundlagenforschung" in der Kunst dagegen ist dazu verdammt, auf sich allein gestellt oder das Werk kleiner Gruppen zu sein und in jedem Fall ohne die für ihre völlige Verwirklichung und für ihre Verbreitung notwendigen Mittel zu bleiben. In einem solchen System vollzieht sich eine tödliche Spaltung zwischen der Kultur als Ware und der Kultur als schöpferischem Akt.

Als eine der mörderischsten Folgen dieses Geldmarktes, auf dem der Gewinn des Investierenden das einzige Auswahlkriterium für die Investition ist, erweist es sich, daß ein in hervorragendem Maße „rentabler" Sektor wie derjenige der Rüstungsindustrie besonders verführerisch ist: Das Privatinteresse der Hersteller und ihrer Geldgeber setzt sich an die Stelle des nationalen Interesses, indem die Außenpolitik und der Krieg zu Instrumenten der Expansion gemacht werden (gemeint ist natürlich die Expansion der Monopole!): „Was für General Motors gut ist, ist auch für die Vereinigten Staaten von Amerika gut!" sagte der amerikanische Verteidigungsminister Wilson, der zuvor Präsident von General Motors war; damit enthüllte er eine der wesentlichen Motivationen der amerikanischen Außenpolitik, angefangen vom Krieg in Korea bis zum Vietnamkrieg. Doch auch bei uns ist es großen privaten Wirtschaftsinteressen gelungen, den Waffenverkauf zu einem der wesentlichsten Posten des französischen Exports zu entwickeln.

Wenn schon die Herstellung von Waffen ein Anreiz ist für die Entscheidungen über die Expansion der Monopole, so üben das Informationswesen und die Werbung als Industriezweige — Industriezweige der Massenmanipulation — eine nicht minder verderbliche Tätigkeit aus. Wenn die großen Finanzmächte quasi über die Gesamtheit der Presse, des Verlagswesens, der Filmproduktion, der Illustrierten, der Rundfunk- und Fernsehstationen verfügen, deren Richtlinien bestimmen und sie nach den Kriterien der Rentabilität leiten können, dann ist eine Nation auf Gedeih und Verderb dem Zugriff dieses permanenten „psychologischen Krieges" ausgeliefert, der sich zu einer der Kunstformen des kapitalistischen Systems entwickelt hat.

Als Gebieterin über diese gigantische Macht der Manipulation und über die nicht minder große des Nachrichtenwesens und der Werbung, der Elektronenrechner und ihrer „Datenbanken" kann die Oligarchie der Besitzer von Massenkommunikations- und Nachrichtenmitteln ein so unerbittliches Informations- und Manipulationsnetz aufbauen, daß jeder Staatsbürger darin noch geknebelter und noch ausgelieferter ist, als die Opfer Stalins und Hitlers es jemals gewesen sind.

Seitdem man den *Grund und Boden* zur Ware und die *Natur* zu einem Objekt der Spekulation und Ausbeutung gemacht hat, ist viel mehr als bloß der Landbesitz der Grundeigentümer an die Gier des Kapitals, der „freien Marktwirtschaft", der blinden Gesetze des Marktes ausgeliefert worden.

Am unmittelbarsten wird dieser heutige Stand der Dinge durch die Probleme des Bauwesens, des Städtebaus und der Umweltzerstörung veranschaulicht. Die Baulandskandale sind dabei von nur episodenhafter Bedeutung (sozusagen der Teil des Eisbergs, der aus dem Wasser ragt!). Nirgendwo jedoch zeigt sich besser das neokapitalistische stille Einverständnis der großen Privatunternehmen und des Staates: ein privater „Initiator" kauft ein Gelände, für das ein Bauverbot besteht; später erwirkt er vom Staat eine Flächenumwidmung, und sogleich ist der Wert des Geländes um das Fünfzig- bis Hundertfache gestiegen.

Hunderttausend solcher Flächenumwidmungen sind zwischen 1960 und 1971 erteilt worden. Das vermittelt eine Vorstellung von der Ausdehnung und dem Ausmaß der durch die Mittäterschaft der Monopole und des Staates realisierten Bodenspekulation. Als Eigentümer dieser Gelände können die großen Firmen nach ihrem Gutdünken und Belieben die Natur verwüsten (in einem Jahr 15.000 Hektar abgeholzten Waldes allein in der Pariser Region!), Luft und Wasser verschmutzen, nur um sich die Kosten für die Reinigung und Unschädlichmachung ihrer Abfälle zu ersparen — und so wird der öffentliche Lebensraum den privaten Interessen geopfert.

Zur gleichen Zeit, da man heute so tut, als versuche man den Strom der Privatautos ins Stadtzentrum durch die generelle Einführung von Parkuhren zu hemmen, denkt man daran, die Durchfahrt durch die Stadt durch eine neue „Schnellstraße" auf dem linken Seineufer zu erleichtern. Warum eigentlich nicht gleich die Seine völlig zuschütten, den Bois de Boulogne und den Bois de Vincennes dem Erdboden gleichmachen, womöglich auch noch den Louvre? Was nun aber vom Standpunkt des öffentlichen Interesses ein Widerspruch zu sein scheint, stimmt vollkommen überein mit der „Logik“ des privaten Unternehmertums: die Angelegenheit ist äußerst gewinnbringend, sowohl für die Erbauer von Autostraßen als auch für die Hersteller von Parkuhren.

Gérardin entwirft ein Bild von der Ökologie der Zukunft und sieht den nicht mehr fernen Zeitpunkt voraus — sofern wir uns nicht gegen die vorherrschenden Tendenzen von heute wehren und weiter in die Katastrophe schlittern —, an dem die Flüsse Abwässer sein werden, die Seen und Meere Kloaken, und die Erde unter riesigen Haufen von Schutt und Abfall versunken sein wird.

Schon heute schweben zwanzig Millionen Tonnen Schmutz- und Giftstoffe über unseren Köpfen in der Atmosphäre.

Im reichsten Land der Welt, den Vereinigten Staaten von Amerika, hat Präsident Nixon im Januar 1972 in seiner „Botschaft zur Lage der Union“ folgende befremdende Bilanz aufgestellt über ein System der „freien Marktwirtschaft“, das uns versprochen hatte, uns zu „Herren und Besitzern der Natur“ zu machen: „Niemals schien mir eine Nation mehr zu haben und daraus so wenig Nutzen zu ziehen . . . 70 Prozent unserer Bevölkerung leben in Städten, unbeweglich geworden durch den Automobilverkehr, im Industriedunst erstickt, vom Wasser vergiftet, vom Lärm ertaubt und vom Verbrechen terrorisiert . . .“

Die Bedrohung wächst im Weltmaßstab.

Wenn der Mensch und die Natur von der Teufelsmühle erfaßt und zermahlen werden — der Mensch im Namen der Arbeit, die Natur im Namen von Grund und Boden —, dann lösen sich alle organischen Formen des Lebens auf. Und das bedeutet Ausbeutung, deren Grenzen einzig und allein der Markt bestimmt, Ausbeutung der nervlichen und physischen Kraft des Arbeiters, Zerstörung der Umwelt, Abholzen der Wälder, Verschmutzung der Gewässer, kurz: Entwürdigung der Existenz in allen ihren Formen, von der Arbeit bis zur Kunst, die alle ohne Ausnahme den gleichen Forderungen der Kommerzialisierung auf dem Markt unterworfen sind.

Denn wir haben die Beziehungen zur Natur ebensowenig unter Kontrolle wie die zu den Menschen.

Dafür nur ein Beispiel: Die Bäume absorbieren das Kohlenoxyd und produzieren den für unser Leben notwendigen Sauerstoff. Eine Tageszeitung mit einer Auflage von 200.000 Exemplaren verarbeitet täglich die Jahresproduktion von einem Hektar Wald; jeder Atlantikflug einer einfachen Boeing 707 verbraucht die gleiche Menge Sauerstoff, die ein Hektar Wald in einem Jahr produziert. Das Anwachsen des Kohlenoxydgehaltes in der Atmosphäre bewirkt einen Temperaturanstieg, der bislang für die Meere nur zwei Prozent in 100 Jahren betrug; sollte aber das derzeitige Tempo beibehalten werden, so kann der Packeisgürtel so schnell abtauen, daß der Meeresspiegel in den nächsten dreißig Jahren um über zehn Meter steigt, und dann würden — gleich einem modernen Atlantis — New York und London, Amsterdam und Hamburg und mit ihnen eine erkleckliche Anzahl von „Herren und Besitzern der Natur“ im Ozean versinken.

Die Folgen unserer Taten entsprechen immer weniger unseren Absichten. Die Geister, die wir riefen, werden wir nicht los.

Engels hat ein Bild von diesem Chaos entworfen: „In der Natur sind es ... lauter bewußtlose blinde Agenzien, die aufeinander einwirken ... Dagegen in der Geschichte der Gesellschaft sind die Handelnden lauter mit Bewußtsein begabte, mit Überlegung oder Leidenschaft handelnde, auf bestimmte Zwecke hinarbeitende Menschen; nichts geschieht ohne bewußte Absicht, ohne gewolltes Ziel ... Nur selten geschieht das Gewollte, in den meisten Fällen durchkreuzen und widerstreiten sich die vielen gewollten Zwecke ... So führen die Zusammenstöße der zahllosen Einzelwillen und Einzelhandlungen auf geschichtlichem Gebiet einen Zustand herbei, der ganz dem in der bewußtlosen Natur herrschenden analog ist. Die Zwecke der Handlungen sind gewollt, aber die Resultate, die wirklich aus den Handlungen folgen, sind nicht gewollt, ... es sind also unzählige einander durchkreuzende Kräfte ... daraus eine Resultante — das geschichtliche Ergebnis — hervorgeht, ... das keiner gewollt hat.“

Die katastrophale Wirtschaftskrise von 1929 mit ihrer langen Kette von Bankrotten, ihren sieben Millionen Arbeitslosen, der Vernichtung zahlloser Existenzen, die die gesamte kapitalistische Welt erschütterte, bestätigte mit einem Schlag auf das unheilvollste die Voraussagen, die Karl Marx in seinem «Kapital» getroffen hatte: Alle ökonomischen Mechanismen des Kapitalismus waren durch das „normale" Spiel der Entwicklungsgesetze des Systems und seines grundlegenden Widerspruchs blockiert, nämlich des Widerspruchs zwischen der Tendenz zur wachsenden Vergesellschaftung der Produktion einerseits und der Aufrechterhaltung der privaten Aneignung der durch diese kollektive Arbeit geschaffenen Reichtümer und Machtkonzentrationen andererseits. [1]

Parallel hierzu bestätigten sich die Voraussagen von Marx sozusagen als Gegenbeweis in der Sowjetunion. Einzig und allein das Land, welches das Eigentum an den Produktionsmitteln abgeschafft hatte, entging der Krise: Es beseitigte die Arbeitslosigkeit, und seine Fünfjahrespläne stellten eine rasche Expansion und eine außergewöhnliche Wachstumsrate sicher.

Trotz der Heftigkeit dieses ökonomischen Erdbebens ist der Kapitalismus nicht zusammengebrochen.

Bei dem Versuch, die Folgen der Anarchie in der Produktion durch die „freie Marktwirtschaft" zu überwinden, mußte der Kapitalismus teilweise auf das verzichten, was sein eigentliches Prinzip darstellt: nämlich auf ein System, das keine anderen Gesetze anerkennt als die des Marktes.

Angesichts der ersten wirtschaftlichen Erfolge der Sowjetunion, die das schwere Handikap eines gewaltigen wirtschaftlichen und technologischen Rückstandes in Rekordzeit aufholte, griffen die kapitalistischen Länder zu Maßnahmen, die bis dahin bei „liberalen" Nationalökonomen für „sozialistisch" gegolten hatten: zur Einmischung des Staates und dann zur Planung.

Um aber diese Schwierigkeiten zu überwinden, ohne das private Eigentum an den Produktionsmitteln und das Profitstreben anzutasten, stellte sich der kapitalistische Staat in den Dienst der Wirtschaft, anstatt diese den Bedürfnissen der Gesamtgesellschaft unterzuordnen.

Die Politik nach den Theorien von Keynes, dem Medizinmann des Kapitalismus nach der Krise von 1929, setzte sich zwei Ziele: einen hohen Beschäftigungsstand aufrechtzuerhalten und eine erhöhte Wachstumsrate sicherzustellen. Dazu bediente sie sich folgender Mittel: Ausgaben des Staates zur Wiederbelebung der Produktion, Steuereinnahmen zur Finanzierung dieser Aufwendungen und eine stabile Währungspolitik, mit anderen Worten Kampf gegen die Inflation.

Fast dreißig Jahre lang und trotz der blutigen Zwischenzeit des Zweiten Weltkriegs hielt man an der Orthodoxie dieses Neokapitalismus gegen Tod und Teufel fest. Das wirtschaftliche Wachstum sollte alle Probleme lösen: der Armut ein Ende bereiten, die Vollbeschäftigung sichern, die Inflation verhindern, das Wohnungswesen, die Umwelt und die gesamten Lebensbedingungen verbessern, die notwendigen Mittel für die Unterstützung der Dritten Welt bereitstellen (um diese im Lager der „freien Welt" zu halten, wie es Rostov in seinem „Antikommunistischen Manifest" unverblümt erklärte) und schließlich die Weltraumforschungsprogramme finanzieren und den Flug zum Mond möglich machen.

Aber von allen diesen Zielen wurde nur ein einziges erreicht: der Mond, weil dieses Unternehmen ein Nebenprodukt des Kalten Krieges war. Auf allen anderen Fronten des Kapitalismus sind im Laufe der sechziger Jahre die großen Hoffnungen der Neo-Keynesianer auf ein kapitalistisches System, das seine eigenen Widersprüche überwindet, zusammengebrochen.

Zunächst einmal durch die Inflation: Es wurde immer offenkundiger, daß der (im Endeffekt gescheiterte) Versuch, die Vollbeschäftigung und eine erhöhte Wachstumsrate aufrechtzuerhalten, unmittelbar Preissteigerungen und Inflation zur Folge hatte. Alle Wetten, daß diese Preissteigerung mit rein ökonomischen Mitteln abgefangen werden könnte, gingen ausnahmslos verloren. Überall in der kapitalistischen Welt, in Frankreich (und sogar in den Vereinigten Staaten von Amerika am 15. August 1971!) mußte man auf die nicht sehr einfallsreiche und stets vergebliche Maßnahme zurückgreifen, wie in Kriegszeiten einen Lohn- und Preisstopp zu verhängen!

Zweites Indiz für das Scheitern: die permanente Krise des internationalen Währungssystems. Ausgerechnet das Land, das durch seine Investitionen die kapitalistische Welt beherrscht, nämlich die Vereinigten Staaten von Amerika, weist das größte Zahlungsbilanzdefizit auf. Die Ursache für dieses Defizit liegt eben in dem Prinzip seiner Politik: in den fünfziger und sechziger Jahren hat die größte Industrienation der Welt durchschnittlich 10 bis 15 Prozent ihres Einkommens für militärische Zwecke ausgegeben. Die ständig wachsenden Rüstungsausgaben, die dazu bestimmt waren, die wirtschaftliche Produktion anzukurbeln und „die Konjunktur aufrechtzuerhalten", und die Kriegsausgaben, die dazu bestimmt waren, die Sicherheit der Investitionen im Ausland zu garantieren (wofür der Vietnamkrieg ein besonders anschauliches Beispiel liefert), haben zur Abwertung des Dollars und auf Grund der weltweiten wirtschaftlichen Einflußnahme der Vereinigten Staaten zu einer Erschütterung des Wirtschaftsgefüges aller kapitalistischen Länder geführt.

Dritter Widerspruch und dritter Fehlschlag: die „Hilfe für die Dritte Welt". Der Abstand zwischen den „unterentwikkelten" Ländern und den reichen Ländern hat sich nicht verringert; im Gegenteil, er wird immer größer. Niemals zuvor haben auf der Welt so viele Menschen im wahrsten Sinn des Wortes gehungert: zwei Drittel der Erdbevölkerung, 2500 Millionen Menschen, leiden an Unterernährung oder mangelhafter Ernährung. Dafür gibt es gar keine demographische Entschuldigung, denn seit 1965 steigt die Lebensmittelproduktion der Welt um jährlich 3 Prozent und die Bevölkerung nur um 1,5 Prozent. Die Hauptschuld an dieser Lage trägt der Neokolonialismus, der nachgeborene Bruder des Neokapitalismus, der den Ländern der Dritten Welt sehr niedrige Preise für die von ihnen gekauften Rohstoffe und sehr hohe Preise für die an sie verkauften Fertigwaren aufzwingt. So benötigt man z. B. 1972 drei- oder viermal mehr Rohrzucker, Erdnüsse oder Kaffee als 1962, um einen Traktor für die Landwirtschaft zu kaufen. Unter diesen Bedingungen ist es wohl angebracht, eindeutig klarzustellen, daß die „Hilfe für die Dritte Welt" in Wirklichkeit eine Hilfe der armen Länder für die reichen Länder ist. Für jeden Franc, jeden Dollar, für jedes Pfund Sterling oder jede D-Mark, die man einem Land der Dritten Welt bewilligt, damit es weiterhin in Europa oder in Amerika kaufen kann, gehen zwei oder drei Franc, Dollar, Pfund Sterling oder D-Mark an den „Stifter" zurück. Außerdem werden jährlich 200 Milliarden Dollar für die Rüstung und nur 12 Milliarden für die „Hilfe an die unterentwickelten Länder" ausgegeben, deren Unterentwicklung ein Erbe des früheren Kolonialismus und des heutigen Neokapitalismus ist.

Wieso kommt es zu diesem Fehlschlag der Keynesschen Heilkur?

Die Korrektiven, die der Neokapitalismus anzubringen versuchte, haben es für eine gewisse Zeit ermöglicht, bestimmte ökonomische Widersprüche zu verschleiern, jedoch nur, indem man sie verlagerte und dadurch gleichzeitig ihre gesellschaftlichen, sozialen und menschlichen Widersprüche vertiefte. So nimmt also heute die Krise des Kapitalismus nicht mehr die Form der klassischen Wirtschaftskrise an — wie etwa im Jahr 1929 —, sondern sie tritt als Krise des gesamten Strukturmodells der kapitalistischen Zivilisation auf, und zwar in allen Bereichen: Wirtschaft, Politik und Kultur.

Dies deswegen, weil der Neokapitalismus seine politischen und kulturellen Überbaustrukturen aufbieten mußte, um seine ökonomischen Krisen zu überwinden. Während der Krise von 1929 bis 1933 beispielsweise hat man, um die „Überproduktion" zu verschleiern (d. h. in Wahrheit: den ungenügenden Konsum großer Massen, die nicht die nötige Kaufkraft hatten, um die Produktion abfließen zu lassen), Zuflucht zur Vernichtung von Produkten genommen; während 70 Millionen Arbeitslose und deren Kinder ausgehungert waren, wurden Hunderttausende von Kühen geschlachtet, weil es an Absatzmöglichkeiten für die Milch fehlte; Getreide wurde verbrannt; Kaffee ins Meer geschüttet.

Die staatliche Intervention schuf eine neue Möglichkeit, die Verstopfung des Marktes zu beseitigen: an die Stelle *der Vernichtung* von Waren setzte man die Massenproduktion von *Vernichtungsmitteln,* d. h. von Rüstungsgütern. Diese Lösung bietet offensichtliche Vorteile: zunächst einmal läuft diese

Produktion nicht Gefahr — wie die Produktion von Konsumgütern —, auf einem durch zu viele insolvente Käufer schwerfällig gewordenen Markt angeboten werden zu müssen. Diese Produktion wird allein vom Staat auf Kosten der Steuerzahler subventioniert, gefördert und gekauft. Der solcherart privilegierte Sektor der Rüstungsindustrie garantiert den Monopolen also stabile Absatzmärkte. Darüber hinaus trägt die Expansion dieses Industriezweigs wesentlich zur Beseitigung der Arbeitslosigkeit bei.

Alle zur Eindämmung der Krise eingesetzten Mittel haben demzufolge nur dazu geführt, die Krise zu vertiefen. Jetzt ist nicht mehr nur der kapitalistische Markt mit im Spiel, sondern auch die Staatspolitik und die Kultur, die unmittelbar (und nicht wie früher nur durch ihre Scheinneutralität) in das Räderwerk der Teufelsmühle einbezogen sind.

Die Forderung nach Wachstum hat sich als Zivilisationsmodell durchgesetzt. Die gegenwärtige Krise ist nicht länger lediglich eine Wirtschaftskrise; sie ist auch eine Krise dieses Zivilisationsmodells, das alle Lebensbereiche umfaßt. Diese Krise entsteht nicht mehr wie die früheren dadurch, daß die Mechanismen der kapitalistischen Wirtschaft blockiert werden, sondern dadurch, daß ihre gesamten Funktionen lahmgelegt werden.

Der Hitlerfaschismus hat gezeigt, wohin die Logik einer solchen Krise führt, wenn sie sich in allen ihren Konsequenzen entwickelt: um der Ausweglosigkeit zu entgehen, in die die Wirtschaft und die Institutionen des Kapitalismus führten, ohne jedoch den Kapitalismus selbst zu zerstören, müssen alle Kräfte des Staates und der Kultur eingespannt und in den Dienst des Wirtschaftssystems der unbegrenzten Expansion gestellt werden.

Eine umfassende Neustrukturierung gemäß den Forderungen nach wirtschaftlichem Wachstum des Systems, das nur durch eine zunehmende staatliche Intervention funktionieren kann, um die fortgesetzte Expansion der Monopole zu gewährleisten: das eben ist präzise die Definition eines totalitären Regimes. Eine Rüstungspolitik als Rettungsanker der Wirtschaft setzt nämlich eine nach Vormachtstellung strebende

Außenpolitik voraus, die jene rechtfertigt; eine nationalistische oder gar rassistische Ideologie, die ihrerseits eine solche Politik begründet; die Manipulation der Massen, denen dieser politische Glauben eingeimpft werden muß; die Unterdrückung der demokratischen Freiheiten auf allen Ebenen — wirtschaftlich, sozial, politisch, kulturell — und die unerbittliche Repression gegen jeden, der sich der Integration in das System widersetzt.

Wenn wir über diese erste Zivilisationskrise Bilanz ziehen, können wir ihr geschichtliches Ausmaß abschätzen. Die Menschenopfer der Azteken, die 10.000 Gefangene an einem Tag erdrosselt haben, die Zerstörung von Babylon oder von Karthago, die Pyramiden aus einigen erbärmlichen Tausenden von menschlichen Schädeln unter Dschingis-Khan oder Tamerlan — das alles ist nur kümmerliches Stückwerk im Vergleich zu den Blutbädern des Zweiten Weltkriegs und der Millionen von Toten in den Krematorien von Auschwitz und Birkenau.

Die gegenwärtige Krise der Zivilisation, in der wiederum dieselbe grundlegende Logik am Werk ist, dürfte noch unendlich viel mörderischer sein; der Hitlerfaschismus läuft nun seinerseits Gefahr, wie Stückwerk zu wirken, seitdem durch die Entdeckung der Atomenergie, der Raketen und des Elektronenrechners und die Massenverbreitung des Fernsehens Mittel der physischen Vernichtung und der geistigen Manipulation geschaffen wurden, die sich mit denen des schwarzen Jahrzehnts von 1933 bis 1944 nicht vergleichen lassen.

Dieselben zweifelhaften Mechanismen, die zum Bankrott des Humanen geführt haben, sind auch im Jahre 1972 immer noch am Werk, nur mit einer unendlich viel wirksameren Dynamik.

Das kapitalistische System, in dem das optimale Funktionieren der Ertrags- und Profitwirtschaft ein Ziel an sich ist und Wachstum als das immanente Gesetz gilt, kann Leistungen vollbringen und alle Anzeichen einer „guten Gesundheit" aufweisen, ganz unabhängig von den von ihm verfolgten Zielen: Hauptsache, der Motor des Autos läuft gut — wohin das Fahrzeug fährt, spielt keine Rolle.

Das Modell dieses Systems, in dem die Entwicklung der

Wirtschaft mit der Entwicklung des Menschen verwechselt wird, soll durch ein Gleichnis erläutert werden, das Mishan in seinem Buch *Die Kosten des Wachstums* bringt. Wir wollen es die *Parabel von der Teufelsmühle* nennen.

In einem „hochentwickelten“ Land hat die Regierung den Staatsbürgern wieder das der individuellen Freiheit so angemessene Recht eingeräumt, Waffen zu tragen.

Die private Waffenindustrie erlebt eine noch nie dagewesene Blüte. Im Wettbewerb überbieten sich die Produzenten gegenseitig in ihrem Einfallsreichtum und ihrer Werbung, um eine unendliche Vielfalt von Pistolen, Revolvern und Minigranaten auf den freien Markt zu werfen: Vom Modell „grand luxe“, das an einer Schulterhalfter getragen wird, bis zu der bescheidensten Ausgabe „für den täglichen Gebrauch“; von der lautlosen Waffe, welche die Diskretion des Mordes garantiert, bis zur sogenannten „Abschreckungswaffe“, deren entsetzliche Wirkung es erlaubt, den möglichen Angreifer zu beseitigen, ohne auch nur ein bestimmtes Ziel anvisieren zu müssen. Dem Verbraucher ist die Freiheit der Wahl voll und ganz überlassen und zugesichert.

Dem Markt sind praktisch keine Grenzen gesetzt, denn angesichts der Nervosität, ausgelöst durch den Rhythmus der Arbeit, durch die Verkehrsstauungen in der Stadt, durch den Zweifel an den „geheiligten Werten“, durch die erotischen und finanziellen Stimulantien kann sich auch der friedliebendste Mann, die einigermaßen attraktive Frau vernünftigerweise nicht ohne ein oder zwei Feuerwaffen und einige Magazine Munition auf die Straße wagen. Darüber hinaus gestattet der sehr hohe „Lebensstandard“, der dank der durch diesen ökonomischen Anreiz ausgelösten Expansion erreicht worden ist, einem jeden den Ankauf von mehreren Waffen. Die Zeit der Knappheit und der menschlichen Not und Armut ist vorüber.

Neue Industrien entstehen, die eine außergewöhnliche Dynamik an den Tag legen: die Herstellung von kugelsicheren Westen und Stiefeln, von Sturzhelmen, von Schutzmasken, von gepanzerten Karosserien, von kugelsicheren Scheiben für Autos und von Stahlfensterläden für Häuser. Der Boom in der Metallindustrie ist das Indiz für die wirtschaftliche Gesundheit des Landes, für den Initiativgeist der Promotoren in der Industrie, für die Vorzüge und Tugenden der freien Marktwirtschaft, für den Scharf- und Weitblick der Regierenden. In der Euphorie dieser wiedergefundenen Prosperität wird jeder Mißmut scheel angesehen.

In der Tat erhalten alle Wirtschafts- und Sozialbereiche des Landes einen belebenden Impuls: es ist das goldene Zeitalter der Versicherungen, der Privatkliniken, der pharmazeutischen Laboratorien, die fieberhaft arbeiten, um der ständig anwachsenden Nachfrage nach Beruhigungsmitteln entsprechen zu können. Die Vollbeschäftigung ist garantiert, die Arbeitsmärkte für die Jugend sind unbegrenzt; selbst die weniger Qualifizierten unter ihnen können mit Sicherheit anständig bezahlte Stellen finden, für die nur eine Kurzausbildung verlangt wird, wie z. B. für Sanitäter zum Aufsammeln der Verwundeten und der Toten.

In dieser in voller Expansion befindlichen Volkswirtschaft wird in der Haushaltsdebatte mit Recht hervorgehoben, daß die Wissenschaft aus den „Abfällen" dieser privaten Bewaffnung großen Nutzen zieht. Die rasche Erschöpfung der Erzvorkommen hat zur Erforschung und Entdeckung von synthetischen Stoffen geführt, die sich besonders für die Schutzkleidung eignen, weil sie noch widerstandsfähiger sind, was wiederum einen entsprechenden Fortschritt in der Herstellung von Geschossen zur Folge hat. Einer unserer brillantesten Redner im Parlament hat das bei passender Gelegenheit so formuliert: Die Spirale des Fortschritts öffnet sich ins Unendliche.

Die Chirurgie, die Medizin, die Psychiatrie gewinnen spektakuläre Einsichten bei der Behandlung völlig neuer Krankheiten; das Tragen hermetisch abschließender Schutzkleidung hat zu neuen Erkenntnissen über den Stoffwechsel geführt; das Tragen von Waffen hat neue Entdeckungen über die Angst und die Aggressivität ermöglicht, die die Zukunft der Psychologie erschüttern werden.

Welche Erneuerung der Kultur und ganz besonders der Wissenschaften „vom Menschen"! Der positivistischen Soziologie eröffnet sich ein unbegrenztes Feld für die Anwendung ihrer Methoden. Sie koordiniert die interdisziplinären Forschungen über „Pistologie" und ist damit bahnbrechend. Die Statistiker vervollkommnen die Techniken der ausgewogenen Extrapolation, indem sie das Datum errechnen, an dem das Volumen und das Gewicht der Waffen denen der Erde gleichkommt, und zwar mit derselben Präzision, mit der einer ihrer berühmten Vorgänger ermittelt hat, in welchem Jahr voraussichtlich das demographische Wachstum jedem Individuum nur noch 1 m^2 Lebensraum auf unserem Planeten belassen wird. Übrigens hat die moderne Demographie diese Richtung in ihr Gegenteil verkehrt, indem sie das „logarithmische Gesetz" der Ausrottung erarbeitet hat, das ermöglicht, den Tag vorauszuberechnen, an dem der letzte Mensch seinen Nachbarn im Fadenkreuz seines Zielfernrohrs hat und den letzten tödlichen Schuß auf ihn abgeben wird.

In dieser wissenschaftlichen Perspektive wird die positivistische „Futurologie" die Königin der Wissenschaften und erreicht die gleiche theoretische Unerbittlichkeit und Strenge wie die Physik oder die Linguistik. Die „Rand Corporation" und ihre Nacheiferer, die bereits eine große Erfahrung auf dem Gebiet der Theorie der strategischen Planspiele gesammelt haben, sind weiterhin als einflußreiche Berater und Propheten bei den großen Managern der Todesindustrie tätig.

Ein Forscher — nach seinen langfristigen Voraussagen zu urteilen, eines der großartigsten Genies unseres Jahrhunderts — hat soeben einen neuen Stil der Architektur und des Urbanismus, der Kunst ganz allgemein propagiert, der den Bedürfnissen des „Zeitalters der Pistole" gerecht wird: kurvenreiche Straßen, um die Reichweite der Schießereien zu begrenzen, und von da aus eine „Revolution" in der Welt der Formen, die von dieser vorrangigen Notwendigkeit ausgeht. Dank der inneren Kohärenz des Systems, wie sie für alle großen Zivilisationen zur Zeit ihres Höhepunkts charakteristisch ist, wird eine neue Kultur, eine neue Klassik erblühen.

Mit berechtigtem Stolz erinnert die Regierung jedesmal dann an diese Perspektiven, wenn sie die Bilanz der von ihr ausgelösten Expansion aufstellt: eine Wachstumsrate, die höher ist als die aller anderen Länder, mit allen ihren Konsequenzen — eine stabile Währung, die Vollbeschäftigung, eine positive Zahlungsbilanz mit großer Gewinnspanne, die anhaltende Eroberung neuer Märkte für den Waffenexport, denn das Volumen unserer nationalen Pistolenproduktion hat unsere Preise im höchsten Maße wettbewerbsfähig gemacht.

Das Bruttosozialprodukt pro Kopf der Bevölkerung hat sich in zehn Jahren verdoppelt. Alle Anzeichen für eine gesunde und starke Wirtschaft sind von nun an vollzählig vorhanden. Alle Träume der Wachstumswirtschaft haben sich voll und ganz erfüllt. Mit vollem Recht können wir nach der Weltherrschaft streben, nicht nur kraft unseres Reichtums und unserer Stärke, sondern kraft unserer Klugheit.

Ein solches System kann keines der von ihm aufgeworfenen Probleme lösen, weder durch Evolution von innen her noch durch Reformen (denn der Reformismus geht von der Vorstellung aus, daß durch die bloße Weiterentwicklung des Kapitalismus eine radikale Transformation möglich ist, und zwar ohne jeden Eingriff, der auf einen Umsturz des Systems selbst abzielen würde). Ein solches System kann sich auch nicht selbst zerstören. Es ist weder durch die Erschütterungen der Krise von 1929 noch durch die Verwüstungen des Krieges, den es hervorgebracht hat, beseitigt worden.

Wir kommen nicht um die Notwendigkeit herum, die Grundlagen des Systems in Frage zu stellen, d. h. die Arbeit, den Grund und Boden und das Geld den Gesetzen des Marktes und des Profits zu entreißen.

Die *Arbeit,* damit der Arbeits- und Lohnvertrag nicht länger ein Privatvertrag zwischen zwei ungleichen Partnern ist, von denen der eine durch sein Eigentum an den Produktionsmitteln die Macht besitzt, den anderen, der dieses Eigentum nicht hat, unter Druck zu setzen.

Der *Grund und Boden* muß ebenfalls dem Markt entzogen werden, damit keiner die Macht hat, aus rein privatem Interesse eine Stadt ihrer grünen Lungen, d. h. ihrer Grünflächen zu berauben, aus privatem Ermessen den Zugang zum Meer, zum Fluß und zum Wald zu verbieten, und aus Gründen der Rentabilität und des Profits von einzelnen und von ganzen Interessengruppen die Umwelt zu verwüsten und zu verschmutzen.

Das *Geld* darf auch nicht länger der Gegenstand von Marktspekulationen sein. Zunächst einmal deshalb, weil sich die „Freiheit des Unternehmens" in ihr Gegenteil verkehrt hat, nämlich in das Monopol, und zwar durch die Anhäufung und Konzentration des Kapitals. Weiterhin auch deshalb, weil die Geldanlage nur eine soziale und gesellschaftliche Funktion sein kann, die unter der Kontrolle der gesamten Gesellschaft stehen muß; andernfalls könnte es zu Investitionen kommen, die sich für den Menschen und seinen natürlichen Lebensraum vernichtend auswirken.

Diese Veränderung der Strukturen, dieser dreifache Wandel, der am Anfang des Sozialismus steht, impliziert die grundsätzliche Infragestellung des eigentlichen kapitalistischen Prinzips: das Prinzip des Privateigentums an den Produktionsmitteln.

Die Notwendigkeit des Sozialismus ist nicht nur eine ökonomische: Sie leitet sich her aus der Notwendigkeit, einem System ein Ende zu bereiten, das in Widerspruch zu den elementaren Voraussetzungen und Bedingungen eines organisierten gesellschaftlichen Lebens geraten ist und zur Zerrüttung und Auflösung des Lebens führt, und zwar nicht etwa auf lange Sicht, sondern spätestens innerhalb von dreißig Jahren.

Es handelt sich keineswegs darum, den Markt abzuschaffen, sondern ganz im Gegenteil darum, die Werte zu retten, die der Markt hervorgebracht hat, und zwar die individuelle Freiheit des Konsumenten: Man beläßt alle Konsumgüter auf dem Markt, liest dann die Veränderungen in der Nachfrage ab und kann auf diese Weise eine dezentralisierte Planung verwirklichen, die von den unmittelbaren Bedürfnissen ausgeht und nicht von dem anmaßenden Anspruch, die Bedürfnisse und die Zuweisung von Gütern „von oben" und zentral festzulegen. Die Zentralisierung ist nur für den Start einer Wirtschaft in unterentwickelten Ländern geeignet und wirksam. Anderswo wirkt sie als Bremse für die Entwicklung selbst.

Indem man die Arbeit, den Grund und Boden und das Geld nicht mehr dem Markt überläßt, schafft man genau das ab, worin der Widerspruch des Marktes besteht: die Macht der Monopole, die sowohl die Freiheit des Konsumenten als auch die des Arbeiters zunichte machen und sich durch die Manipulation und durch das Recht des Stärkeren den Markt unterwerfen. Dabei gehen sie den Weg in umgekehrter Richtung, wie Galbraith sagt: Die Produktion regelt sich nicht mehr nach dem Markt, wo sich die Bedürfnisse äußern, vielmehr ordnet sich die Produktion den Markt unter, indem sie Bedürfnisse weckt und schafft — auch wenn diese künstlich oder gar schädlich sind —, deren Befriedigung für den Hersteller rentabler ist.

Wenn man also die Möglichkeit unterbindet, unbegrenzt Geld, Grund und Boden, Arbeitskraft zu beschaffen, so wird der Markt eine wohltätige Rolle spielen, indem er sich der Gesellschaft unterordnet, statt sie zu regieren.

Von dem Augenblick an, da es dem kapitalistischen System gelungen ist, alle Bereiche des gesellschaftlichen und sozialen Lebens in die Verteidigung und Aufrechterhaltung seiner ökonomischen Herrschaft mit einzubeziehen, hat es ein Problem aufgeworfen, das nicht mehr mit nur ökonomischen Mitteln, beispielsweise durch Änderung des Eigentumsrechts, gelöst werden kann.

Die Frage ist vielmehr die, wie dieser Integration des gesamten Menschen in das System der wirtschaftlichen Ansprüche des Kapitalismus ein Ende bereitet werden kann. *Es darf also auch der Sozialismus nicht nur als ein ökonomisches System verstanden werden.*

Marx hat den Sozialismus definiert als die Überwindung der Widersprüche eines Kapitalismus, der seine volle Entfaltung erreicht hat. Er hat ihn mit allen menschlichen Dimensionen ausgestattet und die Ziele des Sozialismus nicht mit dessen ökonomischen Mitteln (die Veränderung der Eigentumsordnung) verwechselt.

Die Verwechslung der Mittel und der Ziele, aus der heraus z. B. Stalin und seine Nachfolger proklamierten, der Sozialismus sei dann verwirklicht, wenn nur eine seiner Forderungen auf dem Gebiet der Wirtschaft erfüllt sei (und keine seiner Bedingungen in bezug auf die sozialistische Demokratie und die freie Entfaltung der schöpferischen Kultur), war nur möglich in einem Land, wo ein rückständiger Kapitalismus noch in keiner Weise diese Integration verwirklicht hatte.

So kann beispielsweise der Sozialismus im Frankreich des Jahres 1972 nicht die Lösung für die Widersprüche des Kapitalismus im 19. Jahrhundert sein, und auch nicht für die Widersprüche eines unterentwickelten Kapitalismus, wie er in Rußland zu Beginn des 20. Jahrhunderts existierte.

Das erste Ziel des Sozialismus ist es, die Ärmsten der Armen aus physischer Not zu befreien, denn das ist die Voraussetzung für den Zugang zu allen anderen Freiheiten. So gesehen ist aber ein großer Teil dessen, was Lenin und Mao in ihren unterentwickelten Ländern um den Preis so mancher Opfer erst schaffen mußten, in unseren Ländern bereits beim Start vorhanden: die technischen und wirtschaftlichen Voraussetzungen für die Befriedigung unser aller Grundbedürfnisse.

Auch das Problem der „Verarmung" ist anders zu sehen: Schon 1961 habe ich die „Verarmung" der Arbeiter definiert nicht als eine Minderung der Kaufkraft oder des Lebensstandards, wie das für Frankreich und England zu Beginn des 19. Jahrhunderts und für Rußland gegen Ende des 19. Jahrhunderts, nach der Abschaffung der Leibeigenschaft, zutraf, sondern als eine „wachsende Entfremdung" des Arbeiters. [2]

Ebensowenig kann heute, nach der wissenschaftlichen und technischen Revolution, die Arbeiterklasse so definiert werden wie um die Mitte des 19. Jahrhunderts oder in Rußland zu Beginn des 20. Jahrhunderts, denn durch den ständig wachsenden Anteil der intellektuellen Arbeit an der Produktion gehen, wie wir noch sehen werden, die Grenzen der Arbeiterklasse sehr weit über den eigentlichen Bereich des manuellen Arbeiters hinaus.

Auf der Ebene der Politik haben wir es nicht mehr mit dem „Nachtwächterstaat" zu tun, der den Liberalen des 19. Jahrhunderts so teuer war, sondern im Gegenteil mit einem in die Monopole integrierten Staat und gleichzeitig mit einem Staat, der sich alle Bereiche des nationalen Wirtschafts- und Soziallebens ein- und untergeordnet hat. Außerdem haben wir es nicht, so wie in Rußland zu Beginn des 20. Jahrhunderts, mit einem Staat zu tun, der niemals ein bürgerliches parlamentarisches Regime gekannt hat und in dem die Klasse, auf die sich die revolutionäre Hoffnung stützte, nur 3 Prozent ausmachte. In einem Land wie Frankreich kann die sozialistische Demokratie nicht einfach eine Negation der bürgerlichen Demokratie sein, sie muß vielmehr deren Grenzen überwinden.

Der Sozialismus kann sich also weder auf eine bloße Veränderung der Eigentumsordnung noch auf eine einfache Übertragung von politischer Macht beschränken. Er fordert einen neuen Zivilisations- und Kulturplan. Der Sozialismus kann nicht nur verstanden werden als ein Weg zur Befriedigung der Bedürfnisse, die der Kapitalismus durch Manipulation künstlich geschaffen und durch Frustration aufgeheizt hat. Von dem Augenblick an, da der Kapitalismus durch die Unterwerfung sämtlicher Formen des gesellschaftlichen und persönlichen Lebens unter seine Erfordernisse etwas anderes geworden ist als ein rein ökonomisches System, muß der Sozialismus, wenn er dieser neuen Realität Rechnung tragen will (und wie könnte er anders von Materialismus, von Wissenschaft, von Marxismus sprechen?), das neue Problem in seinem ganzen Ausmaß erfassen und ohne Einschränkung darauf antworten, d. h. sowohl in bezug auf die Strukturen als auch auf die Bewußtseinsinhalte in ihrer dialektischen Einheit.

Das Bewußtsein von den Verstümmelungen und den Zerstörungen, die die Entwicklung des Kapitalismus mit sich bringt, läßt immer mehr Menschen von einer Gesellschaft träumen, die nicht für den Gewinn einiger weniger, sondern für die Bedürfnisse aller produzieren würde, „von einem sozialistischen oder kommunistischen Regime", wie Oscar Wilde schrieb, „das das Eigentum in öffentlichen Reichtum verwandeln, den Wettbewerb durch Zusammenarbeit ersetzen und die Gesellschaft zu einem gesunden Organismus machen würde ..., in dem die wahre Vollendung des Menschen nicht das *Haben,* sondern das *Sein* wäre".

Seit seiner Schrift «Zur Judenfrage» unterschied Marx zwischen der nur politischen Emanzipation (z. B. die Französische

Revolution) und der menschlichen Emanzipation. Die Erfahrungen anderer Revolutionen haben inzwischen gezeigt, daß das Hinzukommen der wirtschaftlichen Emanzipation auch nicht ausreicht, um diese Emanzipation des Menschen zu verwirklichen.

Heute wird eine Revolution nicht nur an der Veränderung der Strukturen, sondern auch an der Veränderung der Menschen gemessen. Nicht darauf kommt es an, ob die Veränderung auf gewaltsamem oder auf legalem Weg vor sich geht, sondern was ihr Inhalt und ihre Zielrichtung ist. Die einzige wirkliche und echte Revolution ist diejenige, die allen erlaubt, von nun an ein reicheres, das heißt, ein schöpferischeres Leben zu leben.

Kann dieses Problem durch eine sozialistische Revolution heutiger sowjetischer Prägung gelöst werden, d. h. durch eine Veränderung der Eigentumsverhältnisse (indem das Privateigentum an den Produktionsmitteln verstaatlicht wird) und durch die Übertragung der Macht auf eine kommunistische Partei (und gegebenenfalls auf deren Bündnispartner)?

Ohne jeden Zweifel ist die Abschaffung des Privateigentums an den Produktionsmitteln eine wichtige Voraussetzung der Revolution von heute, aber sie allein reicht nicht aus.

Denn wenn eine Partei (oder eine Parteiengruppe) die Macht erobert und diese Verstaatlichungen durchführt — und seien diese noch so perfekt —, und sollten dann die Massen nicht auf die Aufgaben vorbereitet sein, die diese Umwälzung mit sich bringt, und sollten sie dann ihre Macht an die Regierenden delegieren und veräußern, die in ihrem Namen denken und entscheiden, so wird das alles nicht zu einer sozialistischen Demokratie führen, d. h. zur Selbstbestimmung der Zwecke und Ziele und zu einer Selbstverwaltung der Produktionsmittel, sondern es wird vielmehr ein neuer Dualismus daraus hervorgehen: die Regierenden entscheiden über die Zwecke und Ziele und sie verfügen über die Verteilung des Mehrwerts.

Einmal mehr wird sich das verfluchte Gesetz bewahrheiten: In allen Revolutionen der Geschichte, in allen Klassenkämpfen zwischen der unterdrückten und der herrschenden Klasse ist niemals die unterdrückte Klasse an die Macht gekommen. Die Revolution hat immer so geendet, daß eine dritte Klasse die Macht übernommen hat. Der lange Kampf der Sklaven gegen ihre Herren hat nicht zum Sieg der Sklaven geführt, sondern zur Errichtung der Feudalgesellschaft; der Kampf der Leibeigenen gegen die Feudalherren hat nicht zum Sieg der Leibeigenen geführt, sondern zu dem der Bourgeoisie; der Kampf der Arbeiter gegen die Bourgeoisie hat nicht zum Sieg der Arbeiter geführt, sondern wie in der UdSSR zu einem Machtmonopol der Technobürokratie.

Denn die Tatsache, daß der Mehrwert nicht mehr bei den Unternehmen, sondern auf nationaler Ebene und durch den Staat abgeschöpft wird, garantiert weder automatisch die Kontrolle über die Verwendung des Mehrwerts durch das Volk noch die Demokratisierung des politischen Lebens und auch nicht die Beendigung der Entfremdung der Arbeiter.

Die Verstaatlichung macht es möglich — und das ist ein nicht zu bestreitender Fortschritt —, die nationale Unabhängigkeit zu schützen und eine wirkliche Planung durchzuführen, d. h. eine Planung, die nicht die Resultante aus den Kräfteverhältnissen zwischen den großen privaten Interessen der Monopolblöcke ist, sondern die von dem Bemühen bestimmt wird, den Bedürfnissen des Volkes gerecht zu werden. Auf diese Weise sind in der UdSSR unwiderlegbare große Erfolge erzielt worden, insbesondere was das öffentliche Gesundheitswesen und den Ausbau des Schul- und Unterrichtswesens betrifft.

Die Änderung in der Rechtsform des Eigentums, die sich darauf beschränkt, vom Privateigentum zum Gruppeneigentum (Genossenschaften) oder zum Staatseigentum (Verstaatlichung) überzugehen, schafft die Entfremdung der Arbeiter nicht aus der Welt.

Die Verstaatlichung ist keine Sozialisierung. Was die eine grundlegend von der anderen unterscheidet, ist die Delegierung und Veräußerung der Macht des an der Basis Produzierenden an seinen Führer oder Vorgesetzten. Dadurch wird die sozialistische Demokratie verfälscht.

Und zwar wird sie einmal in ihrem eigentlichen Prinzip verfälscht durch das System der Delegierung der jedem Staatsbürger zustehenden Macht, womit dieser seine Unabhängigkeit veräußert, was schon die bürgerliche Demokratie zu einer „formalen" Demokratie gemacht hat; sie wird ein zweites Mal verfälscht im stalinistischen Regime durch die Postulate der Identifikation und der Substitution: Die Regierenden geben vor, sich mit der Arbeiterklasse zu identifizieren und setzen sich in Wirklichkeit an deren Stelle. Wenn die Regierenden einmal an der Macht sind, herrscht fortan vermeintlich auch Demokratie.

Das typischste Beispiel für diese trügerische Illusion ist die sowjetische Verfassung von 1936. Als Stalin sie dem XVIII. Kongreß der Kommunistischen Partei der Sowjetunion vorlegte, definierte er sie als „eine folgerichtige und bis zum Ende entwickelte Demokratie". Er hatte vollkommen recht; man braucht nur den Verfassungstext zu lesen, um zu erkennen, daß sie die demokratischste aller Verfassungen ist, die es bis zu diesem Zeitpunkt gab. Und doch konnte mit dieser Verfassung, ohne sie auch nur im geringsten zu verletzen, eine der unerbittlichsten Diktaturen errichtet werden, die die Geschichte je erlebt hat. Den Schlüssel zu diesem Rätsel liefern eben die Postulate der Identifikation und der Substitution. Wenn wir jedesmal die Arbeiterklasse, die Arbeiter, die Staatsbürger übersetzen mit der Partei, die sie vertritt und die sich mit ihnen identifiziert, und wenn wir anerkennen, daß die Regierung diese Partei repräsentiert und sich mit ihr identifiziert, dann wird alles klar.

Die Arbeiterklasse, die Arbeiter im allgemeinen, die Staatsbürger sollen eingeladen werden, an der Festlegung der nationalen Zielsetzungen, an der Auswahl der Mittel und Wege und an der Überwachung ihrer Verwirklichung mitzuwirken. Das alles geschieht jedoch durch die Wahl der Regierenden und durch die Vermittlung ihrer Regierenden. Im Entwurf des französischen Staates wird die „Mitwirkung" angeboten, doch unter der Bedingung, daß weder die Autorität noch die Gewinne der Arbeitgeber angetastet werden. In der Konzeption des sowjetischen Staates sieht die „Mitwirkung" an der Festlegung der nationalen Zielsetzungen so aus, daß als Folge der Manipulation und Beeinflussung durch Presse, Rundfunk und Fernsehen zweihundert Millionen Sowjetbürger im August 1968 guten Glaubens an dem Verbrechen gegen die Tschechoslowakei „mitgewirkt“ haben, weil sie die beiden offiziellen Lügen gar nicht in Zweifel ziehen konnten: einmal die Lüge, daß die Invasionstruppen von den Vertretern des tschechischen Volks gerufen worden seien, und zum anderen die Lüge, daß man sie mit Jubel und Begeisterung empfangen habe.

Eben eine solche „Mitwirkung“ führt die amerikanischen Gewerkschaften dazu, den Aggressionskrieg in Vietnam zu unterstützen.

Solange der Sozialismus nicht auf die Selbstbestimmung der gesellschaftlichen und sozialen Ziele durch die Massen selbst und auf die Selbstverwaltung hinarbeitet, die dem Dualismus zwischen den Regierenden und dem an der Basis Produzierenden ein Ende setzt (wobei die Regierenden „von außen“ und vor allem „von oben“ das Bewußtsein an die Basis herantragen), d. h. solange das sowjetische Modell nicht klar und eindeutig abgelehnt wird, können die verschiedenen Programme der Parteien, die sich auf den Kommunismus berufen, nur eine Variante dieses Modells sein, das den „nationalen Verhältnissen“ durch Zugeständnisse an die lokalen parlamentarischen Illusionen mehr oder weniger angepaßt ist.

Auf diesem Wege würde eine Revolution im besten Fall zu einer Machtübertragung führen, ohne die Massen an der Ausrichtung und Ausübung dieser Macht zu beteiligen.

In seinem Buch *L'homme imaginant* definiert H. Laborit klar und deutlich die Herrschaft, von der wir uns befreien müssen: „Die Herrschaft ist ein klar umrissenes Phänomen. Sie drückt sich aus in der Tatsache, daß es dem Proletariat unmöglich ist, sein eigenes Schicksal abzusichern. Alle wesentlichen Entscheidungen über das individuelle und kollektive Leben liegen in den Händen der anderen, nämlich der Monopole, der ökonomischen Interessengruppen, und in Osteuropa analog in den Händen der technokratischen und bürokratischen Gruppen. Nun sind diese Interessengruppen aber nicht

Herr über ihr Schicksal. Sie sehen sich dem unerbittlichen Determinismus des Profits um des Profits willen, der Herrschaft um der Herrschaft willen stärker ausgeliefert als dem des Gewinns für sie selbst als Benutzer von Verbrauchsgütern. Das parlamentarische System macht diesen bemerkenswerten Betrug schließlich wahr, insofern es dem Anschein nach die Willensäußerung der Mehrheit formal autorisiert, während diese Mehrheit nur gehorcht, da sie durch das gelenkte Nachrichtenwesen vergiftet ist und die wesentlichen wirtschaftlichen und politischen Faktoren nicht kennt, sich des Determinismus ihrer Werturteile nicht bewußt ist und das Spiel, das mit ihr getrieben wird, weder ahnt noch durchschaut. Sie gehorcht eigentlich mittelbar, denn sie gehorcht dem Determinismus der herrschenden Klasse, die ihrerseits wieder gesteuert wird von ihren eigenen Motivationen, deren sie sich gleichfalls nicht bewußt ist."

Das soll uns aber nicht dazu führen, den Sozialismus wie den Kapitalismus gleichermaßen zu verwerfen, denn der Sozialismus hat diese autoritäre Form nur aus historischen Gründen angenommen: da er zuerst in unterentwickelten Ländern eingeführt worden ist, hat die Überlagerung der Probleme des sozialistischen Aufbaus und der Probleme im Kampf gegen die Unterentwicklung zu der Notwendigkeit geführt, die kapitalistischen Länder einzuholen und zu überholen (d. h. sich von ihrem Glauben an die wirtschaftliche Leistung anstecken zu lassen und ebenfalls die Mittel für das Ziel zu halten), und weiter zu der Notwendigkeit, die Geldmittel und die Macht im höchsten Maße zu zentralisieren.

Diese doppelte Verzerrung — das Fehlen der menschlichen Zweckbestimmung und der autoritäre Dualismus — ist für den Kapitalismus *seinem Wesen und seiner Substanz nach,* für den Sozialismus *lediglich in dessen Verirrungen* charakteristisch.

Festzustellen bleibt noch, daß eine Revolution heute nicht den Revolutionen der Vergangenheit gleichen kann; ihr Modell muß erst noch entworfen werden.

Wie die früheren Revolutionen muß auch die heutige, wie wir oben gesehen haben, *gegen die Strukturen* vorgehen. Doch wenn man die dualistischen Strukturen der Gesellschaften und der vergangenen Revolutionen, die den Massen selbst niemals die Entscheidungsmacht gegeben haben, von Grund auf ändern will, so kann die neue, jetzt zu schaffende Struktur nur die des *Sozialismus der gesellschaftlichen Selbstverwaltung* sein, aber nicht mehr in Form einer Gesellschaft von Handwerkern im Sinne Proudhons, sondern unter den Bedingungen und Voraussetzungen einer Gesellschaft, die gekennzeichnet ist durch den großen Wandel in Wissenschaft und Technik, den es zu meistern gilt.

Es gibt noch der Vergangenheit zugewandte Menschen, die eine Arbeiterselbstverwaltung nur im Sinne von Proudhon verstehen können, so wie sie den Sozialismus nur als Stalinismus begreifen wollen.

Es handelt sich hierbei jedoch nur um eine sehr einfache Wahrheit, die heute Gemeingut geworden ist: „Die Befreiung der Arbeiterklasse muß die Tat der Arbeiter selbst sein", sagte Marx,[3] und ein Jahrhundert später Johannes XXIII.: „Die Betroffenen müssen die Hauptverfechter ihres eigenen Aufstiegs sein."

Eine einfache Wahrheit, und ebenso einfach ist es zu begreifen, daß die Arbeiterselbstverwaltung sich nicht in einem kapitalistischen Regime, sondern nur in einem sozialistischen System verwirklichen läßt. Arbeiterselbstverwaltung ist eine neue Benennung für den Sozialismus, der nicht *für* das Volk gemacht werden kann, sondern im Gegenteil nur dann Sozialismus ist, wenn er *durch* das Volk gemacht wird. Nicht „von außen" und „von oben", sondern von innen heraus und von unten.

Nur so kann der für jede Klassengesellschaft charakteristische Dualismus überwunden werden.

Eine Revolution, die sich mit den Problemen unseres Jahrhunderts auseinandersetzt, kann sich nicht damit begnügen, jene Ziele, die wir seit der Renaissance und dem Zusammenbruch der Sakralordnung verfolgen, zur ersten Wahl zu stellen. Diese Wahl kann nicht „von oben" durch ein paar Regierende getroffen werden. Sie muß die Tat aller sein.

Jener Wandel in der Menschheitsgeschichte, der vor fünf- bis sechstausend Jahren eintrat — das Seßhaftwerden der

Menschen und die Erfindung des Ackerbaus, damit auch die Geburt der Zivilisation —, hatte die Bildung von *dualistischen* Gesellschaften zur Folge: Auf gesellschaftlichem Gebiet kam es zur Klassentrennung in diejenigen, die den Grund und Boden besitzen, und diejenigen, die ihn bearbeiten, d. h. in Herren und Sklaven; auf technischem Gebiet erfolgte die Teilung in geistige und in manuelle Arbeit; auf politischem Gebiet entstand der Dualismus von Regierenden und Regierten durch die Errichtung eines Staates und einer Bürokratie; und auf geistigem Gebiet wurden alle diese Dualismen durch Religion und Philosophie gerechtfertigt.

Die Bürokratie, deren Entstehung zeitlich mit derjenigen der Zivilisation zusammenfällt, ist charakteristisch für jede dualistische Gesellschaft. Als „institutioneller Ausdruck der Entfremdung des besonderen Interesses und des allgemeinen Interesses", wie Marx schrieb, [4] ermöglicht sie es, den Herrschaftsformen ein anonymes Gesicht zu geben. Sie bildet die Grundlage des politischen Dualismus.

Vom technischen Standpunkt aus ist die Bürokratie eine Organisationsform, die durch Zentralisation, Entpersönlichung und Aufbau einer Hierarchie der Entscheidungsorgane auf die Rationalisierung der kollektiven Tätigkeiten abzielt.

Vom politischen Standpunkt aus ist die Bürokratie ein Regierungssystem, das drei wesentliche Grundzüge aufweist: einen Staatsapparat, der von ernannten und nicht gewählten Beamten gebildet wird; diese hierarchisch organisierte Beamtenschaft ist von einer obersten Gewalt abhängig; eine solche Regierungsform schließt in höchstem Maße die Mitwirkung der Staatsbürger aus und ist im Gegenteil nur auf deren Kontrolle und Integration bedacht.

Der dualistische, entfremdete, repressive Charakter der bürokratischen Gesellschaften ändert sich nicht durch die Tatsache, daß das politische Regime eine Monarchie von Gottes Gnaden, eine Wahlmonarchie oder eine repräsentative Demokratie ist. Die Tatsache, daß die römischen Kaiser gewählt wurden, verminderte den Despotismus des Systems in keiner Weise. Die Wahl des Despoten ist kein Kriterium für Demokratie. In Frankreich blieb der zentralisierte bürokratische

Apparat der absoluten Monarchie Ludwigs XIV., der von den revolutionären Jakobinern gemäß den neuen ökonomischen Bedürfnissen wieder aufgebaut und dann von Napoleon übernommen wurde, als das grundlegende administrative Rahmengefüge der vier darauffolgenden Republiken erhalten, und in seinen Grundzügen besteht er noch im Jahre 1972.

Dieses bürokratische System wurde insbesondere im 19. Jahrhundert in ganz Europa verstärkt und ausgebaut, und zwar einerseits unter dem Einfluß der entstehenden Nationalstaaten, die das Bemühen um politische *Integration* notwendig machten (dafür ist die preußische Bürokratie ein gutes Beispiel), und andererseits unter dem Einfluß der Industriellen Revolution, die Bemühungen um eine ökonomische *Organisation* erforderte (für die lange Zeit das Taylor-System als Vorbild galt).

Diese beiden typischen Beispiele von Bürokratie hatte Max Weber vor Augen, als er seine These aufstellte, daß der Erfolg des bürokratischen Systems als legale und rationale Organisations- und Kontrollform ebenso unvermeidlich sei wie der Erfolg der Präzisionsmaschinen und der Serienproduktion.

Der Pessimismus, der uns das Schicksal einer ständig wachsenden Bürokratisierung voraussagt, hat bei den verspäteten Schülern Webers, wie mir scheint, zwei Gründe: die Verwechslung zwischen Bürokratie und Technokratie und eine überholte Vorstellung von Technokratie.

Es stimmt, daß im 19. Jahrhundert, das in Europa das große Jahrhundert der Industrialisierung und zugleich das große Jahrhundert der Nationalstaaten gewesen ist, Bürokratie und Technokratie sich wechselseitig verstärkten und dazu neigten, ineinander überzugehen, um die nationale Integration und zugleich die ökonomische Rationalität zu verwirklichen.

Durch den großen Aufbruch von Wissenschaft und Technik in der zweiten Hälfte des 20. Jahrhunderts haben sich die Voraussetzungen des Problems geändert.

Ein bezeichnendes Beispiel für diesen Wandel sind die Veränderungen, die die Einführung der elektronischen Datenverarbeitung in der Organisation eines Unternehmens oder einer Behörde mit sich bringt. [5]

Inwiefern zwingt die automatische Verarbeitung der Information zu neuen Formen der Zusammenarbeit?

Jede kollektive menschliche Tätigkeit — ob es sich um ein Industrie- oder ein Handelsunternehmen, um eine Armee oder eine Behörde handelt — ist die Summe von Routinearbeiten und von Entscheidungen. Dabei ist unter Routine eine unter Anwendung von Vorschriften ausgeübte Arbeit zu verstehen, die nichts dem Zufall überläßt. Eine Entscheidung wird dann getroffen, wenn sich die Vorschriften innerhalb des festgelegten Anwendungsgebietes als unwirksam erweisen, entweder wenn ein unvorhergesehener Fall eintritt oder wenn sich ein neues Problem stellt. Bei der Entscheidung handelt es sich also um eine Initiative, die die Quantität an Information in einem System vergrößert; dagegen liegt Routine vor, wenn sich hinsichtlich ihrer Verrichtung keinerlei Unklarheit ergibt.

Die Maschine löst den Menschen in allen Routinearbeiten ab und der Mensch greift nur dort ein, wo eine Entscheidung zu treffen ist, d. h. wo für die Verwirklichung des Gesamtprojekts eine zusätzliche Information benötigt wird. So bildet das Gesamtunternehmen als eine Kette von Entscheidungen und Routinearbeiten einen Informationskreislauf, der eine Gemeinschaft von wechselseitig abhängigen Menschen züchtet. Dieses Netz von Austauschen und von Abhängigkeiten stellt ein Organisationsmodell dar, das dem bürokratischen System völlig entgegengesetzt ist; die Anwendung des Elektronenrechners stellt das eigentliche Prinzip der eingleisigen bürokratischen Hierarchie in Frage und ersetzt es durch ein Netz von wechselseitigen Abhängigkeiten.

Da es die Aufgabe des Computers ist, die Routinearbeiten fehlerlos und schneller zu erledigen und den Grundbestand an Informationen wirksamer zu ordnen und zu sortieren, beschleunigt sich das Tempo, in dem die Entscheidungen zu fällen sind. Der Computer zwingt dazu, schneller zu entscheiden. Das wiederum erfordert eine *Dezentralisierung der Entscheidungen;* sollte sich die Betriebsleitung das Entscheidungsmonopol vorbehalten, werden sich die Akten in Stößen bei ihr stapeln. Im Gegensatz zur bürokratischen Pyramide, wo alles von oben kommt, müssen hier die Entscheidungen über den Betrieb, die Kontrolle, die Struktur, kurz alle taktischen Entscheidungen dezentralisiert werden, so daß von der Betriebsleitung nur noch die strategischen Entscheidungen zu fällen sind.

Das bedingt eine einschneidende Veränderung in den Machtverhältnissen. Da die beiden Phänomene — vermehrte Interdependenz und Beschleunigung des Entscheidungsrhythmus — sich addieren, ist man gezwungen, zu dezentralisieren und eine sehr weitgehende Mitwirkung zu organisieren, d. h. das bürokratische Modell, seine Strukturen und seine Methoden aus Gründen der Leistungsfähigkeit und Wirksamkeit zu bekämpfen.

Der Computer ist nicht nur ein Faktor der Entscheidungsdezentralisation; die Summe der Entscheidungen bildet ein Ganzes, in dem alle Einzelelemente (ob wichtig oder weniger wichtig) wechselseitig voneinander abhängen. Der Entscheidungsprozeß, von welcher Wichtigkeit er auch ist, erfordert also eine gegenseitige Verständigung. Dabei handelt es sich um etwas anderes als um Delegierung von Autorität; der Vorgesetzte muß die Gründe für die von ihm getroffene Entscheidung erläutern; der subalterne Entscheidungsträger muß seinen Vorgesetzten unterrichten über die Konsequenzen der Entscheidungen, die er trifft, über die Unregelmäßigkeiten, die er beobachtet, und über die Veränderungen, die er feststellt.

Der Dialog ist das *feed-back* des Systems.

Das heißt, an die Stelle des mechanischen Organisationsschemas, das typisch ist für das bürokratische Modell, wo jede Entscheidung von oben kommt und von Mitarbeiter zu Mitarbeiter nach unten weitergeleitet wird, tritt ein kybernetisches Modell, das nach dem *feed-back* des Dialogs verlangt, nach gegenseitiger Verständigung und Mitwirkung.

Diese Techniken und diese neuen Erfordernisse richten sich gegen die bürokratische Führungs- und Regierungsweise, denn sie setzen zwangsläufig voraus:

- eine permanente Weiterbildung und Umschulung mit allem, was sie an Veränderungen für die Kader und die Konzeption dieser „Kader“ mit sich bringt;

- klar festgelegte Verantwortlichkeiten, denn die Einsetzung des Elektronenrechners erlaubt nicht mehr, den Fehler auf einen Mitarbeiter abzuwälzen;

- Gruppen- und Teamarbeit gegenüber der Allmacht des Chefs;

- den Dialog, die gegenseitige Verständigung, die Mitwirkung und Teilnahme sowie das Moment des Infragestellens, des Einwands als technische Notwendigkeit;

- die Entscheidung, die immer weniger eine Verfügung, sondern mehr und mehr ein Impuls wird.

Das bedeutet keineswegs, daß diese Techniken, diese neuen Erfordernisse und Notwendigkeiten uns automatisch von der Bürokratie und ihrem Dualismus befreien werden.

Unser zentrales Problem ist es gerade, die notwendigen Initiativen vorzuschlagen, die dazu beitragen, daß die mögliche Vermenschlichung der menschlichen Beziehungen, die der Elektronenrechner in sich birgt, aktualisiert werden kann.

Im Kampf gegen diese Dualismen muß alles noch einmal ganz neu geschaffen werden: unsere wirtschaftliche und gesellschaftliche Organisation, unsere politischen Institutionen, unsere Kultur. Wir müssen unser Verhältnis zur Natur, zur Wissenschaft und zur Technik, zu den anderen Menschen und zu den anderen Kulturen neu definieren. Alles muß noch getan werden. Dabei müssen wir die Probleme wieder dort aufgreifen, wo sie in der Jungsteinzeit liegengelassen wurden.

Es gibt weder eine fertige Philosophie, die geeignet ist und bereit wäre, das Problem in diesem Maßstab aufzuwerfen, noch eine Doktrin oder politische Partei und auch kein Modell einer existierenden Gesellschaft.

Eine Revolution wird nur dann die notwendige Spannweite haben, wenn sie die beiden folgenden Probleme löst:

- die *neuen Zielsetzungen* finden und freilegen, indem sie die seit der Renaissance verbindlichen Ziele und Zweckbestimmungen in Frage stellt;

- dem für alle Gesellschaften seit dem Ende der Jungsteinzeit und der Entstehung der Zivilisationen charakteristischen *Dualismus* ein Ende bereiten.

Wir wollen zeigen, daß die gesellschaftliche Selbstverwaltung ganz und gar nicht zu einer bereits überholten Stufe der wirtschaftlichen Entwicklung gehört, sondern im Gegenteil die einzige Form des Sozialismus ist, die in der Lage ist, voll und ganz auf die heute durch die elektronische Datenverarbeitung, durch die Automation und durch die demokratische Planung notwendig gewordenen Veränderungen einzugehen und sie zu verwirklichen.

Im folgenden soll gezeigt werden, daß dieser Sozialismus der gesellschaftlichen Selbstverwaltung, der komplexere Probleme aufwirft als die herkömmliche Übertragung von Macht und Revolution der Vergangenheit, möglich ist.

Am Anfang steht eine bedeutsame Schwierigkeit: Ein Sozialismus und eine Freiheit, die nicht „von außen" oktroyiert sind, sondern die *durch* das Volk errungen werden, machen es notwendig, daß die Veränderung der Strukturen Hand in Hand geht mit einer Veränderung der Bewußtseinsinhalte.

2. Eine Veränderung der Bewußtseinsinhalte: weder „Religion als Opium für das Volk" noch positivistischer Atheismus

Eine solche Veränderung der Strukturen zielt nicht nur darauf ab, eine Übertragung von Macht und eine Änderung der Eigentumsordnung herbeizuführen. Sie strebt danach, einen Sozialismus der gesellschaftlichen Selbstverwaltung, der Arbeiterselbstverwaltung, einzuführen, der sich das Ziel setzt, allen Dualismen ein Ende zu bereiten; damit werden die Bedingungen dafür geschaffen, daß ein jeder, anstatt seine Macht zu delegieren und zu veräußern, an der Selbstbestimmung der Zielsetzungen und an der Selbstverwaltung der Gesellschaft mitwirken kann. Diese persönliche Mitwirkung jedes einzelnen schließt notwendig eine Veränderung der Bewußtseinsinhalte mit ein: Man könnte diese Selbstverwaltung nicht mit Massen realisieren, die sich damit abfinden würden, für immer dirigiert oder manipuliert zu werden, die es hinnehmen würden, ihre Zielsetzungen „von außen" zu erhalten.

Diese Veränderung der Bewußtseinsinhalte geht der Veränderung der Strukturen weder voraus, noch ergibt sie sich automatisch als Konsequenz der letzteren.

Wie entkommt man dem falschen Dilemma, das sich folgende Fragestellung ergibt: soll man zuerst den Menschen verändern, um dann die Strukturen ändern zu können (das Unvermögen und die Schwäche dieser Methode haben sich zwanzig Jahrhunderte lang am Scheitern der christlichen Predigt gezeigt); oder aber: soll man die Strukturen verändern, damit automatisch ein neuer Mensch hervorgeht (nach einem halben Jahrhundert historischer Erfahrungen müssen wir gezwungenermaßen einsehen, daß es nicht ausreicht, das private Eigentumsrecht an den Produktionsmitteln abzuschaffen und die Macht auf eine kommunistische Partei zu übertragen, damit eine sozialistische Demokratie verwirklicht wird, damit ein neuer Mensch, eine neue Kultur, ein neuer Entwurf der Zivilisation entstehen).

Marx hat dieses Problem auf dialektische und nicht mechanistische Weise in seiner Schrift «Die Heilige Familie», einer Kritik an den französischen Materialisten des 18. Jahrhunderts, aufgezeigt: „Wenn der Mensch von den Umständen gebildet wird, muß man die Umstände menschlich bilden." [6]

Um diese spiegelgleichen Illusionen von einem unfähigen Spiritualismus und einem mechanistischen Materialismus zu überwinden, sollte man sich darüber klar werden, daß einerseits die objektiven Bedingungen keine feststehenden metaphysischen „Gegebenheiten" sind, sondern Werke des Menschen, menschliche Entwürfe, die historisch verwirklicht und deshalb historisch zu verändern und zu überwinden sind; und daß andererseits das Bewußtsein nicht ein passiver Reflex, sondern Aktion, Entwurf ist. Von diesem Entwurf aus, der unter diesen objektiven Bedingungen wirkt, gibt es einen Übergang, eine ständige Wechselwirkung, eine notwendige Einheit und Homogenität zwischen den verfolgten Zielen und den zur Erreichung dieser Ziele angewandten Mitteln. Eine rein „geistige“ Aktion (die einen Dualismus von Seele und Körper, von Bewußtsein und Welt, von Mensch und Gott postuliert) kann nicht zur Veränderung der Welt führen. Umgekehrt aber kann eine rein technisch-revolutionäre Veränderung der Strukturen ebensowenig dazu führen, aus jedem einzelnen und allen Menschen die Gestalter der eigenen Geschichte zu machen. Die Erziehung zur Selbstverwaltung kann nur die Gesamtheit der Kämpfe für diese Selbstverwaltung sein.

Der Schlußstein dieses Systems der Selbstverwaltung ist also die dauernde Wechselwirkung zwischen funktionierenden Institutionen und der Erziehung und Formung der einzelnen, indem sie ihren Beitrag zu diesem Funktionieren leisten. Die dialektische Einheit der Veränderung der Strukturen und der Veränderung der Bewußtseinsinhalte ist das eigentliche Grundprinzip der gesellschaftlichen Selbstverwaltung.

Es ist das wesentliche Verdienst von Rousseau, in seinem «Gesellschaftsvertrag» die erzieherische Funktion einer Demokratie aufgezeigt zu haben, d. h. eines Regimes, in dem jeder Staatsbürger an der Entscheidung mitwirkt.

Die heutigen „Theoretiker“ der „Demokratie“ bekämpfen nicht nur Marx, sondern auch Rousseau und bemühen sich vor allem, die Konzeption von Demokratie vollkommen zu verändern und das wesentliche Merkmal zu unterstreichen: die Teilnahme an der Entscheidung.

Seit dem Buch von Schumpeter («Kapitalismus, Sozialismus und Demokratie», 1943), dessen Schüler ausnahmslos diese Themen immer wieder aufgegriffen haben, wird die Demokratie nur noch als eine Regierungstechnik definiert, die — wie alle anderen Techniken — einzig und allein dem Kriterium der Leistung und Wirksamkeit unterworfen ist.

Die eigentliche demokratiefeindliche Kraft in der Mitte des 20. Jahrhunderts ist nicht mehr, wie noch bei Rousseau oder Robespierre, die Aristokratie, sondern im Gegenteil die Mitwirkung des Volkes.

Systematisch werden Demokratie und Organisation einander gegenübergestellt: die eine, heißt es, schließe die andere aus. Michels nennt das in seiner Formulierung: „das eherne Gesetz der Oligarchien". So wie in der Theorie der Bürokratie von Max Weber wird hier die Oligarchie dargestellt als notwenige, unabdingbare Folge der Organisation und des Leistungskriteriums.

Von diesen Überlegungen ausgehend wird „Demokratie" verstanden nach dem Modell des kapitalistischen Marktes, und man erwartet von ihr die gleichen Qualitäten: Der Staatsbürger, der dem Konsumenten angeglichen ist, muß auswählen können zwischen den verschiedenen politischen Möglichkeiten, so wie er unter den verschiedenen Waren auswählt.

Fortan besteht Demokratie dann, wenn es Wettbewerb, Opposition, Parteienpluralität gibt, so wie es auf dem Markt den Wettbewerb zwischen den einzelnen Unternehmern gibt, die dort ihre Produkte anbieten.

Der Staatsbürger muß also unter den schon fertiggestellten Programmen auswählen, und seine „Mitwirkung" äußert sich nur dann, wenn er alle drei oder vier Jahre für einen aufgestellten Kandidaten oder einen Staatschef seine Stimme abgibt.

Das ist eine negative und defensive Konzeption der Demokratie, die mit den Strukturen des repräsentativen Regimes vermischt ist; negativ deshalb, weil der Wähler erst im nachhinein bei der nächsten Abstimmung „nein" zu seinen politischen Repräsentanten sagen kann, und defensiv deshalb, weil er im Prinzip nur reagieren, aber nicht agieren darf.

Aus dieser Sicht reduziert sich die „Mitwirkung" auf eine Überredungstechnik: es geht darum, dem Wähler das Gefühl von Mitwirkung zu vermitteln, damit er die bereits ohne ihn von seinen Regierenden gefaßten Entscheidungen und Beschlüsse gutheißt.

Wenn heute nicht nur Marx, sondern auch Rousseau so heftig bekämpft werden, so deshalb, weil sie niemals die Demokratie mit dem repräsentativen System vermengt und verwechselt haben, sondern ganz im Gegenteil eine Demokratie definiert haben, die auf effektiver Mitwirkung bei den zu treffenden Entscheidungen beruht, daher also nicht entfremdet ist.

Daraus ergab sich zunächst, daß man nicht auf einer „formalen“ Definition der Demokratie (in der die Gleichheit gewährleistet ist durch die einfache Tatsache, daß jeder einen Stimmzettel hat, und die Freiheit durch das Recht, in regelmäßigen Abständen seine Macht zu veräußern) bestand.

Zuerst Rousseau und später Marx haben hervorgehoben, daß bestimmte ökonomische Voraussetzungen notwendig sind, um eine Demokratie zu erreichen. Rousseau legte in seinem «Gesellschaftsvertrag» (Buch II, Kapitel 11) genau fest: „... daß (ferner) kein Staatsbürger so reich sein darf, um sich einen anderen kaufen zu können, noch so arm, um sich verkaufen zu müssen.“ Er dachte also an eine Demokratie, in der ein jeder wenigstens über ein kleines Eigentum verfügte, das ihm seine Unabhängigkeit garantierte. Zu einem Zeitpunkt, da die Kapitalkonzentration und die Proletarisierung von Millionen von Menschen diese Vorstellung utopisch machten, folgerte Marx aus dem gleichen konkreten Grundsatz: Die Tatsache, daß das Geld demjenigen die Freiheit gibt, der es besitzt, und sie demjenigen raubt, der es nicht besitzt, hat gezeigt, daß die Abhängigkeit desjenigen, der die Produktionsmittel nicht besitzt, gegenüber demjenigen, der sie besitzt, allein durch die Verstaatlichung des Eigentums an den Produktionsmitteln verhindert werden kann.

Von hier aus wird eine nicht formale, sondern eine reale Demokratie möglich. Die Demokratie ist nun nicht mehr nur eine Technik für die Organisation der zentralen Macht: Sie hat eine erzieherische Funktion übernommen, wenn durch sie jeder Staatsbürger an der Basis den sozialen Akt des Entscheidens kennenlernt und erlernt. Schon Tocqueville zeigte im Hinblick auf die „reine“ Demokratie in Amerika, daß die unmittelbare Mitwirkung an den lokalen Institutionen die Schule des wahrhaft aktiven Staatsbürgers ist. Diese Konzeption der lokalen Macht und Regierung ist unter den gegenwärtigen Bedingungen ebenso utopisch geworden wie das Ideal des kleinen Eigentums bei Rousseau. Doch das Prinzip bleibt gültig und muß sich unter radikal neuen Bedingungen verwirklichen, wenn man nicht das aufgeben will, was für Lenin, nach Marx, das Hauptmerkmal des Kommunismus ist und bleibt: daß jede Köchin die Regierungsgeschäfte führen kann, daß jeder Staatsbürger lernen soll, wie ein Staatsmann zu denken und zu handeln. Das ist die beste Definition für die Arbeiterselbstverwaltung.

Diese Veränderung der Bewußtseinsinhalte kann sich nicht vollziehen durch Predigt oder Unterricht, die außerhalb des Lebens angesiedelt sind. Schwimmen lernt man nicht auf Schulbänken oder aus einem Buch.

Nur wenn sich auf der Ebene jeder Basiseinheit im Betrieb, im Laboratorium, auf der Universität, bei den Behörden oder in den Kasernen, in den Verbrauchergenossenschaften oder in den Kulturzentren usw. eine unmittelbare Demokratie herauszubilden beginnt (d. h. in der ein jeder persönlich an der Entscheidung teilnimmt und nicht durch die Vermittlung eines Abgeordneten), erst dann wird sich die lebendige Bindung zwischen dem privaten, dem besonderen Interesse und dem öffentlichen, dem allgemeinen Interesse herstellen.

Nur so entwickelt sich ein nicht passives, sondern ein aktives Mitglied der Gesellschaft, das um so mehr an Information und an Ausbildung benötigt, als es aufgerufen ist, über die weitreichendsten Probleme zu entscheiden. Sollte auf höherer Ebene die unmittelbare Demokratie nicht durchführbar sein, so wird ein solcher aktiver Bürger seine Macht nicht an einen Abgeordneten veräußern, der ihn uneingeschränkt vertritt, sondern nur innerhalb ganz bestimmter fest umrissener Funktionen, z. B. als Arbeiter, und ein anderer würde ihn in einer ebenfalls klar definierten Funktion vertreten, z. B. als Benutzer irgendeines öffentlichen Dienstes. In jedem Fall wird er sich veranlaßt fühlen, die jeweilige gesellschaftliche Funktion zu überdenken und persönlich und konkret denjenigen zu beurteilen, dem er diese Vollmacht erteilt.

Zweifelsohne macht dieses System der Arbeiterselbstverwaltung, das in der unmittelbaren Demokratie, und zwar an der Basis, seine Wurzeln hat und das eine Vertretung nur von Funktion zu Funktion ohne globale Veräußerung erlaubt, eine radikale Um- und Neustrukturierung sämtlicher Institutionen notwendig; sie allein stellt jedoch eine reale Bildung und Ausbildung eines jeden einzelnen sicher.

Im zweiten Teil des Buches sollen einige der unmittelbaren kurzfristigen und langfristigen Maßnahmen konkret beschrieben werden, die dazu nötig sind. Diese Form der gesellschaftlichen Organisation ist nicht komplexer als das heutige System.

In dem heutigen System mit seinen Tausenden von Räderwerken verwischen sich die Verantwortlichkeiten des einzelnen, die Finalitäten gehen verloren. Dieser Apparat ist so undurchsichtig und so schwerfällig, daß er ein Gefühl von Ohnmacht, vom Taumel des Abdankens weckt und zugleich auch in Wirklichkeit zu Ohnmacht und Abdanken veranlaßt. Alles geschieht „dort oben", sehr weit weg, wo man weder mit seinem Denken noch mit seinem Tun Zutritt hat.

Gegen diese totale Entfremdung, gegen diesen blindwütigen Leviathan richten sich heute Zorn und Entrüstung. Das Frühjahr 1968 hat das gezeigt, in Paris wie in Prag, und bezeichnenderweise mit sehr verwandten Parolen: gegen die Scheinmitwirkung, für eine echte Selbstverwaltung.

Diese Veränderung der Bewußtseinsinhalte ist also nicht nur ein frommer Wunsch; sie beginnt sich vor unseren Augen zu vollziehen, sogar in den am stärksten durch die Vergangenheit strukturierten Institutionen: in den Kirchen wie in den Parteien.

Wir wollen hier versuchen, diesen Wandel der Bewußtseinsinhalte bei den Christen und bei den Marxisten zu analysieren.

Bis zum heutigen Tag ist es weder dem Christentum noch dem Marxismus gelungen, ihre Versprechungen einzulösen und zu verwirklichen. Insofern das Christentum die transzendente Existenz einer gottgewollten Ordnung verkündete und die Menschen aufrief, diese Ordnung anzuerkennen und anzunehmen, enthob es den Menschen der vollen Verantwortung für seine Geschichte, für seine eigene Schöpfung. Insofern der Marxismus noch dem mechanistischen Materialismus und dem Positivismus verhaftet bleibt, kann auch er es dem Menschen nicht ermöglichen, sich von einem auferlegten Schicksal freizumachen, um seine eigene Geschichte zu gestalten.

Die neuen Möglichkeiten entwickeln sich heute aus einer zweifachen Krise — ein eminent positives Zeichen! — des Christentums und des Marxismus.

Was Christen und Marxisten gezwungen hat, ihren Glauben, ihre Überzeugungen und Anschauungen neu zu überdenken; in ihrer jeweiligen Haltung und Einstellung zu unterscheiden zwischen dem, was grundsätzlich ist und was nur im Laufe der Geschichte angenommene kulturelle oder institutionelle Form ist; nachzudenken über die spezifischen Verhältnisse von heute, über ihre Einpassung in die Welt: das ist vor allem der wachsende Druck der großen sich vollziehenden Veränderungen, die unsere Zeit kennzeichnen.

Dieser Wandel in den Lebensbedingungen hat die heute Lebenden wachgerufen. Er hat sie gezwungen, sich zu fragen, was sie von den sogenannten Grundwahrheiten halten, die doch nur Überlieferungen sind, und selbst Initiativen zu ergreifen, die man früher als Ketzerei bezeichnete und die in Wahrheit schöpferische Einsichten sind.

Drei bedeutsame Tatsachen haben eine tiefgreifende Erneuerung notwendig gemacht und zugleich die Voraussetzung für diese Erneuerung geschaffen:

- das Ende des Kolonialismus,
- der große Wandel in Wissenschaft und Technik,
- das Heraufkommen des Sozialismus und seiner Verirrungen und Verfälschungen.

Seit etwa zwanzig Jahren, seit der chinesischen Revolution, seitdem die Völker Asiens und Afrikas ihre politische Unabhängigkeit erlangt haben, seit dem durch die nationalen und sozialen Befreiungsbewegungen in Lateinamerika ausgelösten Aufschwung hat sich der Westen nach und nach gezwungen gesehen, die Illusion aufzugeben, allein er sei das Zentrum für historische Initiative und allein er könne neue Werte hervorbringen.

Selbst wenn die Vergangenheit noch mit Erbitterung ihre Nachhutgefechte führt, sei es in der Form von Kolonialkriegen, von Angola bis Vietnam, oder in der Form von Neokolonialismus und ungleichem Handel und Güteraustausch mit der Dritten Welt über drei Kontinente hinweg, so setzt sich doch trotz allem mit wachsender Kraft eine hartnäckige Wahrheit durch: das Problem der Entwicklung und der Entwicklungshilfe ist nicht nur ein wirtschaftliches Problem; selbst wenn man die Rate der Entwicklungshilfe verdoppelte oder verdreifachte, der Abstand zwischen dem Norden und dem Süden würde nur immer größer werden.

Der grundsätzliche Irrtum besteht darin, daß man glaubt, die westliche Zivilisation, so wie sie sich vom klassischen Griechenland bis zur Renaissance entwickelt hat, stelle das einzig mögliche Entwicklungsmodell dar.

Von diesem Postulat ausgehend, kann man den Ländern der Dritten Welt bestenfalls helfen, ihrerseits die Etappen dieser als beispielhaft geltenden Entwicklung zu durchlaufen.

Auch wenn man diesen Ländern „hilft", bis zum Ende des 20. Jahrhunderts die „industrielle Revolution", die Europa zu Beginn des 19. Jahrhunderts abgeschlossen hat, zu vollziehen, während doch der gegenwärtige wissenschaftliche und technische Wandel uns eine schwindelerregende Akzeleration unserer eigenen Entwicklung ermöglicht, hört der Abstand zwischen den beiden Welten nicht auf sich zu vergrößern, wie Paul VI. in der Enzyklika «Populorum progressio» hervorgehoben hat.

Wenn man dieses Problem neu durchdenken will, ist es notwendig, daß die *Kultur Vorrang vor der Wirtschaft* erhält, d. h. mit anderen Worten: Eine grundsätzliche kritische Betrachtung der Zielsetzungen verlangt die Organisation der Mittel.

Eine neue Grundlage für unsere Beziehungen zur Dritten Welt und eine radikale Neuorientierung der Vorstellungen von „Entwicklungshilfe" verlangen, daß endlich Schluß gemacht wird mit den Illusionen von der besonderen Ausnahmestellung des „Westens", der heute in Wahrheit schon „provinziell" geworden ist.

Auf den früheren Kolonialismus, der alle nichtabendländischen Kulturen verneinte und zerstörte, darf keine paternalistische kulturelle Bevormundung folgen, die für die Dritte Welt tödlich wäre und unsere eigenen Kulturen verarmen ließe.

Nur wenn wir vorbehaltlos die Vorstellungen anerkennen, daß es andere Kriterien der Entwicklung gibt als die westlichen wirtschaftlichen Kriterien des Wachstums um des Wachstums willen; daß die Entwicklung Teilaspekt der stets fortschreitenden Schöpfung des Menschen durch den Menschen in allen seinen Dimensionen ist — und zwar vom wirtschaftlichen Wachstum bis zur Konzeption des Sinnes, der Werte und der Ziele des Lebens; daß diese Kriterien jeder Zivilisation immanent sein müssen und nicht von einer einzigen unter ihnen sozusagen geeicht und genormt werden können: erst dann wird die Entwicklungshilfe nicht länger eingleisig sein, sondern sich auf einen echten *Dialog der Zivilisation* stützen und — wie es ein großer schwarzer Dichter einmal ausdrückte — „das allgemeine große Rendezvous des Gebens und Nehmens werden".

Dieser Wandel wird um so tiefgehender sein, als die „Götterdämmerung", der Niedergang der beiden Riesen der westlichen Welt, der Vereinigten Staaten von Amerika und der Sowjetunion, nicht aufzuhalten ist.

Die Ansprüche der Vereinigten Staaten von Amerika auf die Weltherrschaft, die über dreißig Jahre lang aufrechterhalten werden konnten, waren endgültig vorbei, als die „Beschlüsse" des Sommers 1971 — die in Wahrheit nur ein notgedrungenes Einlenken waren — das Scheitern und die Lüge der angeblichen „Verteidigung der freien Welt" bestätigten (deren hervorragendstes und übelstes Beispiel der Vietnamkrieg ist): Man mußte um Verhandlungen mit dem China Mao-Tse-tungs nachsuchen und auf die Vorherrschaft des Dollars als Weltwährung verzichten.

Als die sowjetischen Machthaber, die sich nicht mehr auf ihre revolutionäre Ausstrahlung verlassen konnten und auch nicht auf ihre Fähigkeit, die Wirtschaft des Kapitalismus im friedlichen Wettbewerb zu überrunden, und erst recht nicht auf ihr ideologisches Prestige in den sozialistischen Ländern — als sie Panzer aufmarschieren ließen, um ihr System durchzusetzen, da war es mit ihrer Führerrolle im „sozialistischen

Lager" und ihrem Anspruch, das einzig gültige Modell des Sozialismus darzustellen, für immer dahin.

Zwei Mächte können künftig ein größeres Gewicht in die Waagschale werfen und Perspektiven für die Zukunft eröffnen: Japan und China. Die unterwürfige Politik der japanischen Regierung gegenüber den Vereinigten Staaten von Amerika führt zum Bankrott. Die einzige mögliche Umstellung der japanischen Politik kann lediglich von der Opposition kommen. Wird sie das Beispiel Maos „ins Japanische übersetzen" und zu einer echten Aussöhnung mit China hinführen? Wenn dem so wäre, so ständen wir an der Wende des Jahrhunderts: die wirtschaftliche Dynamik Japans, die sich mit der chinesischen Revolution verbündet, die trotz ihrer Sprünge und Zuckungen die einzige globale Alternative zu unserer gegenwärtigen Zivilisationskrise darstellt, würde noch vor dem Ende dieses Jahrhunderts zu einer in der Geschichte noch nie dagewesenen politischen und kulturellen Expansion des chinesisch-japanischen Blocks führen und die Dritte Welt Asiens, Afrikas und Lateinamerikas mitreißen.

Dieser „Untergang des Abendlandes" hat übrigens nichts mit dem Mythos der „gelben Gefahr" zu tun, sondern kündigt im Gegenteil den Beginn eines neuen Zivilisationszeitalters an. Das in der Renaissance mit Kapitalismus und Kolonialismus entstandene abendländische Modell, dessen Zusammenbruch heute offenbar wird, ebenso wie seine Ohnmacht, für eine menschliche Entwicklung des Menschen zu garantieren, wird durch einen neuen Zivilisationsentwurf ersetzt.

Selbst wenn diese Perspektive, auf die wir uns schon jetzt einzustellen haben, und die Forderungen nach einem notwendigen und für die Zukunft entscheidenden „Dialog der Zivilisationen" noch nicht voll und ganz begriffen und noch weniger in allen ihren Konsequenzen gelebt werden, so stellen sie doch eine objektive Kraft dar, die heute schon im Stillen und unüberwindlich auf die Klarsehendsten unter den Christen und Marxisten einwirkt und in ihnen, manchmal ohne ihr Wissen, eine tiefgehende Veränderung des Bewußtseins hervorbringt.

Bei vielen Christen hat diese wenn auch noch verworrene

Bewußtseinsfindung schon dazu geführt, daß sie sowohl ihre Einstellung zur Welt als auch zum Glauben in Frage stellen.

Daß das II. Vatikanische Konzil eine Sonderkommission für die Beziehungen zu den nichtchristlichen Religionen eingerichtet hat, daß das Ökumenische Konzil der Kirchen sich in einem völlig neuen Geist den Religionen Asiens und Afrikas geöffnet hat, daß Lateinamerika dabei immer mehr an Bedeutung gewinnt, das alles sind Anzeichen für eine tiefgreifende neue Bewegung.

Kennzeichnend für diese Bewegung ist zunächst die Betonung pluralistischer Werte. Insbesondere nach dem II. Vatikanischen Konzil ist die katholische Kirche — und das ist ein großer Augenblick in ihrer Geschichte — im Begriff, sich von den historisch bedingten praktischen Konsequenzen ihres Universalitätsanspruchs loszusagen: dem Erbe des universalen Herrschaftsanspruchs des römischen Imperiums; dem Erbe des eurozentrischen Anspruchs der Renaissance (auf Grund dessen sich für die Kirche die Frage ergab, ob die Indianer eine Seele haben!); dem Erbe des Kolonialismus, der die eigentliche Idee der „Mission" verfälschte.

Die feierliche Versicherung, die Kirche sei weit davon entfernt, die Welt erobern und sich unterordnen zu wollen, vielmehr stehe sie in ihrem Dienst und führe einen permanenten Dialog mit ihr, kennzeichnet den Beginn dieser großen und notwendigen Wende.

Diese Konfrontation hat das Christentum in keiner Weise geschwächt, sondern vielmehr die Voraussetzungen geschaffen für ein neues, tieferes Selbstverständnis: Angesichts anderer Kulturen und anderer Religionen, die nicht mehr als menschliche Verirrungen oder als Ketzerei angesehen werden, sondern als Quellen echter Werte, fühlten sich zahlreiche Christen, unter ihnen bedeutende Theologen, angetrieben, sich kritisch nach der *spezifischen Eigenheit ihres Glaubens* zu fragen.

Insofern die Religion, d. h. insofern der Glaube an eine Zivilisation, an historisch festgelegte Institutionen und Sitten gebunden ist, ist das Christentum Bestandteil des „allgemeinen Rechts" der Religionen; es unterliegt, wie alle anderen Religionen, den Gesetzen der Entfremdung.

Welches ist über diese Abhängigkeiten, diese Relativität, diese Entfremdung hinaus die spezifische Eigenheit des christlichen Glaubens als Daseinsgefühl, d. h. als bestimmte Verhaltensweise des Menschen gegenüber den anderen Wesen in ihrer Gesamtheit, als Konzept ihres Lebens und Handelns?

Ohne jeden Zweifel drückt sich dieser Glaube in jeder Epoche notwendigerweise in der Sprache einer bestimmten Ideologie aus, aber er bleibt auf sie beschränkt, denn der Glaube ist keine Ideologie, sondern eine Form der persönlichen Existenz in der Welt.

Angesichts eines Systems, das Gott als eine Antwort auf die Bedürfnisse des Menschen begreift (Bedürfnisse, die jeweils auf die eine oder die andere Gesellschaftsstruktur bezogen sind), ist es ein Zeichen der Zeit, daß ein christlicher Philosoph wie Paul Ricœur die Frage stellen konnte: ist die Religion eine Entfremdung des Glaubens? Das Problem der eigenen Realität des Glaubens ist so in einer neuen Weise wieder offen.

Die Parallele zur jüngsten Entwicklung des Marxismus ist von diesem Gesichtspunkt aus augenfällig.

Auch für ihn stellte sich als erstes Problem das des *Pluralismus,* und zwar in der spezifischen Form der Pluralitität der *Modelle des Sozialismus.*

Die Tatsache, daß man in China, dem ersten nichtabendländischen Land, in dem sich der Sozialismus auf Dauer in eigenständiger Form durchsetzte, die „orthodoxe" Methode der Machtergreifung umkehrte und sich vorwiegend nicht auf die Arbeiterklasse und deren Siedlungszentren stützte, sondern auf das bäuerliche Hinterland, um von da aus dann die Städte einzukreisen; die Tatsache ferner, daß in China sich die Kommunistische Partei nach der Machtergreifung für die Entwicklung des Landes zu einem eigenen Modell entschloß, das von dem klassischen Schema völlig abwich und heute eine globale Alternative zur kapitalistischen Lebensweise anbietet und damit deren Hauptpostulate in Frage stellt; die Tatsache schließlich, daß diese neue Form des Sozialismus zu einem Schisma geführt hat — diese drei Tatsachen haben die Marxisten (wenigstens diejenigen, die nicht einfach blind die Lügen der verschiedenen Großmächte und der sowjetischen

Machthaber über China geglaubt haben) vor ein theoretisches und ein praktisches Problem von solcher Tragweite gestellt, daß auch sie dahin kamen, in ihre Lehre das eigentlich Wesentliche zu unterscheiden von dem, was historisch bedingt ist. Die Schwierigkeiten, auf die der „orthodoxe" Marxismus in Schwarzafrika und in der islamischen Welt stößt, ebenso wie sein Rückgang in Lateinamerika stellen die Marxisten vor die Frage, ob es nur ein einziges gültiges Modell der sozialistischen Revolution, ein einziges gültiges Modell des Sozialismus gibt, so wie es ausgearbeitet worden ist, und zwar ausschließlich auf Grund abendländischer Traditionen: der deutschen Philosophie mit Hegel, der englischen Wirtschaftstheorie mit Ricardo, dem französischen Sozialismus mit Saint-Simon oder Fourier. Dieses grob vereinfachende kulturelle Schema mußte revidiert werden, und zwar so gründlich, bis man die radikale Frage nach den Verwurzelungen des Marxismus in den Strukturen und den Kulturen eines jeden Volkes stellte, ob es sich nun um die chinesische oder die mohammedanische Hochkultur, um afrikanische Vorstellungen der Welt und des Lebens oder um kulturelle und religiöse Tabus in Lateinamerika handelt.

So wurden nicht nur die dogmatischen Interpretationen der historischen Dialektik, die positivistischen Interpretationen der Naturdialektik, die bürokratischen und autoritären Verwirrungen und Verfälschungen kritisch untersucht, sondern es wurde die Grund- und Hauptfrage gestellt: was ist das wirklich Wesentliche des Marxismus, wenn man von den institutionellen und kulturellen Formen absieht, die er im Laufe seiner Geschichte angenommen haben mag?

Die zweite große treibende Kraft in diesen Bewußtseinsänderungen bei Christen und Marxisten ist der Wandel in Wissenschaft und Technik.

Die gläubigen Christen kamen endlich von zwei Hilfskonzeptionen göttlichen Waltens ab, dem „Gott der Lücken", wie man ihn nennen könnte (ihm oblag die Aufgabe, Lücken, die die Wissenschaft vorübergehend nicht schließen, Probleme, die die Technik vorübergehend nicht lösen konnte, mit metaphysischen Leerformeln zu füllen), und dem „Alibi-Gott" (mit der Aufgabe, den Unzulänglichkeiten des menschlichen Handelns durch sogenannte „übernatürliche" Eingriffe nachzuhelfen). Obwohl es innerhalb der Kirche schon seit Jahren Bestrebungen dieser Art gegeben hat, erregten sie bezeichnenderweise erst in den fünfziger Jahren Aufsehen: Teilhard de Chardin mit seinem unbedingten Vertrauen in die Wissenschaft und Pastor Bonhoeffer, der ebenfalls von einem männlichen Optimismus erfüllt ist und Gott nicht an den Grenzen des Menschen oder in seinem Scheitern und Versagen sucht, sondern im Gegenteil in der Mitte des Menschen, in seinem schöpferischen Bemühen und in seiner Fülle.

Um zu Gott zu gelangen, geht es für den einen wie für den anderen nicht darum, der Welt den Rücken zu kehren, sondern im Gegenteil voll und ganz die Verantwortung für die Welt zu übernehmen.

Das II. Vatikanische Konzil hat wie ein Seismograph diesen neuen Aufbruch des Menschen registriert, indem es die „Autonomie der profanen Werte" anerkannte, und zwar die des Wissens wie die des Handelns.

Die Marxisten sind von diesem Wandel unmittelbar betroffen, denn der Marxismus ist unter den historischen Verhältnissen der Ersten Industriellen Revolution entstanden und stark von ihr geprägt.

Von den «Manuskripten von 1844» bis zum «Kapital» und bis zum Ende seines Lebens hat Marx den Sozialisten niemals nur vom ökonomischen Standpunkt aus definiert, sondern stets aus der Sicht des Menschen.

Im Denken von Marx hat der Sozialismus nicht nur das Ziel, den Menschen zu einem wirklichen *Akteur* und Mitspieler im wirtschaftlichen Leben zu machen; die Wirtschaft des Sozialismus ist für ihn nur ein Mittel, den Menschen für die Gesamtheit seiner Aktivitäten zu befreien: für die wissenschaftlichen ebenso wie für die künstlerischen und die geistigen.

Zur Entfremdung kommt es nicht nur auf wirtschaftlichem Gebiet. Wenn es stimmte, daß die ökonomische Entfremdung eine totale Entfremdung ist, wie könnte dann ein entfremdeter Mensch die Entfremdung bekämpfen?

Im «Kapital» zeigt Marx, wie der Kapitalismus auf dem Gebiet der Wirtschaft zu dem hinführt, was Marx in der Sprache der deutschen Philosophie „eine Umkehrung der Beziehungen zwischen Subjekt und Objekt“ nennt. Auf dem Gebiet der Wirtschaft wirkt sich der Kapitalismus so aus, daß das Subjekt dem Objekt untergeordnet wird, der Mensch also der Ware, dem Geld, der Maschine.

Die Mission des Sozialismus besteht darin, die Umkehrung ins Gegenteil zu verwirklichen: das Subjekt muß den Vorrang erhalten. Das kann nur gelingen, wenn der Sozialismus die kapitalistische Entfremdung bekämpft und außerhalb der wirtschaftlichen Sphäre und der ökonomischen Beziehungen Hilfe und Unterstützung sucht; er muß einen politischen Kampf und einen theoretischen Kampf führen.

Das heißt, er muß die relative Autonomie der Überbaustrukturen, insbesondere die der Politik, ebenso wie das wissenschaftliche Denken, das sich zu einem großen Teil dem Determinismus der Strukturen entzieht, in diesen Kampf mit einbeziehen.

Wollte man den Marxismus als einen „ökonomischen Determinismus“ definieren, so würde man ihm seine innere Kohärenz entziehen und ihn zur Petitio principii oder gar zum Widerspruch verurteilen.

Eben aus diesem Grund hat Lenin diese mechanistische Interpretation unter dem Begriff „Ökonomismus“ zu heftig und nachdrücklich bekämpft.

Da er jedoch ausschließlich von der historischen Erfahrung im damals rückständigen Rußland ausging, neigte er manchmal (besonders in den ersten Phasen seines Denkens zwischen 1902 und 1904, in «Was tun?») zu einer einseitigen Betonung der von Kautsky entlehnten These, das sozialistische Bewußtsein müsse „von außen“ an die Arbeiterklasse herangetragen werden. Die dogmatische Interpretation dieser These — d. h. eine Interpretation, die diese These zu allen Zeiten und an allen Orten für gültig erklärt und darauf verzichtet, im marxistischen Sinne eine Analyse der historischen Bedingungen ihrer Entstehung vorzunehmen — ist dazu benutzt worden, die autoritären Strukturen von Partei und Staat zu rechtfertigen, die für sich in Anspruch nehmen, den Sozialismus *für* und nicht *durch* das Volk zu verwirklichen.

Nach dem großen wissenschaftlichen und technischen Wandel unserer Tage ist man sich klar darüber geworden, daß die Arbeiterklasse ihrer Natur, ihrer Struktur und ihrer Kultur nach eine historische Umformung durchmacht und daß sich um sie herum ein neuer „historischer Block" bildet. Die neuen Bedingungen der gesellschaftlichen Arbeit (die einen immer größeren Anteil an intellektueller Arbeit in sich schließt) haben „von innen her" zu neuen Motivationen, zu einer kultivierten und differenzierten Spontaneität angeregt, die sich harmonisch mit den theoretischen und politischen Motivationen vereinen können, die in der Tat „außerhalb" der Wirtschaft entstanden sind, wenn auch dialektisch mit ihr verbunden.

Das ist die eigentliche Wurzel eines umfassenden Wandels des Marxismus — und zwar seiner Wirtschaftstheorie, besonders in bezug auf die dogmatischen Festlegungen des „Wertes der Arbeit" (vor denen Marx, wie wir gesehen haben, schon in «Grundrisse der Kritik der politischen Ökonomie» gewarnt hat), aber auch seiner politischen Theorie hinsichtlich der Strukturen und der Aufgaben von Partei oder Staat und schließlich auch seiner Konzeption der Kultur.

Das Heraufkommen des Sozialismus und seine Verirrungen gehören zur dritten großen Gruppe historischer Phänomene, die einen starken Einfluß auf das christliche wie das marxistische Bewußtsein ausgeübt haben.

Die sozialistische Oktoberrevolution, die nicht nur von der Arbeiterklasse in der ganzen Welt, sondern auch von den größten Geistern dieser Zeit freudig begrüßt wurde, so wie 1789 die Französische Revolution von Goethe, Kant oder Hegel, bedeutete für Anatole France und für Langevin den „Beginn der Hoffnung". Der Sozialismus war nicht mehr bloß einer der schönsten Träume der Menschen, sondern er wurde eine Realität und bot eine konkrete Alternative zu der Welt des Kapitalismus und des Krieges an.

Die Rolle, welche die Sowjetunion in der Befreiung Europas von dem Hitlerschen Alptraum gespielt hatte, trug noch weiter zu dieser Ausstrahlung bei.

Damals wurden sich viele Christen der Notwendigkeit bewußt, daß der schon zu lange bestehende Pakt ihrer Kirchen mit den herrschenden Klassen, mit den etablierten Unordnungen, mit dem sozialen Konservatismus und mit der Gegenrevolution endlich aufgelöst werden mußte.

Als deutlich wurde, wie wirkungsvoll und erfolgreich der Marxismus die Unterentwicklung überwand, wie er rückständige Länder, das zaristische Rußland oder das China der Warlords, in Rekordzeit zu Weltmächten zu machen vermochte, da wurden sich viele Christen noch stärker bewußt, daß zwischen einer atheistischen Metaphysik und einer Technik der sozialen Wirksamkeit und Leistung im Kampf gegen Not und Elend zu unterscheiden war.

Die anhaltenden Mißerfolge des Christentums auf sozialem Gebiet und seine Unfähigkeit, die Arbeiterklasse für sich zu gewinnen, bewogen diese Christen, die Möglichkeit ins Auge zu fassen, die historischen Errungenschaften des Marxismus in die Perspektive ihres Glaubens hineinzunehmen.

Das dauerhafte Ergebnis dieser Überlegungen zeigt, daß eine permanente Anstrengung notwendig ist, den Glauben um historische, soziale, politische und kämpferische Dimensionen zu erweitern und eine radikale Umwandlung der Politik der Kirche herbeizuführen.

Die dramatischen Ereignisse innerhalb der kommunistischen Bewegung und deren Verfälschung in Theorie und Praxis führten die Christen an die Schwelle eines neuen Wandels.

Christen, die wieder einmal übereilt ihren Glauben mit einer historisch veralteten Form des Sozialismus solidarisiert hatten (wie einst mit der Monarchie „von Gottes Gnaden", mit dem klerikalen Faschismus oder mit der „christlichen Demokratie"), erkannten die Notwendigkeit, eine etwas differenziertere Form der wechselseitigen Beziehungen zwischen Kirche und Politik anzustreben.

Manche meinen heute, es sei nicht die Aufgabe der Kirche, Soziallehren aufzustellen, ebensowenig wie sie eine besondere Kosmologie oder Medizin auszuarbeiten habe.

Ihre Macht, mit jeder etablierten Ordnung zu brechen, hat einen Preis: sie darf sich nicht mit einem provisorischen System verbünden. Ihre Mission ist anderer Art.

Die Konzeption neuer Beziehungen zur Welt stellt nicht die Notwendigkeit des Engagements an sich in Frage, sondern fordert vielmehr ein Engagement der Christen als Christen und nicht das einer etablierten Kirche.

Für die Marxisten hatten der Sieg und das große Ansehen der Oktoberrevolution sowie die entscheidende Rolle der Sowjetunion im Krieg gegen Hitler widersprüchliche Auswirkungen.

Auf Grund der Siege wurden damals die Begriffe Revolution und Sozialismus mit der russischen Revolution gleichgesetzt. Auf solche Weise waren sie sehr eng gefaßt, weil man — nach Lenin und ungeachtet seiner Warnungen — nicht mehr zwischen dem unterschied, was in dieser Revolution einen allgemeinen und universalen Wert hatte, und dem, was an ihr spezifisch russisch war; was sich von den Prinzipien herleitet und was die Folge geschichtlicher Gegebenheiten war.

Über fünfzig Jahre lang haben die Kommunisten in der ganzen Welt über dieses mehr zufällige Modell theoretisiert, als ob es universale Geltung hätte und unabdingbar notwendig wäre.

Erst als mit einem unheilvollen Schlag die Folgen dieser Verfälschungen und Verirrungen sichtbar wurden — insbesondere durch den Einmarsch in die Tschechoslowakei und die sogenannte „Normalisierung“, d. h. die erklärte Absicht, mit Gewalt das russische Modell einem Lande aufzuzwingen, für das es in keiner Weise taugte — erst dann begannen immer mehr Kommunisten die Frage nach der möglichen Vielzahl der Modelle zu stellen und eben dadurch hinter den historischen Verwirklichung und Verfälschungen das wirklich Grundsätzliche im Marxismus wiederzufinden: nicht einen Katalog von ökonomischen Gesetzen oder philosophischen

Prinzipien, wie Stalin gelehrt hatte, sondern eine Methodenlehre der historischen Initiative, die es möglich macht, von den spezifischen Widersprüchen einer jeden Epoche und eines jeden Landes ausgehend, die mögliche Zukunft zu entdecken und zu verwirklichen, die imstande ist, eben diese Widersprüche zu überwinden.

Nur aus dieser doppelten Krise des Christentums und des Marxismus und aus dem gegenseitigen Verständnis für die Widersprüche und Zusammenstöße in der Vergangenheit kann es zu einer neuen Begegnung kommen, kann das Bewußtsein erwachsen, daß eine gegenseitige Ergänzung ihrer beider Zukunft notwendig ist.

Nur ein solches klares und waches Bewußtsein, das in gemeinsamer Anstrengung wurzelt und das bereit ist, sich den Veränderungen unserer Zeit zu stellen, wird es uns ermöglichen, das aus der Vergangenheit auf uns gekommene falsche Dilemma zwischen einer als „Opium für das Volk" etikettierten Religion und einem positivistischen und szientistischen Atheismus zu überwinden.

„Das Christentum ist von Natur aus revolutionär ... und die historischen Kirchen waren nie auf der Seite der Revolution", sagte 1966 vor dem Ökumenischen Rat der Kirchen der Erzpriester Borovoj vom Patriarchat Moskau.

Wir haben schon darauf hingewiesen [7]: Die Religion ist jedesmal dann „Opium", wenn sie erklärt, ein ewiges Leben jenseits der Geschichte und jenseits dieses Lebens sei das Wesentliche, und damit die Probleme dieses Lebens und die Kämpfe dieser Geschichte als untergeordnet und zweitrangig entwertet; sie ist immer dann Opium, wenn das Verhältnis von Mensch und Gott so aufgefaßt wird, daß der Mensch Gott nur anruft und ihm begegnet, um die Schwächen oder das Scheitern seines Denkens und seines Tuns auszugleichen, und zwar „an den Grenzen" und nicht „in der Mitte" — wie Bonhoeffer schreibt; sie ist immer dann Opium, wenn sie die

Form einer Ideologie, einer Metaphysik, nicht aber die einer Entscheidung, einer schöpferischen Lebensweise annimmt. Kurzum, sie ist jedesmal dann Opium, wenn sie die politischen und sozialen Dualismen durch eine Weltvorstellung heiligt, die selbst dualistisch ist und — wie es Nietzsche ausdrückte — aus ihnen „einen Platonismus für das Volk" macht.

Schon im Urchristentum standen sich zwei Lager gegenüber; die einen begnügten sich damit, die Seelen durch Reue und Buße auf das Kommen des Reiches Gottes vorzubereiten, die anderen wollten die Welt verändern und sie so auf diese Ankunft vorbereiten.

Seitdem das Christentum mit Augustinus das dualistische Erbe des griechischen Denkens übernommen und unter Kaiser Theodosius als Staatsreligion das römische Erbe angetreten hatte, war die Zahl derer groß, die in der Kirche eine Präfiguration des Reiches Gottes und in den politischen und sozialen Ordnungen, denen sie ihren Segen erteilte, ein Abbild der von Gott gewollten Ordnung sahen. Dieses doppelte Erbe, der Dualismus der griechischen Philosophie und der römischen Staatsordnung, gehört zum Prinzip des Konservativismus der Kirche.

Doch es gibt noch eine andere Tradition, die zwar, stets nur von einer allerdings hartnäckig kämpfenden Minderheit vertreten, oft als Ketzerei angeklagt wurde, die jedoch bezeugt, daß „die Grundvorstellungen der Revolution biblische Vorstellungen sind", wie Pater Comblin [8] schreibt. Schon der Exodus ruft zum Ungehorsam der Bürger gegen den Pharao auf und liefert damit das erste Beispiel für die Entheiligung der Macht. Und die Propheten Israels verbieten dem jüdischen Volk, sich ein Götzenbild von den vom Menschen geschaffenen Dingen oder Institutionen zu machen, und lehren uns so den Bruch mit der gegebenen Ordnung und die Absage an alle Entfremdungen. Und schließlich verkündet die Offenbarung Johannis im Neuen Testament: „Siehe, ich mache alles neu", und unterstreicht damit, daß der Glaube ein Akt der Teilnahme an der Transformation der Welt ist. Diese drei Beispiele rufen uns ins Gedächtnis zurück, daß die Welt nicht eine abgeschlossene Realität, sondern eine ununterbrochene

Schöpfung ist und daß es uns aufgegeben ist, für diese ständige Veränderung und für diese Schöpfung zu arbeiten und zu kämpfen; aber auch daß der Mensch nicht eine Natur hat, die ein für allemal vorgegeben ist, sondern eine Geschichte, die aus Entscheidungen, aus der Schöpfung des immer neu Möglichen, aus dem Widerstand gegen das Unmögliche besteht.

Eine solche Tradition findet sich bei dem prophetischen Abt Joachim von Floris, der im 12. Jharhundert die Vorstellung vertrat, der „Heilige Geist" sei die schöpferische Kraft eines neuen geschichtlichen Zeitalters in der Kirche und in der Welt. Diese erste „Theologie der Geschichte" beeinflußte wesentlich die radikale Kritik der ersten Franziskaner und alle religiösen Reform- und sozialen Revolutionsbewegungen bis ins 16. Jahrhundert hinein (insbesondere die von Jan Hus). Sie sollte dann am Ende des 18. Jahrhunderts Fichte und Hegel inspirieren.

Diese Tradition wird lebendig bei Thomas Münzer, dem ersten „Theologen der Revolution", der im 16. Jahrhundert den bewaffneten Aufstand der Bauern organisierte, um das Kommen des Reiches Gottes vorzubereiten. Er sagte: „Der Glaube in seinem ursprünglichen Prinzip gibt uns auf, Unmögliches zu vollbringen." Engels zählt ihn zu den Männern, die man mit den besten Revolutionären vergleichen kann: „... Seine politische Doktrin ... griff ebensoweit über die unmittelbar vorliegenden gesellschaftlichen und politischen Verhältnisse hinaus, wie seine Theologie über die geltenden Vorstellungen seiner Zeit." [9] Für Münzer war das Reich Gottes, dessen Ankunft durch den Kampf vorbereitet werden mußte, eine Gesellschaft ohne Leibeigene und ohne Grundherren, ohne Privateigentum, ohne Staats- und Kirchenmacht, die sich als übergeordnete Gewalt dem Bewußtsein aufzwingt. Marx hat dann später anerkannt, daß sein revolutionärer Plan der fortschrittlichste gewesen sei, den die Welt bis zur Mitte des 19. Jahrhunderts gekannt habe.

Was diese Geisteshaltung kennzeichnet und sie zu einer Quelle revolutionärer Gedanken macht, ist einmal ihre Vorstellung von der Welt — die Welt ist ständig im Werden begriffen —, zum anderen ihre Vorstellung vom Menschen und von seinem Glauben — ein jeder von uns ist ein Mit-Schöpfer und mitverantwortlich für den Sieg oder die Niederlage — und schließlich ihre Vorstellung von den Beziehungen des Menschen und der Welt: Sie macht aus der christlichen Hoffnung keine Flucht, die die Menschen über dieses „irdische Jammertal" erhebt, vielmehr stellt sie die Erfahrung des Wirklichen dem „Leiden des Möglichen" gegenüber, um mit Kierkegaard zu sprechen. *Ein solcher Glaube ist kein Opium, sondern ein Ferment der Veränderung der Welt. Jeder Schlag gegen einen solchen Glauben ist ein Schlag gegen die Revolution.*

Eine Veränderung, die den Problemen unserer Zeit gerecht wird, hat sowohl die Merkmale einer Revolution, die die Strukturen verändert, als auch die eines religiösen Wandels, der die Bewußtseinsinhalte verändert. Das bedeutet allerdings keineswegs, daß es darum geht, neben die revolutionäre Aktion irgendeine religiöse Predigt zu stellen.

Das bedeutet vielmehr, daß der revolutionäre Kämpfer sich darüber klar wird, welche Bedeutung dieser Glaube für sein eigenes Handeln hat.

Der Atheismus ist nicht die notwendige Grundlage des revolutionären Handelns.

Zunächst einmal ist es historisch falsch, daß der philosophische Materialismus und der Atheismus in einem inneren Zusammenhang mit dem revolutionären Handeln stünden.

In seiner Religionskritik nimmt Marx niemals einen metaphysischen, sondern stets einen historischen Standpunkt ein. Für ihn ist die Religion nicht nur ein *Abbild* der wahren Not und Bedrängnis des Menschen, sondern ein *Protest* gegen sie (ein Protest, der überdies in einen realen revolutionären Kampf münden kann, wie Engels in seiner Studie über den Aufstand von Thomas Münzer zeigt). Marx kritisiert die Religion nicht nur als Ideologie (wie es die französischen Atheisten im 18. Jahrhundert taten), sondern auch als menschlichen Entwurf, der ein entfremdeter Entwurf ist und dem er seinen revolutionären Plan gegenüberstellt.

Sein Atheismus ist also kein metaphysischer Atheismus,

sondern ein methodologischer Atheismus, der den „Gott der Lücken" und den „Alibi-Gott" ausschließt. Wenn heute eine so große Zahl von Christen diese radikale Kritik als einen wichtigen Bestandteil in ihren Glauben aufnehmen, so deshalb, weil ihnen bewußt ist, daß dieser „methodologische Atheismus" vielleicht der beste Verteidiger der Ehre Gottes ist.

Der prometheische Entwurf von Marx beruht auf der Vorstellung, daß „die Menschen ihre eigene Geschichte machen" (obwohl sie sie nicht willkürlich machen, sondern unter Bedingungen, die immer durch die Vergangenheit schon geprägt sind).

Diese Geschichte, die mit der Arbeit in ihrer spezifisch menschlichen Form beginnt, d. h. mit einem Tun, dem das Bewußtsein von Zweck und Ziel vorausgeht, weist also im Unterschied zur natürlichen Evolution zwei spezifische Grundzüge auf: den *schöpferischen Akt* des Menschen (mit seinem Entwurf) und sein Gegenteil, *die Entfremdung,* die die Determinismen der Natur vortäuscht.

Im Hinweis auf die Polarität der beiden antithetischen Begriffe Schöpfung und Entfremdung liegt der eigentliche Beitrag von Marx zum Problem der Subjektivität.

Im philosophischen Bereich geht die Verfälschung des Marxismus auf eine falsche Theorie des Wissens zurück, das als ein „Schein" der Realität aufgefaßt wird, und auf eine falsche Theorie der Freiheit, die in einer positivistischen Auslegung der Hegelschen Formulierung gründet, die Freiheit sei der Einblick in die Notwendigkeit.

Diese beiden Thesen sind dem Denken von Marx fremd. Die eine bekämpfte er schon in seinen «Thesen über Feuerbach», wobei er im Gefolge von Kant, Fichte und Hegel den *aktiven* Charakter des Wissens hervorhob; gegen die andere wandte er sich schon in «Die heilige Familie», wo er sie als eine „Macht" definiert, und er hat vom «18. Brumaire» bis zum «Kapital» immer wieder darauf hingewiesen, daß die Menschen ihre eigene Geschichte machen. Im Gegensatz zum Positivismus seiner Epigonen und im Sinne von Hegel ist die Wirklichkeit für Marx nicht nur das, was schon „gegeben" ist, sondern auch alles das, was *möglich* ist.

Auf den philosophischen Verfälschungen des Marxismus beruhen seine politischen Verfälschungen: Wenn es nur *eine* vorgegebene Realität und nur *einen* wahrhaften Schein dieser Realität gibt, dann werden ein Mensch oder eine Gruppe von Menschen Treuhänder dieser einzigen und absoluten Wahrheit und sind von da aus mit einer unbegrenzten Macht ausgestattet, da sie diese Wahrheit „von außen“ an das Volk herantragen. Hier liegen auch die „theoretischen“ Begründungen für eine Einheitspartei und für einen despotischen Staat.

Die Dialektik von Marx aber basiert im Gegenteil auf einer kritischen Konzeption des Wissens, die im Wissen nicht einen *Schein,* sondern einen *Akt* sieht, mittels dem man mit immer neu zu revidierenden Hypothesen und Modellen nach der verifizierenden Erfahrung strebt. Daraus ergeben sich zwei grundsätzliche Forderungen:

- Das *subjektive Moment* des revolutionären Handelns ist nicht nur die „Kenntnis“ (die im Besitz der Theoretiker und der Führenden ist), sondern auch die „historische Initiative der Massen“ (die nicht mehr unter dem Namen der Spontaneität abgewertet wird);
- der *Pluralismus:* So wie Barth sagte, „Alles, was ich über Gott sage, das sage ich als ein Mensch über ihn“, so sollte ein Marxist nicht vergessen: „Alles, was ich über die Natur und die Geschichte sage, das sage ich als ein Mensch.“

Ohne dieses kritische Moment, das sowohl das theologische als auch das revolutionäre Denken relativiert, kann es nur inquisitorischen Klerikalismus oder stalinistischen Despotismus geben.

Das revolutionäre wie auch das religiöse Bewußtsein — um einen Ausdruck von Karl Marx zu benutzen — ist nicht nur *Schein* einer Situation, sondern auch *Protest* gegen diese Situation. Hier taucht ein Einwand auf: wenn das revolutionäre

Bewußtsein nicht allein durch die Situation entsteht, wovon nährt es sich dann?

Bei der Untersuchung über die Subjektivität kommen wir nicht um das Problem der Transzendenz herum. Die Transzendenz ist in der Sprache von Hegel oder von Marx das „dialektische Überschreiten". Doch im Unterschied zu Hegel gibt es bei Marx keinen „absoluten" Geist, der schon da ist und uns innewohnt. Für einen Marxisten ist Transzendenz nie absolut: sie ist Übergang von einer Ordnung zur anderen. Das Leben transzendiert die physikalisch-chemischen Gegebenheiten. Der Mensch ist niemals einfach nur die Resultante der Bedingungen, unter denen er geboren und geformt worden ist.

Marx entwickelt nicht einfach Spinoza weiter, der sich in die reine Immanenz zurückzieht. Wie Spinoza lehnt Marx jede äußere Finalität ab: der Mensch schafft sich in dieser Welt seinen Sinn und seine Freiheit. Aber wohlgemerkt, er schafft sie sich, er findet sie nicht vollendet vor. Marx wendet sich nicht nur gegen eine bestimmte dogmatische Theologie, die Transzendenz und Immanenz einander gegenüberstellt. Er wendet sich auch gegen die Geschichtsphilosophie von Hegel und gegen den positivistischen Evolutionismus.

Die Transzendenz und die Immanenz widersprechen einander nicht wie das Ja und das Nein der klassischen Logik; sie sind dialektisch miteinander verbunden und stehen in Spannung zueinander; sie schließen einander aus und implizieren einander gleichzeitig. Die Transzendenz ist der innere Widerspruch der Immanenz. Sie gehört nicht in die Kategorie des *Seins,* sondern des *Tuns.*

Für einen marxistischen Atheisten ist die beste Übersetzung für „Gegenwart Gottes" das Erleben der Schöpfung in allen ihren Erscheinungsformen: von der wissenschaftlichen Entdeckung bis zum Kunstwerk, von der Liebe bis zur Revolution. Er sagt nicht: Gott ist da!, sondern: In der Geschichte und im Leben der Menschen taucht etwas Neues auf.

Ein Begriff der Transzendenz, der im „Jenseits" seinen Platz hat, siedelt sie am Rande des menschlichen Lebens an.

Beispiel für diese aktive Subjektivität, die unaufhörlich der Transzendenz entspringt, ist Christus: Mit ihm trat der Gott der fernen Transzendenzen in die tägliche Geschichte der Menschen ein, Idole und Ketten zerbrechend, die Grenzen überschreitend, die Tabus niederreißend und im Namen einer transzendenten Liebe, die alle diese historischen Schranken überwindet, sich über die Gerechtigkeit, über das Gute und das Böse stellend. Er machte aus sich, wie der protestantische Theologe Roland de Pury es ausdrückte, den wahren Menschen, den Menschen, wie Gott selbst, und nur Gott allein es sein kann, da jede andere Menschlichkeit als die seine nur unmenschlich sein kann.

Der Marxismus wird nur dann die Ketten wirklich zerbrechen, wenn er dieses christliche Moment, dieses göttliche Moment im Menschen in sich aufzunehmen vermag.

Denn *die revolutionäre Haltung, in der Politik wie in der Kunst, bedarf der Transzendenz mehr als des Realismus.*

Es gibt keinen „objektiven“ Widerspruch, der aus sich allein heraus eine Revolution hervorbringen kann. Not und Elend — das haben Marx, und nach ihm Lenin, aufgezeigt — verwandeln sich nicht automatisch in eine Bewegung zum Sturz des Systems, das sie gezeugt hat; man braucht einen revolutionären Plan, und dieser muß den Beweis antreten, daß ein anderes Regime, das den wahren Wünschen der Massen entspricht, möglich ist.

Kein sogenannter „wissenschaftlicher“ Beweis ist in der Lage, die Notwendigkeit dieses Möglichen zu begründen. Im «Kapital» beweist Marx bei der Analyse der Widersprüche des Kapitalismus, daß die innere Entwicklung des Systems zu dessen eigener Zerstörung führt. Er beschreibt jedoch nicht die Gesellschaft, die daraus hervorgehen wird.

Dort, wo Marx die zukünftige Gesellschaft entwirft, erhebt er in keiner Weise den Anspruch, eine wissenschaftliche Methode anzuwenden. Bei seinen Antizipationen benutzt er zwei Methoden: die eigentliche Hegelsche Dialektik der Negation der Negation oder die von den Utopisten übernommene Projektion.

Das typischste Beispiel für die Anwendung der Hegelschen Negation der Negation findet sich in einem Jugendwerk: «Zur Kritik der Hegelschen Rechtsphilosophie». Marx drückt seine Gewißheit von der Emanzipation der Arbeiterklasse in folgenden Sätzen aus: „Wo also die *positive* Möglichkeit der deutschen Emanzipation? *Antwort:* In der Bildung einer Klasse mit *radikalen Ketten,* ... einer Sphäre, welche einen universellen Charakter durch ihre universellen Leiden besitzt, ... welche nicht mehr auf einen *historischen,* sondern nur noch auf den *menschlichen* Titel provozieren kann, welche in keinem einseitigen Gegensatz zu den Konsequenzen, sondern in einem allseitigen Gegensatz zu den Voraussetzungen des ... Staatswesens steht, einer Sphäre endlich, welche sich nicht emanzipieren kann, ohne sich von allen übrigen Sphären der Gesellschaft und damit alle übrigen Sphären der Gesellschaft zu emanzipieren, welche mit einem Wort der *völlige Verlust* des Menschen ist, also nur durch die *völlige Wiedergewinnung des Menschen* sich selbst gewinnen kann. Diese Auflösung der Gesellschaft als ein besonderer Stand ist das *Proletariat.*“ [10]

Die historische Mission des Proletariats, die Wiedereroberung des ganzen Menschen, fußt hier auf der Hegelschen Dialektik, die selbst wiederum die Erbschaft der christlichen Dialektik der Kreuzigung und der Auferstehung angetreten hat. Das hat Jaurès hervorgehoben: „Wie diese unendliche Erniedrigung Gottes die Vorbedingung für die unendliche Erhebung des Menschen war, genauso mußte in der Dialektik von Marx das Proletariat der moderne Erlöser sein ... bis in die tiefsten Tiefen des historischen und sozialen Nichts erniedrigt, um die ganze Menschheit zu erheben, indem es sich selbst erhebt.“

Dort wo sich Marx im «Kapital» um die ökonomische Analyse der Mechanismen bemüht, die das System hin zu seiner endgültigen Auflösung führen, behält er das Hegelsche Schema bei. Die kapitalistische Produktion, die Negation des allein auf Arbeit basierenden Eigentums, bringt ihre eigene Negation hervor: „Es ist Negation der Negation“, schreibt Marx. [11] Daraus folgert eine neue dialektische Umkehrung der Objekt-Subjekt-Beziehung (Maschine-Mensch) und der Übergang von der Entfremdung (wobei der Warenfetischismus ein besonderer Fall ist) zur Entfaltung des „ganzen Menschen“. Hier befinden wir uns in unmittelbarer Nähe des

Themas aus den «Manuskripten von 1844», dem Übergang vom *Haben* zum *Sein*.

Wenn Marx über die Analyse des tatsächlichen Entwicklungsverlaufs in der kapitalistischen Gesellschaft hinaus die möglichen Zukunftsformen untersucht, bezieht er sich auf die Antizipationen der früheren Utopisten. In «Die Entwicklung des Sozialismus von der Utopie zur Wissenschaft» zählt Engels sie auf: Thomas Münzer, die englischen „Gleichmacher", Morelly und Mably, Saint-Simon, Owen, Fourier, die er als die „Stifter des Sozialismus" bezeichnet. Er fügt hinzu: „Dem unreifen Stand der kapitalistischen Produktion, der unreifen Klassenlage, entsprachen unreife Theorien. Die Lösung der gesellschaftlichen Aufgaben, die in den unterentwickelten ökonomischen Verhältnissen noch verborgen lag, sollte aus dem Kopfe erzeugt werden. Die Gesellschaft bot nur Mißverständnisse; diese zu beseitigen, war Aufgabe der denkenden Vernunft. Es handelte sich darum, ein neues, vollkommeneres System der gesellschaftlichen Ordnung zu erfinden und dies der Gesellschaft von außen her, durch Propaganda, womöglich durch das Beispiel von Musterexperimenten aufzuoktroyieren." [12] Engels war weit davon entfernt, diese Vorwegnahmen lächerlich zu machen oder als „Wahnwitz" abzutun, und sagt weiter: „Wir freuen uns lieber der *genialen* (Hervorhebung von Engels) Gedankenkeime und Gedanken, die unter der phantastischen Hülle überall hervorbrechen und für die jene Philister blind sind". [13] Um sich die Zukunft zu vergegenwärtigen, hat Marx sich dieser Projektionen bedient: Von Thomas Münzer übernimmt er die Vorstellung von einer klassenlosen Gesellschaft ohne Staatswesen, von Fourier die Idee des Staates und der Entfaltung des Menschen, von Owen die Theorie der Arbeit und der polytechnischen Erziehung usw.

Marx, der niemals ein „System" aufstellen wollte, hat die Philosophie seiner Jugend, die ökonomischen Analysen im «Kapital» und die Ausarbeitung der Modelle für eine Zukunft, wie sie sein Leben als aktiver Kämpfer erforderte, nicht immer ganz klar formuliert.

Bei seinen Nachfolgern und vor allem dort, wo die Lehre

zur Grundlage von Parteien und Staaten wurde, verarmte der Marxismus: Gegen Ende des 19. Jahrhunderts und zu Beginn des 20. Jahrhunderts wollte man mit der Zeit gehen und das Prestige der „Wissenschaft" im größtmöglichen Ausmaß nützen, aber eben im damaligen, d. h. im positivistischen Sinn. Bereits Kautsky bietet nur noch einen Katalog von ökonomischen Gesetzen, die, von den vorliegenden Fakten ausgehend, Extrapolationen ermöglichen. An die Stelle der Hegelschen Dialektik tritt der Kantsche Dualismus zwischen einer Welt der Erscheinungen, die in Abwesenheit des Menschen einem mechanischen Determinismus unterworfen ist, und einer moralischen Welt, die rein subjektiv und nicht mit der Wirklichkeit verwoben ist.

Bei Stalin wird unter dem Begriff „Dialektischer Materialismus" eine positivistische Konzeption der Naturwissenschaft neben einer Philosophie der Geschichte gesetzt, die die Gewißheit des Sieges des Sozialismus auf einer verweltlichten Theologie aufbaut: auf der Kenntnis der allgemeinen Gesetze der Natur, des Denkens und der Geschichte.

Von einer solchen Vision aus entwickeln sich die den Kirchen eigenen Verirrungen und Verfälschungen: Dogmatismus und Klerikalismus, Apologetik und Zufriedenheit mit der Selbsterhaltung. Da der Glaube, der Ursprung jeden revolutionären Handelns, nicht als solcher anerkannt wird, nimmt er abwegige Formen an: sektiererischen Fanatismus; Persönlichkeitskult; dogmatische Gewißheit, in Besitz der ganzen und endgültigen Wahrheit zu sein, mitsamt der Inquisition, die notwendigerweise daraus folgert.

Wenn die Revolutionäre wollen, daß diese verrotteten Vorstellungen von Geschichte und Zukunft, die das revolutionäre Handeln sterilisieren und lähmen, nicht weiter fortbestehen, dann ist es wichtig, daß sie sich der Dynamik und der Möglichkeiten des in ihnen selbst schlummernden Glaubens bewußt werden.

Die wahre Alternative zu einer Religion als Opium für das Volk ist nicht ein positivistischer Atheismus; denn der Positivismus bedeutet nicht nur die Welt ohne Gott, sondern auch die Welt ohne den Menschen. Die wahre Alternative ist eben ein kämpferischer und schöpferischer Glaube, für den das Wirkliche nicht allein das ist, was besteht, sondern für den das Wirkliche alle Möglichkeiten einer Zukunft enthält, die immer nur demjenigen unmöglich erscheint, die nicht die Kraft der Hoffnung besitzt.

Ernst Bloch hat das Verdienst, die notwendige Grundlage jedes lebendigen Marxismus wiederentdeckt zu haben. Er nennt sie „das Prinzip Hoffnung". [14]

Die Revolution ist nicht nur eine Wissenschaft, eine Philosophie oder eine Ideologie: sie ist zunächst eine Form des Handelns, genauso wie der Glaube. Wer sich weigert, ihre Gebote anzuerkennen, zieht sich selbst den Boden unter den Füßen weg. Es ist nicht wahr, daß man zum Revolutionär wird, einfach weil man unglücklich ist, oder einfach weil man uns auf „wissenschaftlichem" Weg zwingend die Notwendigkeit des Sozialismus bewiesen hat.

Für einen Revolutionär ist es äußerst nützlich, am eigenen Leib Unglück und Not erfahren zu haben und fähig zu sein, wissenschaftlich zu denken; doch weder sein Elend noch seine Wissenschaft sind dafür verantwortlich, daß aus ihm ein Revolutionär wird.

Am Anfang eines jeden revolutionären Handelns steht ein Glaubensakt: die Gewißheit, daß die Welt verändert werden kann, daß der Mensch die Macht hat, Neues zu schaffen, und daß wir alle persönlich für diese Veränderung verantwortlich sind.

Für Ernst Bloch ist die Gewißheit, daß die Wirklichkeit nicht nur das ist, was besteht, sondern das, was aus einem Ozean von möglichen Möglichkeiten entsteht, ein Erbe der Religionen. Er nennt diese Gewißheit eine „Metareligion".

In seiner «Theologie der Hoffnung» antwortet Jürgen Moltmann auf diesen marxistischen Anruf: die Erfahrung hätte keine Grundlage, wenn sie nicht im Glauben verankert wäre, im Glauben an die Auferstehung. [15]

Den Glauben haben, heißt hoffen, also die Möglichkeiten jenseits des unmittelbar Wirklichen wahrnehmen. „Die Hoffnung des Menschen ist das Fleisch Gottes", sagte Barbusse.

Die Offenbarung ist nicht die Offenbarung des Seins, so

wie sie die griechische Philosophie von Parmenides bis Plato verstanden hat. Die Offenbarung ist die Offenbarung dessen, was nicht ist, oder genauer gesagt, dessen, was noch nicht ist. Sie ist nicht Kontemplation, sondern Anruf und Versprechen.

Das Wort der Bibel und des Evangelismus ist nicht die Wahrheit im aristotelischen Sinn des Begriffes: Übereinstimmung von Sache und Geist. Zwischen dem Wort Gottes und der Realität besteht Widerspruch. Der Glaube an dieses Wort führt also nicht zur Resignation, sondern er erzeugt die Ungeduld, den Konflikt mit der Welt. Der Glaube bedeutet das Sichlosreißen vom Gegebenen. Der prophetische Moment des Lebens ist die Entscheidung, durch die wir Abstand nehmen von den Vergötzungen, von den gegenwärtigen Entfremdungen. Ein Menschenleben aber besteht aus solchen Entscheidungen.

Denn wenn der Mensch keine Natur hat, sondern eine Geschichte, dann ist diese Geschichte niemals abgeschlossen. Wir dürfen uns niemals zufrieden geben. Der Glaube kann also nicht eine Rechtfertigung der Geschichte sein; vielmehr öffnet er die Geschichte. Er ist jene Frage, welche die Geschichte in der Schwebe hält.

Das Leben Christi ist ein Beispiel dafür. Es besteht aus Entscheidungen, die nicht auf diesen oder jenen Aspekt der sozialen Ordnung oder des persönlichen Lebens abzielen, sondern einzig und allein die Frage nach den Zielen stellen. Jesus ist kein Revolutionär, der versucht, die Strukturen zu verändern, wie die Zeloten von Bar Kochba. Er ist auch nicht Bußprediger wie Johannes der Täufer, der nur auf die Gewissen einwirkte. Er ist der Mensch, ganz Mensch und nichts anderes, der uns mit jeder seiner Taten lehrt, nach den fernen Zielen zu trachten. Und wir können von Gott nichts erkennen, es sei denn durch diesen Menschen hindurch, der anruft und aufruft.

Für Moltmann offenbaren der Tod und die Auferstehung Christi den tiefen Sinn seines Lebens und jeden Lebens noch nachdrücklicher.

Die Auferstehung ist nicht ein Phänomen der Zellenphysiologie, nicht eine Rückkehr in das sterbliche Leben durch natürliche Wiederbelebung. Sie ist kein historischer Tatbestand, den man an Hand „objektiver“ Zeugenaussagen rekonstruieren könnte. Sie hat keinen Platz in der Reihe der Tatbestände und der Gesetze des naturalistischen oder des historischen Positivismus.

Wenn dem so wäre, hätte sie keinerlei Bedeutung. Was würde es auch bedeuten, ein Leben wiederzubeginnen, dessen Ende der Tod ist?

Die Auferstehung ist kein „Tatbestand“ im positivistischen Sinn, sie ist ein kreativer Akt, jene Bestätigung des Unmöglichen, durch die die Geschichte die Zukunft für alle möglichen Möglichkeiten öffnet. Sie bedeutet, daß unsere Zukunft sich nicht in Verlängerung und Fortsetzung der Gegebenheiten der Vergangenheit in eine Reihe von Tatbeständen einordnen läßt. Dieser Beginn des völlig Unerwarteten in der Verlängerung und Fortsetzung von nichts ist die Bewußtmachung dessen, daß der Mensch nicht geboren wird, um zu sterben, sondern um zu beginnen.

Christ sein heißt nicht: glauben, daß die Auferstehung „wirklich“ ist (im Sinne der positivistischen Geschichte und Wissenschaft); es heißt: glauben, daß sie möglich ist. Es geht nicht darum, die Auferstehung in die Perspektive der Geschichte einzufügen; es heißt vielmehr, die Geschichte in der Perspektive der Auferstehung sehen. Die Auferstehung geschieht jeden Tag.

An die Auferstehung glauben, bedeutet nicht, einem Dogma zustimmen; es ist vielmehr eine Tat: nämlich die Tat, mit der wir unbegrenzt an der Schöpfung teilnehmen, denn die Auferstehung ist die Offenbarung dieser neuen und radikalen Freiheit, die der griechischen und der römischen Welt unbekannt war. Die Freiheit ist nicht mehr bloß das Bewußtsein der Notwendigkeit, was sie von Heraklit bis zu den Stoikern war, sondern Teilnahme am schöpferischen Akt. Ein solcher Glaube ist der Anfang der Freiheit.

Glauben haben heißt, wenn ich das christliche Bild zu entziffern suche, die Auferstehung und die Kreuzigung in ihrer Identität erkennen und wahrnehmen. Bejaht man das Paradoxon, daß Gott in dem gekreuzigten, in der Tiefe des Unglücks und der Ohnmacht von Gott verlassenen Jesus dennoch gegenwärtig ist, dann befreit man den Menschen von den Illusionen der Macht und des Habens. Gott ist nicht mehr der Kaiser der Römer und ebensowenig der Mensch in seiner Schönheit und Stärke, wie bei den Griechen. Er ist kein Versprechen von Macht. Er ist jene Gewißheit, daß man nur dann eine qualitativ völlig neue Zukunft schaffen kann, wenn man sich mit jenen identifiziert, die in dieser Welt die Elendsten und Ausgestoßensten sind, wenn man sein Los mit ihrem Schicksal verbindet, bis man keinen anderen wahren Sieg mehr vor sich sieht als nur den ihren.

Diese Liebe und die Hoffnung auf die Auferstehung bilden eine Einheit; denn es gibt nur dann Liebe, wenn ein Mensch für uns unersetzlich ist und wir bereit sind, unser eigenes Leben für ihn hinzugeben. Wenn wir zu solcher Hingabe für den letzten der Menschen wahrhaft bereit sind, dann ist Gott in uns; er ist die Macht, die Welt zu verändern.

Mein ganzes Leben habe ich mich gefragt, ob ich Christ bin. Vierzig Jahre lang habe ich darauf mit Nein geantwortet, weil die Frage falsch gestellt war, nämlich so, als wäre der Glaube mit dem Leben des militanten Revolutionärs unvereinbar. Von nun an bin ich sicher, daß sie eine Einheit sind und daß ohne diesen Glauben meine Hoffnung als Aktivist jeder Grundlage entbehrt.

Wenn ich heute zögere, mit Ja zu antworten, so geschieht das aus völlig anderen Gründen. Ein solcher Glaube scheint mir eine so explosive Kraft zu sein, daß es eitel wäre, ihn für sich in Anspruch zu nehmen, ohne ihn in einer umstürzenden Tat bestätigt zu haben. Diese Bestätigung aber kann erst am Ende eines Lebens stattfinden, nicht in der Mitte des Lebens, nicht ehe wir unseren Anteil an der Schöpfung voll und ganz realisiert haben.

Ich glaube nicht, daß dieses Bewußtwerden ein persönliches Ereignis ist. Diese Fragen stellen sich Millionen von Menschen in diesem Zeitpunkt des geschichtlichen Aufbruchs. Sie ist ein Zeichen der Zeit, ein Moment unserer Kultur und der Krise der Zivilisation. Der notwendige Wandel, der auf der Ebene der Strukturen und gleichzeitig auf der Ebene der Bewußtseinsinhalte stattfinden muß, wird also nicht nur eine politische, soziale und gesellschaftliche Revolution und Aktualisierung des Glaubens sein; er wird auch eine Kulturrevolution sein.

3. Eine Veränderung des Entwurfs der Zivilisation: eine Kulturrevolution

Lenin stellt mit besonderem Nachdruck die Frage nach der Kulturrevolution in seinem Artikel «Über das Genossenschaftswesen» aus dem Jahre 1923.[16] Diese Schrift, eine der letzten aus seiner Feder, ist Lenins wahres „Testament", und zwar in viel stärkerem Maße als diejenige, die unter diesem Namen läuft und sich nur mit Personalfragen und mit der Auswahl des Führungskaders, insbesondere mit Stalin befaßt. In dieser Studie über das genossenschaftliche System arbeitet Lenin das eigentliche Wesen des Sozialismus heraus und unterscheidet drei Hauptgedanken:

1. Die größte Gefahr ist die Bürokratisierung des Systems. Er schreibt: „Das ist einmal die Aufgabe der Umgestaltung unseres Apparates, der absolut nichts taugt, den wir gänzlich von der früheren Epoche übernommen haben." Hier schlägt Lenin seine letzte Schlacht, nämlich die gegen die Bürokratie. Schon 1920 hatte er diese Mißbildung angeprangert, die bestenfalls dazu beitragen könne, einen Sozialismus *für* das Volk, aber nicht *durch* das Volk zu schaffen. Und das ist das Gegenteil des wahren Wesens des Sozialismus.
2. Das Heilmittel ist für Lenin die Organisation der Arbeiter; in dem noch bäuerlichen Rußland besteht er mit Nachdruck auf den bäuerlichen Genossenschaften, so wie er in den Städten auf die „Arbeiterkontrolle" Wert legte. Beiden Fällen liegt die gleiche Überlegung zugrunde: Es gibt nur dann einen wahren Sozialismus,

wenn die Arbeiter selbst ihre Betriebe lenken. Und das ist die Definition für Arbeiterselbstverwaltung: „. . . so decken sich die Genossenschaften . . . völlig mit dem Sozialismus."

3. Lenin fährt fort: „Aber diese Voraussetzung, die vollständige Vergenossenschaftung, schließt ein derartiges Kulturniveau . . . in sich ein, daß diese vollständige Vergenossenschaftung ohne eine ganze Kulturrevolution unmöglich ist." Er folgert, „uns genügt nun diese Kulturrevolution, um ein vollständig sozialistisches Land zu werden . . ."

Für Lenin ist Sozialismus also nicht allein durch die Abschaffung des Eigentums an den Produktionsmitteln definiert. Man kann den Sozialismus nur dann echt verwirklichen, wenn man „diesem Erbe der Vergangenheit", nämlich der Bürokratie, ein Ende bereitet; und das ist nur durch die genossenschaftliche Organisation möglich, in der die Arbeiter ihre Betriebe selbst leiten. Diese Arbeiterselbstverwaltung ist ihrerseits nur möglich, wenn die Arbeiter über ein hohes Maß an Bildung und Ausbildung verfügen, und zwar als Folge und dank einer Kulturrevolution. *Der Sozialismus ist nicht nur die Sozialisierung des Eigentums, sondern damit ist untrennbar verbunden die Sozialisierung des Habens, der Macht und des Wissens.*

Dieses Problem hat sich in einer besonders krassen Form in China gestellt, wo der Mandarin seit zwei Jahrtausenden eben diese drei Waffen der Herrschaft bei sich vereinigte.

Schon die von Proudhons Lehren beeinflußte Mehrheit der Führer der Pariser Kommune sah die Arbeiterselbstverwaltung und den Föderalismus als ihre beiden wesentlichen Aufgaben an, um mit dem bürokratischen Zentralismus zu brechen, jener tief verwurzelten nationalen Tradition, die sich von der Monarchie auf die Jakobiner und dann auf Napoleon vererbt hatte. Ebenso sah Mao Tse-tung, ein drittel Jahrhundert nach der Leninschen Erfahrung, eine neue Gefahr heraufkommen, nämlich eine Bürokratie der Parteifunktionäre, die ebenfalls wieder im Besitz der politischen Macht, des marxistischen

Wissens und der Kontrolle über die Verteilung des Mehrwerts waren (d. h. einmal mehr im Besitz der drei Attribute der alten Dualismen mit dem Gegensatz zwischen den Regierenden und der Masse). Da wagte es Mao Tse-tung, den Parteiapparat zu zerschlagen, indem er gegen die Rückkehr der neuen Mandarine die „Kulturrevolution" entfesselte.

Als 1966 die Kulturrevolution begann, standen die Mehrheit des chinesischen kommunistischen Parteiapparats und der Präsident der Republik Liu Schao-tschi noch ganz im Bann des sowjetischen Modells, das für sie verpflichtend war: absolute Priorität der Schwerindustrie (Produktion der Produktionsmittel) gegenüber der Leichtindustrie (Produktion der Konsumgüter), [17] die Notwendigkeit von Riesenunternehmen, die Einführung von materiellen Leistungsanreizen und Vergünstigungen für die Arbeiter (Prämien usw.), die westliche und sowjetische Konzeption des Wachstums: also Steigerung des Konsums, Erhöhung des Lebensstandards als vordringlichste Ziele der Gesellschaft.

1966 treibt Mao Tse-tung das chinesische Volk in den Sturm auf den Parteiapparat und dessen Bild vom Sozialismus. So wie man den bürgerlichen Staat nicht „reformieren" kann, sondern — wie Marx sagt — seinen „Apparat zerschlagen" muß, wenn man den bürokratischen Dualismus von Regierenden und Regierten beenden will, so dachte Mao, die bürokratische Verkalkung der Partei sei nicht einfach zu „korrigieren". Der Apparat selbst und der des Staates mußten abgebaut werden. 80 Prozent der politischen und administrativen Kader wurden auf diese Weise verändert, nicht durch Säuberung oder durch eine „Reinigungskur", die die bisherigen Regierenden liquidierte, sondern indem man sie alle ganz einfach an ihre Arbeitsplätze in der Produktion zurückschickte. Dieser Kampf gegen die Bürokratie ermöglichte es, die Verwaltungskörper und die „Ausschüsse" der Partei, die neben den Ministerien existierten, zu verringern.

Man schaffte die Privilegien der Regierenden ab: Dienstwohnungen, Kraftwagen, besondere Versorgungsläden. Um die Kader in bestimmten Zeitabständen wieder mit den Arbeitern in Berührung zu bringen, führte man das Prinzip des Kaderwechsels ein und gab ihnen mindestens zwei Monate im Jahr eine Arbeit in der Produktion.

Die chinesischen Kommunisten sind im Begriff, ein Entwicklungsmodell aufzubauen, das eine radikale Alternative zum westlichen und zum sowjetischen Zivilisationsmodell darstellt: dort Wachstums- und Wettbewerbsfieber, hier in China Städte ohne Banken, ohne Werbung, ohne Reklame, ohne Drogen oder Alkohol, ohne Privatwagen. Schanghai ist nicht mehr das Weltzentrum für Opium und Prostitution, und die öffentlichen Transportmittel überwiegen gegenüber dem individuellen Verkehr.

Es handelt sich um etwas anderes als um die Folgen der Unterentwicklung, denn in unterentwickelten Ländern findet sich häufig neben weit verbreitetem Elend ein „westlicher" Luxus von Privilegierten. Es handelt sich vielmehr um eine grundsätzliche humane Wahlentscheidung, zu deren Verwirklichung noch weitere Kulturrevolutionen notwendig sein werden, damit die sozialistische Lebensweise auch weiterhin sich von allen anderen unterscheidet, sowohl in ihren Zielen als auch in ihren Mitteln.

Welche Mittel wurden angewandt, um neue soziale Beziehungen zu finden und herzustellen?

Zunächst einmal liegt die Leitung der Betriebe und Unternehmungen nicht mehr in der Hand eines zentralisierten Staates, des Parteiapparates oder der Technokraten, sondern sie wird von „Revolutionskomitees" wahrgenommen, die sich in ihrer Mehrheit aus den Arbeitern, den Ingenieuren und dem technischen Personal zusammensetzen.

Voraussetzung für dieses System — wie für jede Arbeiterselbstverwaltung — ist ein konstantes Ansteigen und Wachsen der Bildung und Ausbildung der Arbeiter, und zwar nicht allein ihres technischen Wissens, sondern auch des Bewußtseins ihrer Verantwortung gegenüber der Zukunft. Um die Produktion zu steigern, bedient man sich nicht des materiellen Anreizes der Eigentumsbildung, sondern man vertraut auf die Entfaltung des „subjektiven Moments" im revolutionären Handeln, eben auf jenen Glauben, der Berge versetzt. Es fällt sicher nicht schwer, über den nicht zu leugnenden Personenkult von Mao und die dogmatische Indoktrinierung durch die „Mao-Bibel“, über die Cliquenkämpfe innerhalb der Partei und die nicht gerade demokratische Methode ihrer Schlichtung zu spötteln; doch hier ging es um die Aufgabe, binnen weniger Jahre achthundert Millionen Menschen, von denen die meisten des Lesens und Schreibens unkundig und durch tausendjährige Unterdrückung an Geist und Seele verkümmert waren, das Vertrauen zu geben, daß es dem Menschen möglich sei, die Welt aus eigenen Kräften zu verändern, und ihnen darüber hinaus das Gefühl für die persönliche Verantwortung innerhalb dieser Veränderung einzuprägen. Es mußten Mittel und Wege gefunden werden, die sofort zugänglich waren, oder man mußte auf diese Aufgabe verzichten, einen neuen Weg der Menschheitsgeschichte einzuschlagen.

Der Sturmwind ist über das weite riesige chinesische Land hinweggebraust, und aus diesem drei Jahre währenden Erdbeben ist ein neues China hervorgegangen, das den neuen Kurs beibehält: Alles ist so eingerichtet, daß das Volk überall die Leitung selbst übernimmt.

Auch die wirtschaftlichen und materiellen Ergebnisse sind positiv: Die ersten seit zehn Jahren von Tschu En-lai veröffentlichten Produktionsziffern (18 Millionen Tonnen Stahl und 20 Millionen Tonnen Erdöl), die wissenschaftlichen Erfolge nicht mitgerechnet, die die Welt in Erstaunen versetzt haben, weisen einen um so beachtlicheren Erfolg aus, als China über zehn Jahre lang weder vom kapitalistischen noch vom sowjetischen Block Hilfe und Unterstützung erhalten hat.

Endlich einmal haben wir das Beispiel eines sozialistischen Agrarprogramms, das funktioniert und erfolgreich ist (was bisher nicht gerade häufig der Fall war).

Weiter ist eine neue Art und Weise gefunden, wie die Gesellschaft ihre verschiedenen Kader ausbildet. Das ist eine andere, sehr wichtige Seite der Kulturrevolution. Man machte nicht nur eine ungeheure Anstrengung, um das Analphabetentum (hundert Millionen Kinder besuchen die Volksschulen) zu beseitigen, sondern man sperrte jeden direkten Übergang von der Schule zur Universität. Nachdem man reinen Tisch mit den alten Methoden gemacht und für fast vier Jahre das gesamte Hochschulwesen unterbrochen hatte, ungeachtet der daraus resultierenden Schwierigkeiten, änderte man nicht nur in radikaler Weise den Inhalt des Unterrichts, sondern führte nunmehr auch ein System ein, in dessen Rahmen alle Jugendlichen nach Abschluß der Oberschule ohne Ausnahme in der Fabrik oder auf dem Land arbeiten müssen; und zwar mindestens drei Jahre lang. Nur wer das Leben des Arbeiters oder des Bauern mitgemacht hat und von ihm geprägt ist, hat Zugang zur Hochschulbildung. Dieser Zugang hängt nicht mehr von der Geburt oder vom Geld ab, sondern von der Wahl der Arbeitsgenossen.

Ich habe hier einige charakteristische Züge dieser chinesischen Kulturrevolution aufgezeigt, nicht um zur Nachahmung anzuregen, zumal die Probleme in unseren Ländern ganz anders liegen, sondern weil diese Kulturrevolution das einzige historische Beispiel für einen Versuch ist, die Mittel und die Ziele der Kultur zu verändern, einen neuen Entwurf der Zivilisation zu entwickeln.

Was *die Ziele* unserer Kultur und ihren Inhalt betrifft, so sind deren Grundprinzipien jahrhundertelang von der Kirche geliefert worden. In den Sakralgesellschaften des europäischen Mittelalters definierte sie „die von Gott gewollte Ordnung", und alle öffentlichen und privaten Tugenden leiteten sich her von der Einhaltung dieser Ordnung.

Seit der Renaissance haben die „Humaniora" — die klassisch-humanistischen Disziplinen — das Schul- und Erziehungswesen von der Kirche übernommen und weitergeführt. Das bedeutete eine Rückkehr zu den Quellen: Es wurde an früherer Stelle bereits darauf hingewiesen, daß die christliche Kirche seit Augustin den Dualismus der griechischen Philosophie und seit Kaiser Konstantin (genauer seit Theodosius) das Erbe der römischen Staatsorganisation sich zu eigen gemacht hatte. Über die mehr als zehn Jahrhunderte währende Herrschaft der Kirche hinaus führen die „Humaniora" zu den Quellen dieser Herrschaft zurück: zu dem griechischen Dualismus und zu der römischen Staatsordnung. Bei Cicero konnte man das Grundprinzip für die Unterscheidung zwischen Handarbeitern und politischen Führern finden: „Den handwerklichen Künsten bleibt es überlassen, das aus den Dingen und auch aus den Tieren zu gewinnen, was man gebraucht, und der Weisheit und der Tugend der großen Männer ist die Aufgabe vorbehalten, das menschliche Handeln im Hinblick auf das Wachsen des allgemeinen Wohls zu leiten."

Die Lektion ist nicht vergessen worden. Während der Debatten über ein Schulgesetz, das die Unterdrückung der Junirevolution von 1848 vervollständigen sollte, erklärte Adolphe Thiers, der unseligste Politiker, den Frankreich je gekannt hat, in bezug auf den Lateinunterricht: „Mir ist lieber, man spricht mit einem Kind drei Jahre lang über Scipio und Cato als über Dreiecke und Winkelmaße; wenn die Religion in einem Lande geschwächt ist, stützt sich die Moral vor allem auf die großen Beispiele der Vergangenheit."

Die Politiker waren sich also des Klassengeists und des repressiven Charakters dieses Lateinunterrichts wohl bewußt. Der historische Augenblick, in dem sie diesen Unterricht durchdrückten, hatte nichts mehr zu tun mit dem humanistischen Zeitalter der Renaissance und seinem Kampf gegen die sakralen Werte der Vergangenheit; es war vielmehr der Augenblick, in dem die siegreiche Bourgeoisie ihre Vorstellung von Ordnung zu verteidigen gedachte.

Für die Heranbildung der politischen „Eliten" war das Latein ein ideales Instrument: Die Römer, ein Volk von Soldaten, Kolonisatoren und Juristen, hatten eine ihrem Nationalcharakter durchaus angemessene Literatur und Kunst, ohne den geringsten Ansatz von Schöpferischem, das womöglich subversiv sein könnte. Aus diesen Texten kann man mit vollen Händen schöpfen, um Würdenträger, Administratoren, Männer der Ordnung, Staatsjuristen und Anbeter der Macht hervorzubringen — aber auch Sophisten, die in der Lage sind, einmal das Pro und einmal das Kontra zu beweisen.

Da ist keine Schrift darunter, die einen Menschen verunsichern, ihm seine Transzendenz bestätigen könnte. Wenn die solide lateinische Tradition einmal richtig aufgenommen und verarbeitet worden ist, kann man versichert sein, daß Erfindungskraft und Phantasie niemals an die Macht kommen werden!

Im Laufe der letzten zehn Jahre haben die „Geisteswissenschaften" ihrerseits den Macht- und Wirkungsbereich der „Humaniora" übernommen und eine ähnliche Rolle wie diese gespielt: ihre allgemeine Tendenz geht dahin, das Gefühl für eine notwendige Ordnung, ja sogar für eine vorherbestimmte Fatalität zu vermitteln, von wo aus sich das Gefühl der Sinnlosigkeit eines jeden Unternehmens herleitet, das darauf abzielt, das System radikal zu verändern. Die bestehenden gesellschaftlichen Institutionen können nicht transzendiert werden.

Zwei Beispiele hierfür sollen genügen:

Die offiziellen wirtschaftspolitischen Abhandlungen (der Autor einer solchen, die in der gesamten kapitalistischen Welt übersetzt wurde und überall als Lehrbuch dient, hat vor kurzem den Nobelpreis erhalten) verbannen als „polemisch" und nicht wissenschaftlich" schon das Wort „Ausbeutung" und streichen jede Spur von *Widerspruch* aus. Man beschreibt in mehr oder minder mathematischen Formeln die „Wirtschaftsmechanismen", und zwar in der Weise, daß sich die Formen der Herrschaft aus den objektiven Gesetzen der technischen Entwicklung abzuleiten scheinen.

Die Soziologie liefert ihren Beitrag an „repressiven Begriffen". Eines der typischsten Beispiele ist die Entwicklung der Thesen von Max Weber über Bürokratie: Weber untersucht die Rolle der preußischen Bürokratie bei der Bildung der deutschen nationalen Einheit und die des Taylor-Systems in der Entwicklung der Produktivität der amerikanischen Industrieunternehmen. Er stellt die bürokratische Organisationsform dar als eine höher entwickelte Form von Rationalität, die für jede auf Leistung ausgerichtete Gesellschaft so etwas wie eine Art von Schicksal ist.

Aber weit mehr als diese oder jene einzelne These ist die Methode dieser „Geisteswissenschaften" der beste Garant für die Erhaltung der etablierten Ordnung. Ihre Methode ist die Methode des Positivismus, nach dessen Definition unter Wissenschaft die Beobachtung einer bestimmten Auswahl von „Tatbeständen" und die Determination der konstanten Beziehungen unter diesen „Tatbeständen" zu verstehen ist. Schon im Bereich der Naturwissenschaften ist dies eine seit langem nicht mehr gültige Vorstellung: Kein „Tatbestand" hat für sich allein einen Sinn, er erhält ihn erst durch seine Beziehung zu der Theorie, die ihm einen Sinn verleiht, gleichgültig ob sie ihn bestätigt oder ob sie ihn widerlegt.

In den Geisteswissenschaften ist der Positivismus noch mörderischer: zunächst einmal weil ein humaner Tatbestand nicht eine *Gegebenheit* ist, sondern das, was vom Menschen oder von einer Gruppe von Menschen *geschaffen* worden ist; er ist kein Objekt, er ist ein realer Entwurf. Das wieder bedeutet implicite, daß andere Entwürfe möglich waren und daß die Verwirklichung gerade dieses einen Entwurfs nicht unausweichlich war wie das Fallen eines Steins oder der Ablauf einer chemischen Reaktion. Innerhalb der Geisteswissenschaften ist der Positivismus die Schule der Fatalität; er sperrt das Denken in die Ordnung des Vorgegebenen ein und hält damit den Menschen in den Grenzen der etablierten Ordnung gefangen.

Schon die Begriffe Soziologie, Psychologie und jetzt auch Futurologie schaffen eine erste Verwirrung, indem sie vorgeben, es handle sich hier um Wissenschaften des gleichen Typs wie die Biologie oder die Physiologie, die alle Erscheinungen in der Natur untersuchen. Das ist das Erbe des Positivismus. Laut Saint-Simon, dem wir die erste gültige Formulierung des Positivismus verdanken, muß die „Wissenschaft vom Menschen" dem Modell der Naturwissenschaften entsprechen. Wie er sagt, muß man ihr einen positiven Charakter geben, und zwar „dadurch, daß man sie auf die Grundlage der Beobachtung stellt und sie gemäß der in den anderen Zweigen der Physik angewandten Methode behandelt". Auguste Comte kodifiziert dann „den wahren Geist des Positivismus" und geht dabei von dem aus, was er bezeichnenderweise „das allgemeine Dogma der Unveränderlichkeit der Naturgesetze nennt".

Man versteht nun, wieso Gedankengängen von Marcuse in

der Revolte gegen diese repressive Kultur und gegen dieses positivistische Wissen, das so „eindimensional“ ist wie die Gesellschaft, deren Ausdruck und zugleich Wahrer und Hüter es ist, eine solche Bedeutung zufielen.

Marcuse hat das Verdienst, nach Marx und unter neuen Verhältnissen und Bedingungen wieder auf die revolutionäre Bedeutung der Dialektik hingewiesen zu haben, indem er ihre beiden Hauptmerkmale hervorhob:

a) „Das Denken“, so sagt Hegel, „ist seinem Wesen nach die Negation des Gegebenen, das vor uns ist.“ Die Dialektik ist das Gegenteil des Positivismus; ihr Ausgangspunkt ist nicht das, was in der Realität „positiv“ (gegeben) ist, sondern das, was „negativ“ ist, d. h. alles, was nicht unmittelbar wahrnehmbare Erscheinung ist, nämlich die Gesamtheit der Beziehungen, die diese Erscheinung mit dem verbindet, was anders ist als sie, also das Netz von Beziehungen, die ihr einen Sinn im Innern eines Ganzen verleihen. Genauso analysierte Marx die „Ware“ nicht als eine Sache, die in der Wahrnehmung unmittelbar gegeben ist, sondern als eine Beziehung zwischen den Menschen. Damit ein Arbeitsprodukt eine Ware wird, bedarf es eines Käufers und eines Verkäufers, d. h. einer Gesamtheit von sozialen Beziehungen, die die Menschen dahin führen, ihre Produkte auf einem Markt anzubieten. Das ist nicht immer so gewesen und wird auch nicht immer so sein.

Ebenso ist das Privateigentum nicht nur ein Tatbestand; es kann nur definiert und begriffen werden als die Negation der kollektiven Aneignung der Natur durch die Menschen, d. h. nicht als eine unveränderbare Gegebenheit, sondern als eine veränderbare Realität, die in einem bestimmten Augenblick der historischen Entwicklung geboren und in einer anderen Phase dieser Entwicklung zum Sterben verurteilt ist.

b) Das Mögliche ist Teil des Wirklichen. In den Geisteswissenschaften beraubt der Positivismus die Wirklichkeit ihrer wesentlichen Dimensionen. Er zieht nur Tatbestände in Betracht, die bereits zu „Gegebenheiten“ eingefroren sind, und verkennt dabei, daß gerade die Menschen ihre eigene Geschichte machen (auch wenn sie sie nicht willkürlich machen, sondern unter Bedingungen, die stets von der Vergangenheit strukturiert sind). Es kommt zu seltsamen Fragestellungen: „Was wird geschehen, wenn wir von jedem menschlichen Eingreifen absehen, wenn wir nichts unternehmen, um den Lauf der Dinge zu verändern?“ Gegenüber dieser Welt ohne den Menschen, die der Positivismus „objektiv“ zu beschreiben vorgibt, ist in der Jugend die Erwartung groß, die Hoffnung auf eine Kultur, die uns hilft, die Möglichkeiten zu ersinnen und zu verwirklichen, die aus unserer Initiative und aus unserem Handeln entstehen können.

Ausgehend von den institutionellen Formen, die der Marxismus im Osten Europas angenommen hat, ist er selbst von positivistischen Ansteckungen nicht verschont geblieben. Dort ist die Dialektik in ihr Gegenteil verkehrt worden: Statt eine Methode für das kritische Sichlosreißen von der Gegebenheit zu sein, ein Instrument der Erforschung und der Schöpfung neuer Möglichkeiten, ist sie Apologetik, Rechtfertigungsideologie geworden. Wenn man die Geschichte der Menschen als einen Sonderfall einer „Dialektik der Natur“ betrachtet und dabei den „Naturgesetzen“ folgt (und das ist der Grenzfall, auf den eine entfremdete Gesellschaft zusteuert), kommt man wieder zu einer laizistischen Theologie der Vorsehung zurück. Der Mensch wird so wieder „eindimensional“. Und das erklärt den Widerwillen der Jugend in den sozialistischen Ländern gegen den dialektischen Materialismus als Pflichtgegenstand, der auf diese Weise herabgewürdigt und zur Staatsreligion gemacht wird. Dort, wo die Bewegungen in der Jugend Gelegenheit zum Ausdruck hatten, von Warschau bis Prag, haben sie das tragisch bezeugt.

In der Dritten Welt hat sich das Unbehagen angesichts der Tatsache verstärkt, daß die Universitäten ein Abklatsch des westlichen Modells geworden sind. So sind den üblen Folgen dieses Wissenskonzepts weitere hinzugefügt worden; der Kulturbegriff, der sich auf das Postulat gründet, daß es nur ein einziges mögliches Modell für das zivilisierte Leben gibt, hat zur zerstörerischen Negierung der außerhalb des Abendlandes entstandenen Kulturen geführt, also aller jener Kulturen, deren oberstes Ziel nicht die technische Leistung und das Wachstum um des Wachstums willen waren. Es wäre sinnlos, der Jugend Nationalismus und „provinziellen“ Obskurantismus vorzuwerfen. Sie lehnt keineswegs die Technik an sich ab, wohl aber die Unterordnung aller menschlichen Ziele unter den westlichen Begriff der Technik um der Technik willen, der noch dazu — und sie machen die grausame Erfahrung am eigenen Leib — nicht imstande ist, die Unterentwicklung in ihren Ländern zu besiegen und den Abstand zwischen ihnen und denen des Westens zu verringern. Ihre Forderung ist keineswegs partikularistisch; gegenüber den eingleisigen angeblichen Entwicklungshilfen, die den Graben nur noch vertiefen, ist es vielmehr die Forderung nach einem wahrhaftigen „Dialog der Zivilisationen“.

Wenn der Inhalt der Kultur sich mit denen vergangener Zeiten nicht mehr deckt — er ist heute weder im Sakralen noch in den „Humaniora“ und auch nicht in den „Geisteswissenschaften“ zu suchen — wie müßten dann heute die Grundlagen einer „Allgemeinbildung“, einer allgemeinen Kultur aussehen, die den Forderungen unserer Zeit gerecht wird? Diese Allgemeinbildung hat zum Ziel, nicht länger eine vorgegebene Ordnung hinzunehmen; vielmehr bereitet sie den Menschen auf die immer schneller werdende Veränderung seiner Lebensbedingungen vor, legt den Nachdruck nicht auf die Aneignung eines Wissens und einer Moral, sondern vielmehr auf Fähigkeit zur Kritik und schöpferischen Geist; eine Allgemeinbildung, die nicht mehr das Privileg einiger weniger ist, sondern die allen zugänglich sein soll, damit ein jeder bewußt und schöpferisch an den Initiativen und Entscheidungen teilnehmen kann.

Die drei Hauptpfeiler dieser Allgemeinbildung müssen sein:

die Informatik,
die Ästhetik,
die Vorausplanung.

Die *Informatik* kann die Bildung und die Kultur von all dem befreien, was nur Wissensanhäufung ist, um im Menschen allein das zu entwickeln, was spezifisch human ist: nämlich die Fragen zu stellen und über die Ziele zu entscheiden.

Nicht das Gedächtnis der Menschen, sondern das der Elektronenrechner soll belastet werden, und zwar so, daß jedes Kind, jeder Mensch erfüllt ist von der gesamten Bildung und Kultur, die die Menschheit zusammengetragen hat, indem man ihn auf Kultur „einschaltet"; d. h. indem man ihm beibringt, mit dem Computer ein Gespräch zu führen. Diese Ausbildung muß im frühsten Kindesalter beginnen: in Palo Alto in Kalifornien lernen ganz kleine Kinder im Spielen lesen und rechnen, indem sie auf der Tastatur herumklimpern. Einige Jahre später ist es dann möglich, dem Kind Zugang zur „Datenbank" zu geben, wo nicht nur die Kenntnisse der Vergangenheit, sondern auch die immer neuen Entdeckungen der Gegenwart gespeichert werden, die das Fassungsvermögen jeder individuellen Intelligenz überschreiten, und sei ihre Spannweite noch so groß. Der alte, längst begrabene Traum von einem globalen und universalen Wissen rückt in einer unerwarteten Form wieder in greifbare Nähe. Das enzyklopädische Gedächtnis, welches das gesamte Wissen seiner Zeit beherrscht, findet sich nicht mehr in einem Aristoteles oder Leonardo da Vinci; es ist vielmehr das in einer Maschine verwirklichte kollektive Gedächtnis, dessen einzige effektive Tugenden die Fähigkeit des Aufnehmens und vor allem die Fähigkeit des Klassifizierens und des Einordnens sind.

Den Computer zu befragen ist außerdem die beste Schule der konkreten Logik. Die Sprache, in der die Fragen gestellt werden müssen, erfordert größte Schärfe und Genauigkeit; die Verschwommenheit und hohle Phrasendrescherei der alten „Rhetorik" sind nicht mehr erlaubt.

Diese Erleichterung für den menschlichen Geist, der nicht mehr gezwungen ist, ein in seiner Gesamtheit jederzeit abzurufendes Wissen anzuhäufen, kann zusammen mit der notwendigen Härte und Konsequenz der Fragestellung es dem Menschen — jedem Menschen — ermöglichen, seine Aufgabe noch umfassender zu erfüllen, da ihm nun für seine Entscheidungen und die Planung seiner Handlungen dieses wunderbare Hilfsmittel zur Verfügung steht.

Der Computer nimmt uns jedoch nur die repetitiven und mechanischen Aufgaben des Denkens ab. Er speichert die

Summe der erworbenen Kenntnisse in Wissenschaft und Technik, d. h. die *Mittel,* über die der Mensch verfügt, um sich zu gestalten. Von hier aus können sich Schöpfung und Wahl der *Ziele* frei entfalten.

Die *Ästhetik* kann nur dann der zweite Grundpfeiler der Erziehung und Ausbildung sein, wenn sie nicht metaphysische und abstrakte Spekulation über „das Schöne" ist, sondern Schule des schöpferischen Akts. Die Ästhetik muß hier verstanden werden als die Wissenschaft und die Kunst, auf dem Weg über das Kunstwerk den spezifisch humanen Akt des Menschen nachzuvollziehen und neu zu vollziehen, dank dem er durch eine schöpferische Arbeit, durch eine historische Initiative über seine Definition, seine Vergangenheit, seine Zwänge, seine Entfremdungen hinauswächst. Die Ästhetik erweckt wieder und aufs neue die Augenblicke, in denen der Mensch durch die Rebellion oder das Gebet, durch die Liebe, den Heroismus oder den schöpferischen Akt eine neue Schwelle des Menschentums überschreitet. Sie lehrt uns, das Auftauchen des Neuen zu erfassen und zu erzeugen. Durch den Kontakt mit den Werken des Menschen führt sie in die Kunst des Erfindens ein.

Die ästhetische Erziehung ist also keineswegs eine Flucht vor der technischen Zivilisation und ebensowenig ein Gegengewicht zur wissenschaftlichen Bildung; sie ist vielmehr eine Hauptkomponente der Erziehung, die noch wichtiger ist als die wissenschaftliche und die technische Erziehung; da die *Erfindung der Ziele* stets der *Erforschung der Mittel* vorausgeht und sie lenkt.

An Hand der Analyse von Kunstwerken habe ich an anderer Stelle [18] aufgezeigt, daß das Hauptproblem der Erziehung von heute nicht darin besteht, den Menschen in die Schule der Maschine zu schicken und so zu tun, als müsse dieser „zwangsläufig" mit dem Computer rivalisieren. Vielmehr muß gelehrt werden, die Maschine zu bedienen und ihr die Ziele einzugeben. Überwältigt von dem Reichtum und der Macht der *Mittel,* bedürfen wir mehr denn je einer Kunst des Erfindens. Die erste Tugend, die zu entwickeln und zu pflegen ist, heißt *Phantasie.*

Andernfalls würden wir die Bildung und Kultur auf eine nur ausübende Funktion zurückführen, wobei wir die Ziele für schon gegeben halten und den Computer lediglich dazu benutzen, die Mittel zu optimieren. Der menschliche, nicht entfremdete Gebrauch des Computers setzt voraus, daß man in ihm nicht den Roboter sieht, der den Menschen ablösen soll, sondern einen Mittler zwischen der Fülle an Informationen und der schöpferischen Phantasie des Menschen. Anders als die Maschine des 19. Jahrhunderts, die den Menschen in die entwürdigende Rolle des Dieners und des Mittels zwang, kann die Maschine des 20. Jahrhunderts den Menschen von allen Aufgaben befreien, die mit Fragestellung und Auswahl der Ziele nichts zu tun haben. Die wahre ästhetische Bildung und Erziehung ist jene Pflege der Phantasie, die allein den „sinnvollen Gebrauch" des Computers gewährleistet.

Die wahre ästhetische Bildung und Erziehung ist ferner die Pflege der *sinnlichen* Erfahrung, die in unserer abendländischen Tradition völlig verkümmert ist, und zwar ausschließlich zugunsten der Logik und der Rhetorik.

Lange Zeit war die Ästhetik beeinträchtigt durch die Metaphysik des abstrakten „Schönen" auf Grund der geschwätzigen Auslegung des „klassischen Meisterwerks" oder auf Grund der wissenschaftlichen Behauptungen der Gefühlsvermesser (hier finden wir als Ästhetik die drei Etappen der alten Kulturen wieder: vom platonischen Mystizismus bis zum griechisch-lateinischen „Humanismus" — mit den ewigen Modellen! — sowie den positivistischen Vorstellungen der Geisteswissenschaften). Heute muß die Ästhetik wieder in ihrem ursprünglichen Sinn verstanden werden — der unmittelbar sinnlichen Beziehung zur Natur (aisthesis) im Gegensatz zu logischen, mittelbaren, intellektuellen Beziehung.

Gegen den großartigen Rationalismus eines Sokrates, eines Leibniz oder eines Hegel wie gegen den unbedeutenden positivistischen Rationalismus eines Auguste Comte, für die nichts — ja nicht einmal die wirkliche Existenz — einen Sinn hat, was sich nicht auf die Vernunft, auf ihre Begriffe und auf ihr Vokabular zurückführen läßt: gegen dies alles könnte uns der Dialog der Zivilisationen mit den nichtwestlichen Kulturen helfen, die *ästhetische Komponente* in unserem Zugang zum Leben zu erkennen, ebenso wie ihre Würde, die nicht geringer ist als die der *logischen Komponente.* In unserer abendländischen Tradition wird die ästhetische Komponente als Überbleibsel gewertet. So gibt es zum Beispiel keinen Platz für das „Nichtwissen" des Taoismus, ein in Wirklichkeit nicht mittelbares Wissen — das Tun oder die Kontemplation, durch die wir mit der Bewegung des Seins übereinstimmen. Wenn wir, wie Nietzsche aufgezeigt hat, seit Sokrates daran gewöhnt sind, die Bedeutung dessen zu unterschätzen, was sich dem Gefüge unseres rein intellektuellen Vorgehens, unseren Hypothesen, unseren Ableitungen, unseren Nachforschungen, der Dialektik unserer Begriffe und unserer Sprache entzieht, dann hilft uns die ästhetische Erfahrung, die wesentlichen Realitäten zu erkennen und einzukreisen, die sich solchem Zugriff verweigern. Wenn ich ein Bild analysiere, ist es mir nicht möglich zu beweisen, daß es schön ist; ich kann allerhöchstens den anderen bis zu einem Punkt führen, an dem er — und zwar er selbst und er allein — das empfindet, was ich mit Worten nicht zu sagen vermochte. In den anderen Künsten, wie in der Musik oder im Tanz, ist das noch offenkundiger. Der Chor der frühen griechischen Tragödie begann zu singen und zu tanzen, um das auszudrücken und zu vermitteln, was die Worte oder der Mime nicht ausdrücken oder vermitteln konnten. Die Todesangst oder das Verlangen, die Liebe oder der Glaube, der den Gläubigen wie den revolutionären Kämpfer freudig das Opfer auf sich nehmen läßt, oder die Ergriffenheit angesichts der Schönheit einer Landschaft oder eines menschlichen Wesens sind begrifflich nicht weiter zurückzuführen. Das ist kein Verlust: die nutzbringenden technischen Tätigkeiten und die Objekte, die sie herstellen, können durch die Begriffe und die Sprache ausgedrückt werden, genauso wie die Bewegung der Gestirne oder der Atome. Doch jede Lebenserfahrung, jeder spezifisch humane Akt, die über das alltägliche Wissen oder die tägliche Lebenserfahrung hinausreichen, erfordern zu ihrer Sichtbarmachung die Transzendierung dieser Sprache. Das ist es, was der Tanz und die Musik, die Malerei und die Dichtkunst aussagen.

Vielleicht brauchen wir, um unsere Dualismen zu überwinden und das ästhetische Moment und das logische Moment zusammenzubinden, auch hier Missionare des Orients? Es erscheint richtig, die Frage so zu stellen, wie Nietzsche sie gestellt hat. Als Sokrates jenes oberste Gesetz verkündete: das Gute kennen heißt tugendhaft sein; und als seine Schüler später die notwendige Folgerung aus diesem Gesetz zogen, wie zum Beispiel: um schön zu sein, muß alles vernunftgemäß sein — haben nicht damals schon unsere Verstümmelung und unser Verfall begonnen? Sollten wir nicht, ein Jahrhundert später, das prophetische Versprechen Nietzsches aufgreifen: „Ja, meine Freunde, glaubt mit mir an das dionysische Leben und an die Wiedergeburt der Tragödie . . . Ihr sollt den dionysischen Festzug von Indien nach Griechenland geleiten!“ [19]

So werden wir einen glücklich frevelhaften Schlag gegen zwei Jahrtausende Widernatur und gegen die abendländische Schmach führen, die sie der Menschheit zugefügt haben. Die Zeit ist gekommen, Dionysos, den Gott des Tanzes, gegen Apollo, den Gott der Bildhauerei und des Handwerks, wieder in sein Recht einzusetzen. Ist der Grieche Sorbas, der uns aufzeigt, daß es wesentliche Dinge gibt, die allein der Tanz auszusagen vermag, nicht ein Heiliger seiner Zeit?

Ist die Ästhetik nicht, wie Gorki meinte, die Ethik der Zukunft?

Die Vorausplanung ist der dritte Hauptpfeiler dieser Bildung, die nicht der Vergangenheit, sondern der Zukunft zugewandt ist. Der Einführung in die Vorausplanung wird mindestens ebensoviel Bedeutung zukommen wie der Geschichtsvorlesung, allerdings nur unter der Bedingung, daß man die Vorausplanung ebenso wie die Geschichte vom Positivismus fernhält. Wenn die Vorausplanung und die Geschichte sich — wie wir bereits gezeigt haben — nur an „Tatbestände“ klammern, die als Gegebenheiten und nicht als verwirklichte Entwürfe gelten, wird die Vorausplanung nichts anderes sein als eine falsche, umgekehrte Geschichte. Sie wird sich durch die Frage: Was wird geschehen? — mit einer Extrapolation der Vergangenheit begnügen und damit von jedem menschlichen Eingreifen absehen. Man wird dann — ob man nun ein Abtreiben in die Katastrophe befürchtet oder einem friedlichen Optimismus huldigt — die technologischen Voraussagen aufzählen, laut denen dem Menschen mit seinen unveränderlich feststehenden Bedürfnissen und Idealen die neuen Mittel an die Hand gegeben werden, um diese seine Bedürfnisse zu befriedigen.

Im Gegensatz dazu stellt die Vorausplanung die Frage: Welche Entscheidungen müssen wir treffen, um den Lauf der Dinge zu beeinflussen?

Die meisten Veröffentlichungen der Futurologie oder der Science fiction bieten jede Menge von Details hinsichtlich der technischen Mittel, über die wir in zwanzig oder dreißig Jahren verfügen werden, um unsere Bedürfnisse oder unsere Wünsche zu befriedigen; aber nur selten stellen sie die Frage, welcher Art unsere Bedürfnisse oder unsere Wünsche zu jenem neuen Zeitpunkt der menschlichen Entwicklung sein werden.

Die berühmtesten sogenannten „Zukunftsromane", wie «Schöne neue Welt» von Aldous Huxley oder «1984» von George Orwell, sind in keiner Weise schöpferische Utopien der Zukunft; sie beschwören lediglich durch Extrapolation die zukünftigen Katastrophen unserer Welt herauf, in die wir hineintreiben, sofern wir den eingeschlagenen Kurs beibehalten, d. h. sofern nicht zu irgendeinem Zeitpunkt eine menschliche Willensäußerung, eine menschliche Entscheidung über die Zielsetzungen eingreift.

Das typischste Beispiel für solche positivistische „Futurologie" ist das Werk von Herman Kahn, «Ihr werdet es erleben». [20] Gleich auf den ersten Seiten des Buches zählt Kahn seine Postulate auf, die sich genau mit denen der amerikanischen Regierungspolitik decken, und zwar zu dem Zeitpunkt, zu dem er schreibt.

Alles läuft so ab, als ginge man von dem stillschweigenden Prinzip einer in ihren Bedürfnissen und in ihren Wünschen unveränderlichen menschlichen Natur aus.

Das größte Unglück für die Vorausplanung besteht darin,

daß sie in allzu großer Nähe der Entscheidungszentren angesiedelt ist, ob es sich nun um große Unternehmen handelt oder um Institute für Bodennutzung oder Planung oder aber um Dienststellen der nationalen Verteidigung.

Von daher sind ihr schon gleich zu Beginn hemmende Zwänge auferlegt: In der Industrie wird sie zum Knecht der langfristigen Marketing-Politik; bei der Bodennutzung geht das „zweckbestimmte Drehbuch" für das Frankreich des Jahres 2000, nach den eigenen Worten des dafür Verantwortlichen, „von der gegenwärtigen Situation aus und simuliert von dort aus die ihr inhärenten Evolutionsprozesse, indem zwangsläufig die Permanenz des politischen Systems und des in Kraft befindlichen Produktionssystems übernommen werden"; das Vorwort zu den Arbeiten der „Gruppe 85" stellt über die Planung fest: „Die Gruppe ist der Ansicht, daß es ihr nicht zusteht, über die großen nationalen Entscheidungen, die das ganze Land betreffen, Aussagen zu machen — ob es sich um die Außenpolitik, die militärische Stärke oder um die Priorität von Strukturen handelt"; bei der nationalen Verteidigung wird sich die „militärische Vorhersage" vor allem auf die „Planspiele" stützen, durch die im voraus eine „Strategie" entwickelt wird, d. h. eine Gesamtheit von Entscheidungen, die in ihrer Funktion angelegt sind auf verschiedene eventuell eintretende Situationen und deren mögliche Spielarten.

So verstanden können die sogenannten „Untersuchungen über die Zukunft", wie Robert Jungk sagt, nichts anderes sein als eine Kolonisation der Zukunft durch die Gegenwart und ein Präventivkrieg gegen die Zukunft, um sie daran zu hindern, in ihrer radikal neuen Form zu entstehen.

Jene wirkliche Vorausplanung, die in unserer Allgemeinbildung einen größeren Raum einnehmen wird als die Geschichte (denn das Ersinnen der Zukunft wird sich des Verständnisses der Vergangenheit nur als Sprungbrett bedienen) ist in erster Linie Nachdenken über die Zielsetzungen und nicht nur einfache technologische Vorausberechnung der Mittel.

Das eigentliche Problem der Vorausplanung stellt sich so

dar: Welche Konsequenzen ergeben sich aus dieser oder jener Entscheidung? Sie wird also erst dann aus einem Instrument der Manipulation in ein Instrument der Kultur verwandelt, wenn sie nicht mehr Dienerin einer Generaldirektion, eines Generalstabs oder einer Regierung ist.

Erst dann also wird die Vorausplanung eine Methodologie der historischen Initiative sein, erst dann wird uns eine Ausbildung zuteil werden, die uns ermöglicht, in der Wissenschaft wie in der Kunst von den Widersprüchen der Gegenwart ausgehend die möglichen Zukunftsformen zu erfinden, die diese Widersprüche überwinden können.

Wir leben in einer Welt planetarischer Abhängigkeiten, und es handelt sich darum, die Zielsetzungen des Menschen zu ersinnen; daher kann die Leistungsfähigkeit eines Teilsektors nicht oberstes Kriterium für eine solche Vorausplanung sein; diese kann nur global sein.

Am Anfang der Forschung steht als Arbeitshypothese, daß die Menschheitsgeschichte (sowohl die vergangene als auch diejenige, die im Entstehen begriffen ist, also die Vorausplanung) anzusehen und zu behandeln ist:

- weder als eine Gesamtheit von *Objekten* wie in der positivistischen Vorstellung von den Geisteswissenschaften, die ihre Methoden aus den Naturwissenschaften übernehmen;
- noch als eine Gesamtheit von *Subjekten,* die von der Wirklichkeit und von der Geschichte abgeschnitten sind, wie in den existentialistischen Konzeptionen;
- sondern als eine Welt von *Entwürfen,* die nicht Entwürfe von einzelnen sind, vielmehr historische Entwürfe, Versuche, die objektiven Widersprüche einer Zeit zu überwinden.

Die historische Realität in der Vergangenheit wie in der Zukunft entsteht aus einem Ozean von möglichen Möglichkeiten. Zwischen der Vorausplanung und der Geschichte, zwischen der Zukunft und der Vergangenheit besteht jedoch keine

Symmetrie: Die Vergangenheit ist der Ort dessen, was unwiderruflich geschehen und geschaffen ist, der Ort der als Tatsachen realisierten, erstarrten und kristallisierten Entwürfe, wo eine Möglichkeit, und zwar eine einzige, triumphiert hat. Zurückblickend erscheint uns die Wirklichkeit also als der Ort der Notwendigkeit. Die Zukunft dagegen ist der Ort dessen, was zu tun bleibt, der Ort einer Pluralität von Möglichkeiten, für die wir verantwortlich sind. Sie ist der Ort der Freiheit. Zwischen dieser abgeschlossenen Vergangenheit und dieser offenen Zukunft ist die Gegenwart die Zeit der Entscheidungen — die Zeit des Menschen.

Die Zukunft ist nicht ein bereits geschriebenes Drehbuch, das wir nur noch zu inszenieren und zu spielen hätten. Sie ist ein Werk, das wir zu schaffen haben.

Hier finden wir das Grundlegende im Marxismus wieder.

Das Wesentliche am Erbe von Marx ist nicht der Marxismus, sondern die Vorausplanung: eine Wissenschaft und eine Kunst, die Zukunft zu ersinnen, nicht aber die Kataloge und Dekaloge von ökonomischen Gesetzen, philosophischen Prinzipien oder dialektischen Kategorien, die nur die dogmatische und positivistische Verfälschung des Marxismus sind.

Von den Ergebnissen der Paläontologie seiner Zeit ausgehend, stellt Marx im «Kapital» die folgende These auf (die durch die jüngsten Untersuchungen nicht widerlegt, sondern im Gegenteil bestätigt wurde): Was die Arbeit in ihrer spezifisch menschlichen Form von der tierischen Arbeit der Biene oder der Ameise, des Bibers oder des Affen unterscheidet, ist die Tatsache, daß sie auf bewußten Zielsetzungen gründet, die den Umweg über das Werkzeug ermöglichen.

Der Mensch ist somit in der Entwicklung der Natur und des Lebens durch das Auftauchen des Entwurfs gekennzeichnet. Marx übernimmt eine Formulierung von Gianbattista Vico und erinnert daran, daß der fundamentale Unterschied zwischen dem Werden der Natur und der Geschichte des Menschen darin besteht, daß der Mensch seine eigene Geschichte macht (obwohl er sie nicht willkürlich macht, sondern unter den stets durch die Vergangenheit strukturierten Verhältnissen).

Doch schon mit dem Seßhaftwerden der ersten Zivilisationen erscheinen die Arbeitsteilung und das Privateigentum an den Produktionsmitteln; derjenige, der diese Produktionsmittel nicht besitzt (Sklave, Leibeigener, Proletarier), ist durch denjenigen, der sie besitzt, beraubt, und zwar sowohl des Produkts seiner Arbeit als auch der Wahl der Zielsetzungen und der Mittel für diese Arbeit, die das Privileg des Eigentümers an den Produktionsmitteln werden. Von nun an sind diese Arbeit und der Mensch, der sie verrichtet, entfremdet und ihres eigentlich menschlichen Charakters entblößt: des Bewußtseins und der Wahl der Zielsetzungen.

Das Ziel des gegenwärtigen Klassenkampfes ist es, diesen Dualismus zu beenden, sich der daraus entspringenden „Entfremdung" zu entziehen und für den Menschen — *für jeden Menschen* — die Möglichkeit zurückzuerobern, ein Mensch zu sein, d. h. seine Zielsetzungen zu wählen.

Das ist im wesentlichen der sozialistische Entwurf von Marx.

In unserer Zeit stößt dieser grundlegend menschliche Entwurf, der die unübersehbare Mehrzahl der Menschen wieder vereinigen könnte, auf ein doppeltes Hindernis: zunächst das Bündnis der Privilegien, die er in Frage stellt, und dann die Verfälschung der Systeme, die sich auf den Sozialismus berufen und doch nur eine Karikatur von ihm sind.

Der Entwurf ist jedoch notwendig, wollen wir dem furchtbaren Abtreiben in die Katastrophe entgehen. Und er ist möglich beim gegenwärtigen Stand von Wissenschaft und Technik.

Das eigentliche Ziel jeder zukunftsgemäßen vorausplanenden Erziehung ist es, jedem einzelnen zu helfen, sich dieser Notwendigkeit und dieser Möglichkeit bewußt zu werden.

Die Methoden einer solchen Bildung und Erziehung richten sich nach dem angestrebten Ziel. Besonders akut ist dieses Problem in der Dritten Welt, wo der Kolonialismus die Eingeborenen systematisch als Objekte behandelt hat, und zwar leugnete er nicht nur jeden Wert ihrer eigenen Kultur, sondern er zwang ihnen auch eine Bildung auf, die nichts anderes bezweckte, als dem Mutterland brauchbare Arbeitskräfte zu liefern und den Menschen eine zu Gehorsam und Folgsamkeit verpflichtende Moral einzuimpfen.

Besonders unter der Führung von Paolo Freire hat sich in Brasilien eine „Pädagogik der Unterdrückten" entwickelt, eine Pädagogik, die eine „Praxis der Freiheit" sein will. Sie hat weltweite Bedeutung erhalten.

Nach der Vorstellung von Paolo Freire, der das Problem des Analphabetentums unter Erwachsenen in den Anden zu lösen hatte, soll Hand in Hand mit dem Lesenlernen gleichzeitig die Unterdrückung bewußt gemacht werden, und in den eigenen Bedürfnissen, den eigenen noch undeutlichen Wünschen auch der Weg der historischen Initiative deutlich erkennbar werden, der zur Befreiung von der Unterdrückung und von der Entfremdung führt.

Anders als jede Pädagogik, die die Menschen in die Logik des bestehenden Systems zu integrieren versucht, indem sie die diesem inhärente Widersprüche und Entstellungen verdeckt, ist Paolo Freire zunächst darauf bedacht, daß das Lesen der ersten Worte, die unter den gebräuchlichsten ausgewählt werden und damit am engsten mit dem täglichen Elend verbunden sind, gleichzeitig ein Entziffern der sozialen Wirklichkeit ist, die sie verdecken: jedes einzelne Wort bezeichnet nicht einen unausweichlichen „Tatbestand", sondern es wirft eine Frage auf. Lesen lernen heißt also, die uns umgebende Welt wahrnehmen — nicht als eine abgeschlossene, notwendige und ausweglose Welt, sondern als eine Situation, die, wiewohl sie den Menschen begrenzt und unterdrückt, aber doch verändert werden kann.

Diese Lernweise verändert nicht nur die Haltung der Umwelt gegenüber, sondern auch die Haltung zu sich selbst. Sich bewußt machen, daß die Welt, die uns umgibt, keine unabänderliche „Gegebenheit" ist, der gegenüber uns nichts anderes übrigbleibt als zu resignieren, uns anzupassen wie eine Sache an die andere, wie ein Objekt an ein anderes; daß es eine Aufgabe zu erfüllen gibt, nämlich sich selbst als unvollkommenes Wesen zu begreifen, das zusammen mit der Welt, die es verändert, sich selbst entwirft.

Eine solche Pädagogik kann das Wissen nicht „von außen“ wie eine Propaganda herantragen. Sie kann nur ein Dialog sein. Sie kann nicht *für* den Unterdrückten, sondern nur *mit* ihm und *durch* ihn erarbeitet werden, und zwar ausgehend von seinen eigenen Motivationen, wobei er nicht als *Objekt* des Unterrichts, sondern als *Subjekt* des Unterrichts behandelt wird. Pädagogik und Politik sind dann eine Einheit: „Bei jeder Arbeit, die für die Massen geleistet wird, muß man von den Bedürfnissen der Massen ausgehen“, schrieb Mao Tse-tung. Weiter sagt er und wendet sich damit gegen jede Tendenz, die Spontaneität der Massen, ihre historische Initiative zu verachten und zu behaupten, man könne das Bewußtsein „von außen“ an sie herantragen: „Wir müssen die Massen klar und deutlich lehren, was wir von ihnen unklar und undeutlich gelernt haben.“

Die dualistische Politik hat in der Pädagogik stets dualistische Formen hervorgebracht, bei denen der Lernende dem Lehrenden gegenübersteht wie der Regierte dem Regierenden, der Sklave dem Herrn. Deshalb wird jede Revolution, die nicht auf der Anerkennung der historischen Initiative der Massen (jener historischen Initiative der Massen, die Marx über alles stellte, wie Lenin sagte) und auf dem permanenten Dialog mit den Massen aufbaut, notwendigerweise in einen neuen Dualismus zwischen dem Regierenden, der denkt, und den Massen, die ausführen, und damit in einer neuen Entfremdung, einer neuen Knechtschaft enden.

Die Besonderheit einer Pädagogik (und einer Politik), die befreien will, besteht darin, daß sie den Menschen, die von der Wirklichkeit erdrückt werden und nur den einen Wunsch und das eine Bedürfnis haben, sich aus dieser Wirklichkeit zu erheben —, daß sie den Menschen behilflich ist, sich der Ursachen ihrer Wünsche und Bedürfnisse bewußt zu werden und die Möglichkeit erkennen zu lernen, die Wirklichkeit im Sinne dieser mehr und mehr auf den Menschen bezogenen Bedürfnisse zu verändern.

Das Ziel des Kolonisators stand eindeutig fest. In dem Bericht der Universität von Algier über den Eingeborenenunterricht, den Grignon in «L'ordre des choses» zitiert, heißt es:

„Wird es uns gelingen, die Eingeborenen, die fast noch ungehobelt und völlig ungebildet sind, dahin zu führen, daß sie unsere so reine, so hochstehende, so anspruchsvolle Moral verstehen und danach leben können? ... Wir müssen erreichen, daß unsere Zivilisation ganz und gar von ihnen aufgenommen wird, daß sie in die Seele des Eingeborenen eindringt."

Was kann dann die Revolution sein? Wird sie in unseren kapitalistischen Gesellschaften etwa darin bestehen, allen das zu geben, was heute die Bürgerlichen allein besitzen?

Die Befreiung beginnt mit dem Wunsch des Sklaven, ein Mensch zu sein, und mit dem Kampf für die Zukunft. Da aber im Anfang kein anderes Vorbild vorhanden ist, heißt ein Mensch sein eben ein Herr, also ein Unterdrücker sein. In einem anderen System heißt es dann ein Bürgerlicher sein, von seinen Autos bis zu seiner Kunst.

Dagegen sind die Pädagogik von Paolo Freire und der Begriff des Sozialismus von Mao Tse-tung bestrebt, den Unterdrückten bewußt zu machen, daß die Unterdrückung ihr Leben unerträglich macht, daß aber auch das Leben ihrer Unterdrücker in seiner Entartung, seiner Verdorbenheit und Sinnentleertheit unannehmbar ist. Wie Marx betont hat, handelt es sich hier um ein- und dieselbe Entfremdung, doch findet der Unterdrücker in dieser Entfremdung seine Freude, der Unterdrückte aber seine Not und seine Pein.

Die Pädagogik als Ausübung der Freiheit ist nicht auf die Bekämpfung des Analphabetentums beschränkt. Es gilt, sie für alle Bildungsstufen auszuarbeiten, damit der Student aus Paris ebenso wie der Analphabet in den Anden sich seiner selbst bewußt wird, aber nicht im Hinblick auf den anderen, sondern von sich aus. Denn die Bildung, die ihm heute vermittelt wird, ist eine Art Kolonisation, und wenn sie ihr Ziel voll und ganz erreicht, hat sie ihn auch gelehrt — wie der Herr den Sklaven —, den Beherrscher in sich aufzunehmen, sich keinen anderen menschlichen Entwurf mehr auszudenken als den des gegenwärtigen Systems.

Die Pädagogik von Paolo Freire und die Politik von Mao Tse-tung streben im Unterschied zu allen anderen nicht nur die Aneignung von Wissen, von Macht an, die als ein Haben gewertet werden. Es ist sicher kein historischer Zufall, daß beide Lehren aus der Dritten Welt stammen. Die Pädagogik und die Politik, die sich die Aufgabe stellen, einen anderen Zivilisationsentwurf zu ersinnen und zu verwirklichen, sind außerhalb des „Abendlands“ in Lateinamerika und in Asien geboren, so wie die großen Erneuerungen in der Malerei, in der Musik, im Tanz einer Befruchtung durch Afrika und Asien bedurften. Mit großer Kraft und großem Nachdruck wird in den Ländern, die durch den Kolonialismus lange Zeit hindurch ihrer Kultur, ihrer Geschichte, ihrer Persönlichkeit beraubt waren, die Forderung erhoben, nicht mehr als manipulierbare Objekte behandelt zu werden; sie wollen selbst Subjekte ihrer eigenen Geschichte, ihrer eigenen Veränderung der Welt und ihres Selbst, Erfinder und Erschaffer ihrer eigenen Zukunft sein.

So erklärt sich, wie bereits hervorgehoben, daß sich unsere Jugend verständlicherweise zum Orient, zu Afrika, zu Lateinamerika hingezogen fühlt, wo wirklich neue Zukunftsformen und neue Möglichkeiten entstehen können.

Allein durch den Bruch mit der einseitig intellektualistischen Tradition unserer „abendländischen“ Kultur, die ohne Bruch seit Sokrates und erst recht seit der Renaissance herrscht, können diese Pädagogik wie diese Politik (die nur durch die alten Dualismen unserer Gesellschaften getrennt worden sind) sich in ihrem ganzen Ausmaß entfalten: prophetisch, utopisch, wissenschaftlich.

Das *prophetische Moment* ist ein notwendiges Moment jeder Pädagogik wie jeder revolutionären Aktion. Es handelt sich keineswegs um die „animistische“ Projektion eines göttlichen Plans oder um ein kosmisches und historisches Drama, in dem der Mensch lediglich seine Rolle zu spielen hätte. Die prophetische Dimension ist vielmehr unerläßlich in jedem Versuch und Bemühen, die Zukunft zu entwerfen; sie erfordert nicht die einfache Extrapolation der Vergangenheit und der Gegenwart, sondern das *Moment des Bruches* und des Aufbruchs, der Distanzierung von dem bestehenden Entwicklungsmodell, des Bewußtseins von der Transzendenz des Menschen im Hinblick auf seine eigene Geschichte.

Die Propheten Israels waren nicht Menschen, die die Zukunft voraussahen oder voraussagten; sie betrachteten die Gegenwart außerhalb jeder bedingungslosen Anerkennung einer gegebenen Ordnung und der Vorurteile, die für den Weiterbestand dieser Ordnung sorgen. Sie bekämpften die Götzenanbetung, d. h. die Tatsache, daß man vom Menschen geschaffene Dinge oder Institutionen verehrt, anbetet oder ihnen dient, als ob sie einen absoluten Wert darstellten. In unserer heutigen Sprache nennen wir das die Entfremdung bekämpfen.

Der prophetische Geist ist derjenige, der alle Werte *relativiert,* der uns verbietet, für abgeschlossen im Sinne von vollendet zu halten, was beendet, d. h. unvollkommen ist im Hinblick auf das Unendliche.

Dieses prophetische Moment des Bruches, das sich im Anfang immer darstellt wie die Entscheidung für das Absurde und Unmögliche, ist unerläßlich für jeden wirklichen Fortschritt, in welchem Bereich auch immer. Denn die Zukunft der Menschen ist niemals die einfache Verlängerung und Fortsetzung seiner Vergangenheit.

Keine Pädagogik und keine Politik können wahrhaft befreien ohne diese Relativierung der Institutionen und der Werte; sie verbietet uns, bedingungslos eine etablierte Ordnung anzuerkennen oder uns zu früh mit den durch unsere Revolutionen erzielten Ergebnissen zufriedenzugeben, zu früh die Illusion zu haben, der Sozialismus sei bereits verwirklicht.

Allein dieses prophetische Moment des Bruches schafft den Raum, der notwendig ist, damit die Erfindung der Zukunft nicht durch die positivistische Extrapolation unfruchtbar gemacht wird, sondern sich im Gegenteil auf die wahrhaft schöpferische Phantasie des neuen Zivilisationsentwurfs gründet und so dem Wagnis seine utopische Dimension verleiht.

Das utopische Moment ist ein notwendiges Moment für jede globale Vorausplanung wie für jede Pädagogik und für jede revolutionäre Politik.

Die Utopie entsteht nicht in irgendeinem x-beliebigen Augenblick. Sie taucht immer zu dem Zeitpunkt auf, in dem die Geschichte aufbricht.

Es ist keineswegs ein Zufall, daß in der Renaissance, mit dem Heraufkommen des Kapitalismus und mit der plötzlichen Ausweitung des menschlichen Horizonts durch die großen Entdeckungen, Thomas Morus seine «Utopia» (1516) nach Kuba, Campanella seinen «Sonnenstaat» vor die Küste von Peru verlegt und daß Francis Bacon seine «Nova Atlantis» schreibt.

Die «Utopia» erwächst aus der Analyse einer gesellschaftlichen Krise. Zu Beginn seines Werkes gibt Thomas Morus eine scharfe Analyse der Umwandlung Englands von einem landwirtschaftlichen Feudalstaat in einen kapitalistischen Industriestaat und der Geburtswehen des neuen Systems. Das ist mehr oder weniger mit allen Utopien so. Im allgemeinen sind sie interessanter durch das, was sie kritisch aufdecken, als durch das, was sie ankündigen. In der Tat haben sie häufig keine konstruktive Lösung für die Übelstände, die sie einer gründlichen Kritik unterziehen, und sie schlagen dann entweder eine Rückkehr zur Vergangenheit vor oder sie zeichnen eine romantische Vision einer Zukunft, die nichts anderes ist als das Gegenteil der Gegenwart.

Die Utopien des ausgehenden 18. Jahrhunderts und des Beginns des 19. Jahrhunderts (also vor und nach der Französischen Revolution) legen die Widersprüche des siegreichen Kapitalismus offen, doch können sie ihn nicht im Namen einer realen historischen Macht angreifen (die Arbeiterklasse z. B. war noch keine autonome historische Macht). Sie berufen sich also auf die Religion, die Moral, die Natur oder die abstrakte Vernunft als Kriterien für die Verdammung der alten Ordnung oder als Modelle für den Entwurf der Zukunft.

Da diese Utopien im Hinblick auf die aufsteigenden Kräfte in der Geschichte ausgearbeitet werden, auch wenn sie keine konkreten Antworten geben, so werfen sie doch reale Probleme auf: die Suche nach einer gerechteren Gesellschafts- und Sozialordnung, nach dem Ideal eines glücklichen und erfüllten Lebens, nach einem freieren und besseren Menschen.

Die letzte optimistische Utopie am Ende des 19. Jahrhunderts stammt von William Morris in seinen «Nachrichten von Nirgendwo»; darin beschwört er eine sozialistische Zukunft herauf, in der jeder Mensch ein Schöpfer, d. h. ein Dichter ist. Er war ein Bewunderer von Marx und ein Freund von Engels.

Heute erleben wir unter der Jugend ein Wiederaufleben der Utopie. Das ist an sich ein völlig gesundes Phänomen, dessen Gründe leicht aufzuzeigen sind: Diese Jugend lehnt die Gesellschaften kapitalistischer Prägung von deren Grundhaltung her ab; andererseits entsprechen die historisch realisierten Formen des Sozialismus nicht dessen Zielen.

Diese gerechtfertigte Reaktion der Jugend fand im Jahre 1968 ihren Ausdruck. „Phantasie an die Macht“ schrieben die Studenten der Sorbonne an die Mauern von Paris und prangerten damit die Unzulänglichkeiten der Logik, der Extrapolationen und der Kombinationen im Bereich des schon Bestehenden an, wenn es galt, die Zukunft zu erfinden. Wenn auch verworren, so riefen sie doch mit einer großartigen Hoffnung auf zum Durchbruch der schöpferischen Phantasie, zur Gründung und Schaffung von Laboratorien des Imaginären. Unsere Regierung, unsere politischen Parteien, unsere Universitäten hatten das dringend nötig.

Die Phantasie als Utopie meint nicht das Irrationale und auch nicht das ausschweifende Spiel mit Bildern; sie ist vielmehr die Verfügbarkeit des Geistes, der sich weigert, sich in die Kader einsperren zu lassen, sich die Zukunft als eine Verlängerung oder Fortsetzung der Vergangenheit oder als eine Kombination aus Elementen der Vergangenheit vorzustellen.

Das Besondere der schöpferischen Phantasie liegt darin, daß sie sich nicht damit zufriedengibt, von der Gegenwart aus zu extrapolieren, sondern daß sie vielmehr einen völlig neuen Weg einschlagen will, indem sie das positivistische Verfahren umkehrt. Man geht von dem zu erreichenden Ziel aus und deduziert von ihm aus, sozusagen zurückgehend, die Bedingungen der Verwirklichung, die Mittel und die Zwischenstationen.

Dieses Verfahren hat sich überall — in Wissenschaft und

Kunst wie auf moralischem Gebiet — als fruchtbar erwiesen. Die Kosmologie des Kopernikus konnte nicht von der des Ptolemäus aus abgeleitet werden, die Physik Descartes' nicht von der Lehre des Aristoteles, die Einsteins nicht von der Newtons, der Kubismus nicht von der gegenständlichen Malerei; und ebensowenig ließ sich die Lehre Christi aus der griechischen Weltanschauung entwickeln. Die Französische Revolution ebenso wie der Sozialismus von Marx wurden von mannigfaltigen früheren Utopien angeregt, und eben deshalb ist die erstere gekennzeichnet durch den radikalen Bruch mit der Gesellschaftsordnung der Vergangenheit, während der Sozialismus von Marx nicht einfach die allgemeine Ausbreitung des kapitalistischen Eigentums oder der bürgerlichen Demokratie ist; auch er ist das „ganz andere" gegenüber der Vergangenheit: die Negation der Negation.

Keiner der wahrhaft umstürzenden Wandel, die, in welchem Bereich auch immer, eine neue Ära einleiten, ist lediglich die Projektion der geltenden Wahrheiten und Werte oder der bereits bestehenden Ordnungen und Regeln auf die Zukunft.

Das Haupthindernis für die Entfaltung der schöpferischen Phantasie ist die positivistische, dogmatische, entfremdete Vorstellung von „Gegebenheiten" oder „Tatbeständen", die als ewige und unabänderliche Realitäten gelten. Die von den Malern der Renaissance entwickelte klassische Perspektive ist keineswegs eine natürliche und notwendige Gegebenheit, sondern eine Absprache, eine Konvention unter vielen möglichen, die seit einem dreiviertel Jahrhundert von anderen Konventionen der modernen Malerei in Frage gestellt und ersetzt worden ist. Die euklidische Geometrie ist keineswegs eine ewige Struktur des Raums, wie noch Kant glaubte. Wenn sie im großen und ganzen für unseren Bereich noch gültig ist, so trifft das für den Bereich des Kosmos und des Atoms sicher nicht mehr zu. Selbst die Vernunft ist, wie Bachelard aufgezeigt hat, in jeder Epoche nur eine provisorische Bilanz der Errungenschaften der Rationalität.

Von der Wissenschaft bis zur Ästhetik, von der Moral bis zur Politik ist es also die Grundvoraussetzung der Schöpfung, zu erkennen und sich bewußt zu machen, daß alles, was uns

Sitte und Ordnung mit fetischistischem Respekt als ewige Normen des Wissens oder des Handelns achten lehrten, menschliche Schöpfungen sind, die verneint und ersetzt werden können im Verlauf der unaufhörlichen Schöpfung des Menschen durch den Menschen.

Sich für die Rechte der Phantasie einsetzen heißt: gegen alle Formen der Entfremdung kämpfen — angefangen von der Entfremdung durch den Positivismus bis hin zu der Entfremdung durch die sogenannten „Realismen" in der Malerei, durch die politischen, moralischen oder religiösen Dogmen.

Eine Vorausplanung, die diesen Namen verdient, beginnt notwendigerweise damit, daß sie die Postulate wieder in Frage stellt. Sie ist die Kunst, die „Zeichen" zu entdecken, die zuweilen in ihrem gegenwärtigen Ausmaß noch unendlich klein sind und gleichwohl bedeutsame Vorzeichen für eine grundlegende Wandlung. Es ist oft darauf hingewiesen worden, daß die Wissenschaft des 20. Jahrhunderts, von der Relativitätstheorie bis zur Quantenphysik, in ihren Fundamenten erschüttert worden ist, als kaum wahrnehmbare Phänomene faßbar wurden: das Experiment von Michelson, die Verschiebung der Sonnennähe des Merkur, die Schwarzkörperstrahlung. Ebenso können im gesellschaftlichen und sozialen Leben leichte Unruhen Vorzeichen einer tiefgreifenden Revolution sein.

Per definitionem gibt es keine strenge Methode für die Erfindung. Phantasie und Kreativität können jedoch angeregt und gefördert werden, indem man die ihrer Entfaltung entgegenwirkenden Hindernisse beseitigt — d. h. die Vorurteile und die Entfremdungen des Positivismus oder des Dogmatismus —, und vor allem dadurch, daß nicht nur „Spezialisten" ausgebildet werden. Im Gegenteil, es kommt darauf an, daß den großen Schöpfungen des Geistes der Weg bereitet wird, von der Wissenschaft bis zur Ästhetik. Ein sehr weitreichender und möglichst umfassender Überblick über die Geschichte und die gegenwärtigen Entwicklungen von Wissenschaft und Kunst erlaubt es, die Bedeutsamkeit der wechselseitigen Befruchtung nicht nur verwandter Disziplinen, wie z. B. Chemie und Biologie, sondern auch der Fachbereiche, die augenscheinlich nichts miteinander zu tun haben, richtig zu begreifen. So bleibt es nicht ausgeschlossen, daß irgendein Begriff aus der Elektronik oder irgendeine musikalische Form neue Strukturhypothesen für die Unternehmensführung anregen.

Als die Dichter des Surrealismus die Mechanismen des imaginativen Schöpfungsaktes untersuchten — indem sie im automatischen Schreibevorgang die „rationalen" Kontrollen aufhoben oder durch das Zusammentreffen voneinander unabhängiger Kausalreihen den „objektiven Zufall" einführten —, nahmen sie bereits gewisse Methoden nicht nur der Vorausplanung, sondern auch jeder interdisziplinären Forschung vorweg; der unerwartete Schock, den eine auf ganz anderem Gebiet gemachte Entdeckung auslöste, befruchtete den Denkprozeß der Wissenschaftler. Die Kybernetik selbst hat der Beweisführung durch Analogie als Mittel der Forschung und der Entdeckung zu Ansehen verholfen, also der Metapher, die lange Zeit ausschließlich dem Bereich der Poesie zugerechnet wurde.

Das wissenschaftliche Moment wird, so gesehen, keineswegs unterschätzt: die Vorausplanung ist, wie Yves Barel sagt, Utopie plus verifizierende Kontrolle. Prophetischer Bruch und Aufbruch, der sich tatsächlich ereignet, und utopische Phantasie, die sich der experimentellen verifizierenden Kontrolle unterwirft — so lautet die eigentliche Definition der Wissenschaft, die im Begriff ist, sich zu schaffen.

Es ist notwendig, an dieser Stelle eine falsche Auffassung des Begriffs „Wissenschaft" zu vermeiden. Wenn die Philosophen, deren unmittelbarer Schüler und Erbe Marx ist, wenn also beispielsweise Fichte von der „Wissenschaftslehre" oder Hegel von der „Wissenschaft der Logik" und ebenso wenn Marx von „wissenschaftlichem Sozialismus" spricht, so verstehen sie das Wort „Wissenschaft" niemals im positivistischen Sinn, d. h. in dem Sinn, daß man die Natur oder die Geschichte beschreiben und voraussehen könne und dabei vom Menschen und seinen Interventionen völlig absehen dürfe.

Sie verstehen unter „Wissenschaft" ein fundiertes Denken, d. h. ein Denken, das sich seiner Postulate bewußt ist. Ein

Denken, das sich der Postulate nicht bewußt ist, auf die es sich gründet, ist keine Wissenschaft, sondern Szientismus oder Positivismus.

Schon in den «Thesen über Feuerbach» legte Marx die Betonung auf das „aktive" Moment des Wissens. Entgegen den französischen mechanistischen Materialisten des 18. Jahrhunderts lehnte er es ab, das Wissen als den „Widerschein" einer ein für allemal gegebenen Realität anzusehen. Für ihn war das Wissen ein *Akt,* ein Entwurf. Die Wissenschaftslehre des 20. Jahrhunderts hat diese Konzeption bestätigt.

Die Wissenschaft, die im Begriff ist, sich zu schaffen — und nicht die Wissenschaft, die bereits geschaffen und in einem Hand- oder Lehrbuch untergebracht und eingeordnet ist —, geht methodisch nicht von feststehenden „Gegebenheiten" zu den Gesetzen vor, die diese miteinander verbinden, und weiter zu Theorien, die diese Gesetze zu einem System verknüpfen würden. Wie Bachelard gezeigt hat, geht die Wissenschaft in umgekehrter Richtung vor. Sie beginnt niemals mit einer „Gegebenheit" und einer Feststellung, sondern im Gegenteil stets mit einer Handlung, mit allem, was diese an Initiative, an Risiko, an Postulat enthält. Diese Handlung kommt vor der sogenannten „Gegebenheit" mit ihren Hypothesen, Theorien und Modellen, die das verifizierte Experiment auf immer entkräften oder vorläufig bestätigen kann. Von Versuchen zu verifizierender Bestätigung gehend, baut sie ihre Tatsachen und ihre Gesetze auf, bis sie gezwungen ist, sie wieder zu zerstören und sie nach einem anderen Modell zu rekonstruieren, und zwar in einer Dialektik ohne Ende.

Die Veränderung der Strukturen des Erziehungs- und Bildungswesens mitsamt seinem Inhalt und seinen Methoden ist wesentlicher Bestandteil der Kulturrevolution.

Diese Veränderung ergibt sich aus grundsätzlichen Zielsetzungen: Die Vorbereitung eines Sozialismus der Arbeiterselbstverwaltung erfordert, daß man auf dem Gebiet des Erziehungs- und Bildungswesens, wie auf allen anderen Gebieten, dem Dualismus ein Ende bereitet, d. h. den dualistischen

Strukturen der Schule, die Ausdruck aller anderen Dualismen sind und diese verewigen, insbesondere den zwischen manueller und intellektueller Arbeit, der unlösbar mit dem Dualismus der Regierenden und der Ausführenden verknüpft ist. Hier liegt eines der Hauptprobleme, mit denen sich die Kulturrevolution auseinanderzusetzen hat.

Im großen und ganzen bezeichnet man als manuelle Arbeit diejenige, welche die Dinge behandelt, d. h. manipuliert, und als intellektuelle Arbeit diejenige, welche die Menschen behandelt, d. h. manipuliert (oder aber diejenige, welche die Dinge im Umweg über die Menschen manipuliert).

In seiner Studie über die pädagogische Entwicklung in Frankreich hat schon Emile Durkheim festgestellt, daß traditionsgemäß auf die geisteswissenschaftlichen Fächer mehr Wert gelegt wird als auf die naturwissenschaftlichen.

Dieses Primat der Manipulation der Menschen setzt sich brutal bis in die Hierarchien des Unternehmens fort: die Kommandofunktion wird höher bezahlt als technische Sachkenntnis und Zuständigkeit. Wenn ein Arbeiter Leiter oder Meister einer Werkstatt wird, erhöht sich sein Lohn beträchtlich, nicht weil er eine höhere Qualifikation erworben hat, sondern weil er eine Machtbefugnis innehat, die Zwang ausüben kann. Hier handelt es sich um den Prototyp eines gesellschaftlichen Hierarchiebegriffs, den zu bekämpfen das Endziel einer Kulturrevolution sein muß.

Die Veränderung der Strukturen im Erziehungs- und Bildungswesen erhält erst aus dieser Sicht ihren vollen Sinn. In einer hochentwickelten Gesellschaft wie der unsrigen, in der die Zahl der „Intellektuellen" (im weitesten Sinn des Wortes) beträchtlich ist, kann das Problem nicht einfach so gelöst werden wie in China, wo man die Intellektuellen in bestimmten Zeitabständen aufs flache Land oder in die Fabrik zur Arbeit schickt.

Die Abschaffung der Dualismen von intellektueller und manueller Arbeit, von Schule und wirklichem Leben, Hierarchie und Technik verlangt nach einer radikalen Veränderung unseres Schul- und Universitätssystems. Es kann sich nicht etwa um eine Reform des heutigen Erziehungs- und Bildungswesens handeln, sondern einzig und allein um eine Kulturrevolution.

Unser gegenwärtiges System entspricht nicht den Bedürfnissen und Erfordernissen unserer Zeit. Von der systemimmanenten Funktionalität und der Verbürokratisierung des napoleonischen Erziehungs- und Bildungswesens zieht sich ein roter Faden bis hin zu den Strukturen der Integration, der Angleichung und der Entfremdung in unseren heutigen Schul- und Universitätsstrukturen.

Will man weiterhin die entfremdenden Dualismen bekämpfen und jeden einzelnen darauf vorbereiten, das ihm zustehende Recht auf Selbstbestimmung der Ziele und auf Selbstverwaltung der Mittel des gesellschaftlichen Lebens auf allen Gebieten und allen Ebenen auszuüben, so kann die Schule weder ein Kulturmuseum sein, das dem Schüler nur die Modelle der Vergangenheit anbietet, noch eine Kulturmaschine, die Spezialisten hervorbringt, die in der Produktion kurzfristig benötigt werden. Hier geht es um die Aufgabe, Menschen auszubilden, die befähigt sind, nicht nur das Funktionieren, sondern vielmehr die Erneuerung aller Formen des gesellschaftlichen Lebens und Handelns zu gewährleisten, und darüber hinaus „ganze Menschen" zu formen, d. h. Menschen, die in einem bestimmten Produktionssektor verantwortlich und schöpferisch tätig sind und gleichzeitig in der Lage, über die Zielsetzungen der gesamten Gesellschaft nachzudenken und bewußt an der Ausarbeitung des neuen Zivilisationsentwurfs teilzunehmen.

Wir versuchen hier also nicht, ein detailliertes Reformprogramm für das Schul- und Bildungswesen auszuarbeiten, das man „von oben" und „von außen" der Nation oktroyieren könnte, sondern wir wollen uns mit dem Problem der Kulturrevolution unter Berücksichtigung der Bedingungen und Verhältnisse unseres Landes auseinandersetzen, wobei wiederum nicht daran gedacht ist, die Institutionen zusammenzuflicken; wir müssen uns vielmehr fragen, wie alles neu zu schaffen ist, indem wir das Schul- und Bildungswesen ändern, so wie wir das auf dem Gebiet der Politik und der Religion versucht haben.

Keine administrative Maßnahme und kein vorfabriziertes Programm werden dieses Problem lösen; es liegt in der Natur der Sache selbst, daß es ein kühnes, aber methodisches Erproben, ein *Experimentieren* erfordert, dazu eine Absprache, ein *Zusammenwirken* mit allen Interessierten — mit den Lehrern, den Studenten, den Schülern, den Eltern, aber auch mit den Gewerkschaften und den Managern, mit den Arbeitern der Stirn und Faust, mit den Künstlern und den Wissenschaftlern. Es handelt sich nicht um ein Einzelproblem — es geht darum, die Schule in die Nation zu integrieren.

Wie wird diese Veränderung in ihren wesentlichen Zügen aussehen können?

Der Ausgangspunkt ist die Infragestellung der Schule als einer Einzelinstitution für sich, die vom Leben isoliert und nur am Anfang des Lebens angesiedelt ist.

Diese Infragestellung erscheint weniger paradox, wenn wir uns daran erinnern, daß die Schule in ihrer heutigen Form — als Einzelinstitution, die vom Berufsleben völlig isoliert ist, und wo ein auf Wissensvermittlung spezialisiertes Lehrpersonal auf das Leben, auf die verschiedenen gesellschaftlichen Tätigkeiten vorbereiten soll — verhältnismäßig neueren Datums ist, ein Kind der industriellen und der bürgerlichen Revolution. Außer den Gelehrten und der „Elite", die auf Schulen der Kirche ausgebildet wurden, lernte bis dahin der Bauer vom Bauern, der Soldat vom Soldaten, der Handwerker vom Handwerker. Die Einführung der allgemeinen Schulpflicht und die Tatsache, daß die Schule einer wachsenden Zahl von Fächern und Lernenden zugänglich gemacht wurde, ist eine der historischen Errungenschaften der Bourgeoisie, ebenso wie auf politischem Gebiet die Schaffung des Parlaments und die progressive Ausweitung des Wahlrechts. Auf allen Gebieten erfand die Bourgeoisie neue Formen des Dualismus, die sich fortan auf Eigentum, Vermögen und Wissen stützen im Unterschied zu den früheren Dualismen, die sich auf die Geburt und den Willen Gottes gründeten.

Das typischste Beispiel hierfür ist das Fachschulwesen. Schon in der ersten Hälfte des 19. Jahrhunderts analysierte Auguste Blanqui in seinem Buch «Kapital und Arbeit» den

Lehrplan der Berufsschulen und enthüllte dann „die fixe Idee, den Arbeiter in einen erlernten Beruf einsperren zu wollen und auf diesem Weg zum Kastensystem zurückzukehren". Mehr als ein Jahrhundert später behält das Fachschulwesen, wie Grignon betont, noch immer die Funktion der sozialen Trennung bei.

Das Fachschulwesen hat auch noch die Aufgabe, den Dualismus insofern fortzuführen, als es auf Berufe der Mittelschicht vorbereitet, die die etablierte Ordnung braucht und deren Mitglieder man „die Elite der Ausgestoßenen" nennen könnte. Sie kommen nicht über den Arbeiterstand hinaus, haben aber eine Berufsausbildung und eine Moral, die sie zur „Arbeiteraristokratie", zu einem Unteroffizierskorps des Regimes machen.

Die Phasenverschiebung an den höheren Schulen ist nicht geringer. 1914 gab es nicht mehr als achtzigtausend Schüler und dazu noch ein „Kolonialreich", welches das Zuviel an ausgebildeter „Führungselite" absorbieren konnte. 1972 nähern wir uns einer Zahl von drei Millionen Schülern, und das Ausbildungsmodell hat sich nicht wesentlich verändert. Das Paradoxon aber ist, daß die Fachausbildung, die normalerweise über die Hälfte der arbeitenden Menschen ausbilden müßte, nur 600.000 Schüler zählt, während das traditionelle höhere Schulwesen, das auf viermal weniger Berufe vorbereitet, eine fünfmal so hohe Schülerzahl aufzuweisen hat!

Dieses kriminelle Paradoxon setzt sich im Hochschulwesen fort: ständig wird die Dauer von Studiengängen verlängert, die nirgendwo münden und zu nichts führen. Alles vollzieht sich so, als wolle man den Eintritt der Jungen in die Produktion und in das Leben so lange wie möglich hinauszögern und die wirkliche Arbeitslosenzahl verschleiern. Man verlangt von einer großen Anzahl begabter junger Menschen, daß sie Studenten bleiben, und verdammt sie damit — wie ein italienischer Gewerkschaftler sagte — zu einer „unproduktiven Zwangsarbeit".

So werden die Fakultäten zu Kindergärten einer Jugend, mit der man nichts anzufangen weiß, und zu Horden von Protestierenden, die aus doppeltem Grund außer sich geraten sind, einmal wegen der lebensfremden Ausbildung und zum anderen wegen der fehlenden Arbeitsstellen.

Fast gleichzeitig hat man unlängst in unterschiedlichen politischen Systemen, nämlich in der Deutschen Demokratischen Republik und in den Vereinigten Staaten (und zwar am berühmten M. I. T., dem Massachusetts Institute of Technology) beschlossen, das Hochschulstudium um ein Jahr zu verkürzen.

Es wird in der Tat immer absurder, die gesamte Ausbildung eines Menschen am Anfang seines Lebens enden zu lassen, während doch die unaufhörliche Wandlung unserer Gesellschaftsformen und Institutionen ebenso wie die immer neuen Erkenntnisse der Wissenschaft, die Weiterentwicklung der Technologie uns die Notwendigkeit immer zahlreicherer Fortbildungslehrgänge klar vor Augen führen.

Die Ausbildung muß sich also über das ganze tätige Leben erstrecken.

Das schließt mit ein, daß die jungen Menschen beiderlei Geschlechts so früh wie möglich mit dem Leben, mit der Wirklichkeit, mit der gesellschaftlichen Produktion und mit den Problemen der Führung und Verwaltung in Verbindung gebracht werden.

In einer Gesellschaft, in der das Wissen in zunehmendem Maße die Hauptproduktionskraft sein wird, muß das Wissen dort erworben werden, wo es entsteht, wo es sich erneuert und entwickelt: im Betrieb, in den Laboratorien, in den Führungsgremien, in den Forschungszentren.

Die Funktionen der Schule müssen auf die verschiedenen Tätigkeitsbereiche der Gesellschaft aufgeteilt werden. Und zwar muß die lebendige Wechselbeziehung zwischen praktischer Arbeit und theoretischer Arbeit in beiden Richtungen stattfinden. Es ist z. B. unerläßlich, daß der Arbeitstag der Arbeiter verkürzt wird und daß in jedem Jahr für alle Arbeiter mehrwöchige Lehrgänge für Fortbildung und Allgemeinbildung eingerichtet werden. Das ist nicht allein eine technische Notwendigkeit der Expansion — und deshalb werden die Unternehmen für diese Zeit denselben Lohn bzw. dieselben Lehrlingsvergütungen bezahlen müssen wie für die normale

Arbeit. Es ist außerdem eine politische Notwendigkeit, um zur Arbeiterselbstverwaltung zu gelangen — deshalb muß das Finanzressort aus öffentlichen Mitteln zu dieser Ausbildung beisteuern.

Um zu vermeiden, daß diese Studienzeiten bloß dem Arbeitgeber eine Handhabe geben, die Arbeitnehmer auf ihre kurzfristigen betrieblichen Bedürfnisse vorzubereiten und so wieder einmal Bildung und Ausbildung zu entwerten und zu verstümmeln, ist es wichtig, daß die Gestaltung, Leitung und das Funktionieren dieses lebenslangen Lernens, das mit jedem Zweig des Wirtschafts- und Soziallebens eng verbunden ist, im Anfang der dreigeteilten Kontrolle der Arbeiter, der Angestellten und der Erziehungsbehörden untersteht. Diese dreigeteilte Kontrolle erstreckt sich auf den Inhalt des Unterrichts, der gleichzeitig technische Fortbildung, Ausbildung und Information bezüglich der Leitung und Verwaltung von Unternehmen und vor allem eine „Allgemeinbildung“ umfassen muß, so wie wir sie bereits definiert haben (Informatik, Ästhetik, Vorausplanung). Das Lehrpersonal selbst soll auch dreigeteilt sein: ein Teil der Lehrer wird unter den Ingenieuren und aus den Führungskadern der Unternehmen gewählt oder durch diese ausgesucht; ein anderer Teil wird aus den Gewerkschaften gewählt oder von diesen bestimmt; und das letzte Drittel soll unter den Lehrern, den Forschern, den Gelehrten, den Künstlern ausgewählt werden.

Selbstverständlich wird die Organisation am Anfang nach dem Prinzip der Dreierparität aufgebaut sein, um von da aus zur Arbeiterselbstverwaltung zu gelangen.

Die Schule und die Universität werden sich diesen neuen Bedingungen anpassen müssen. Das ist heute eine absolute Notwendigkeit — zunächst einmal deshalb, weil die einfache Extrapolation der heutigen Ziffern ein schönes Beispiel für das Abgleiten in die Katastrophe gibt: wollte man das Unterrichtswesen „demokratisieren“ und dabei die bestehenden Strukturen erhalten, so würde der Anteil des Erziehungs- und Unterrichtswesens mehr als die Hälfte des gesamten Budgets ausmachen. Außerdem wäre das Unterrichtsministerium mit seinen 800.000 Beamten und seinen zwölf Millionen Schülern und Studenten schon heute außerstande, eine solche Summe zu verwalten. Rechnet man noch die Unterrichtseinrichtungen dazu, die heute anderen Ministerien unterstehen, so würde fast die Hälfte der gesamten französischen Bevölkerung von diesem zentralisierten bürokratischen Apparat gesteuert werden, der schon auf Grund seiner monströsen Größe unfähig wäre, seine Aufgabe zu erfüllen.

Auch hier kann das Fachschulwesen eine Pionierrolle übernehmen. Ist es begreiflich, daß behauptet wird, man könne in den Schulen künstlich die Produktionsverhältnisse der Fabrik herstellen, während sich doch die Technik in einem immer schnelleren Rhythmus erneuert und die Werkzeuge und Maschinen sowie die Einrichtungen immer rascher veralten? Selbst wenn man in diesen absurden Versuch wahre Unsummen an Investitionen stecken würde, könnte man den Abstand zur Wirklichkeit nie aufholen, und die Schüler wären zuletzt doch an veralteten Maschinen ausgebildet worden. Es ist also wichtig, daß sich der größte Teil der Einführung in die reale Arbeit auch in der realen Umwelt dieser Arbeit vollzieht, und zwar unter der gleichen dreigeteilten Kontrolle, die wir oben für die Erwachsenenbildung beschrieben haben. Das wird den Unternehmen Dienstleistungen auferlegen, doch sie werden auf lange Sicht hinaus Nutzen daraus ziehen; das wird die Intellektuellen gewissen Zwängen unterwerfen, doch das ist die Voraussetzung für ihre Verbindung mit der Praxis; das wird die Arbeiter, ihre Vertreter, ihre Gewerkschaften vor neue Aufgaben stellen, doch das ist der einzig mögliche Weg zur Arbeiterselbstverwaltung.

Und das ist auch der einzige Weg, um der Isolierung der Bildungseinrichtungen und den gesellschaftlichen Segregationen ein Ende zu bereiten.

Die Strukturen der Schule müssen also vollkommen erneuert und verändert werden. Zunächst erscheint es angebracht, das Schulpflichtalter für die eigentliche Schule um ein Jahr heraufzusetzen, denn mit sieben Jahren ist das Lesenlernen viel leichter als mit sechs. Außerdem wird es dadurch möglich, dem Kindergarten und der Vorschule einen größeren Entwicklungsspielraum zu geben, die ja beide wichtige Ausgangspunkte für jede spätere Erziehung sind. So könnte man seine Aufmerksamkeit in besonderem Maße all dem widmen, was dem Kind Mittel des Ausdrucks und des Eigenschöpferischen an die Hand gibt — Tanz, Musik, Zeichnen, Gymnastik, Werken —, und diesen Tätigkeiten einen optimalen Raum zumessen.

Danach folgt neun Jahre lang, von sieben bis sechzehn, eine Einheitsschule, auf der das Kind, welches seine selbstgewählten Fächer auch sein mögen, den Weg seiner Wahl bis zum Ende durchlaufen kann, ohne in eine der zahlreichen Sackgassen zu geraten, die für das Fachschulwesen so charakteristisch sind.

Das setzt übrigens eine einzige einheitliche Lehrerschaft voraus, deren Mitglieder ausnahmslos eine vierjährige Hochschulausbildung absolviert haben, ob sie nun an einer Vorschule, auf einem Gymnasium oder an einer Universität unterrichten werden. Außerdem können auf allen Stufen des Schul- und Bildungswesens selbstverständlich auch diejenigen unterrichten, die keine Universität besucht haben: Ingenieure, Gewerkschaftler, Facharbeiter, Künstler, Forscher usw.

Die Studenten, und zwar alle Studenten, müssen einen Teil ihrer Studienzeit in einem Zweig des Wirtschafts- und Soziallebens praktisch tätig sein (wie das bereits, wenn auch in unvollkommener Form, bei den Medizinern gehandhabt wird, wo ein Student neben dem Besuch theoretischer Lehrveranstaltungen seinen Krankenhausdienst leisten muß, oder in den Ingenieurschulen, die von ihren Schülern ein Praktikum verlangen).

So könnte man allmählich mit dem Universitätsgetto und seinem künstlichen, vom Leben der Gemeinschaft isolierten und zuletzt auch ungesunden Milieu Schluß machen, um so mehr, als von den Arbeitern auf Grund der Verkürzung der Arbeitszeit und der Kurse für die Fortbildung und Allgemeinbildung gerade der umgekehrte Weg beschritten wird.

Es stimmt nicht, daß der französischen Industrie durch die auf sie zukommenden Belastungen Nachteile erwachsen, und zwar deshalb nicht, weil einmal auf diese Weise ständig hochqualifizierte Arbeiter ausgebildet und auf den neuesten

Stand gebracht werden, die sich der Ziele und Methoden der Unternehmensführung bewußt sind, zum anderen, weil die derzeitigen Kosten für Anlagen, Maschinen und Werkzeuge so hoch sind, daß die Rentabilität des Unternehmens weniger durch die Summe der Löhne und Gehälter als vielmehr durch die maximale Ausnutzung dieser Anlagen und dieses Maschinenparks bestimmt wird.

Und was schließlich die Modernisierung der Unterrichtsmethoden angeht, so wird es Zeit, die Produktivität der Schule zu erhöhen, indem man sie mit technischen Einrichtungen ausstattet, über die unsere fortschrittlichen Unternehmungen bereits verfügen.

Das Unterrichtswesen mit der Informatik zu koppeln und den Unterricht durch Computer in allen schon heute möglichen Fächern vorzubereiten (die Aneignung lebender Sprachen bietet dafür bereits ein äußerst eindrucksvolles Beispiel), würde eine sehr beachtliche Zeitersparnis bedeuten, die es wiederum erlaubt, der vorausplanenden und ästhetischen Reflexion über die Zielsetzungen sowie auch der praktischen künstlerischen Betätigung einen weitaus größeren Raum zu bewilligen.

In diesem Zusammenhang kann das Fernsehen eine entscheidende Rolle spielen.

Die Forschungen der UNESCO zeigen uns, daß die Kinder in den Industriestaaten jährlich zwischen fünfhundert und tausend Stunden vor dem Bildschirm zubringen; das bedeutet unter Einrechnung der Schulferien und der Feiertage ungefähr die gleiche Zeit, die sie in der Schule verbringen. Ferner zeigt diese Untersuchung auf, daß die Kinder etwa bis zum Alter von zehn Jahren vom Fernsehen profitieren, die zurückgebliebenen Kinder aber bis zu dreizehn Jahren. Daraus leitet sich ab, daß der Durchschnitt der Programme dem geistigen Niveau eines Kindes von elf bis zwölf Jahren entspricht.

Es handelt sich also beim Fernsehen im Augenblick nicht um ein „zur Welt hin geöffnetes Fenster“, sondern im Gegenteil um ein falsches und minderwertiges Bild des Lebens.

Eine massive Verbreitung von stereotypen Verhaltensmustern ist es, die da von leichtfertigen und verantwortungslosen Bewußtseinslenkern betrieben wird — anders kann man viele „verantwortliche“ Leiter der Fernsehinstitute nicht bezeichnen, wenn sie Produzenten und Produktionen unterdrücken, die sich mutig für ein Fernsehen mit menschlichen Zügen einzusetzen versuchen.

Zum augenblicklichen Zeitpunkt wirft das Fernsehen also mehr Probleme auf, als es löst. Doch es kann durchaus die Probleme lösen, die es aufwirft.

Es wäre keine Lösung, wenn man ein dem Schul- und Universitätswesen und der Kultur gewidmetes „Drittes Programm“ einrichtete, das sich damit begnügen würde, mit einem Minimum an Bearbeitung irgendeine vom Fernsehen aufgezeichnete Hauptvorlesung auszustrahlen. Das wäre ein zusätzliches Instrument der Manipulation und würde den Dualismus zwischen dem, der lehrt, und demjenigen, der diesen Unterricht passiv über sich ergehen lassen muß, noch verschärfen.

Die Hauptschwierigkeit besteht darin, die „Rückkopplungstaste“ zu erfinden, die es ermöglicht, die Reaktionen des Zuschauers zu registrieren und sein Eingreifen zu verwirklichen.

Innerhalb eines geschlossenen Ausstrahlungsnetzes oder in einer Gesamtheit von geschlossenen Netzen, die im Bereich einer Stadt oder einer Region durch Kabel miteinander verbunden sind, sind die technischen Mittel vorhanden, damit der Student während einer Sendung Fragen stellen und der Lehrer die Sendung unterbrechen kann, um darauf zu antworten.

Das Magnetoskop, das es dem Schüler oder dem Studenten möglich macht, die ganze Projektion nicht mehr einfach über sich ergehen zu lassen, sondern aktiv an der Diskussion und auch am Abspielen des Bandes teilzunehmen, kann auf der Stufe der Kreation, der Auswahl, der Organisation der Mittel zu einer neuen Ausdrucksform führen, die radikal verschieden ist von der bislang üblichen mündlichen und wortreichen Abhandlung.

Doch die grundlegende Erneuerung kann nicht durch die Modernisierung der Unterrichtstechniken erreicht werden. Sie wird erst durch die Veränderung der Strukturen und der Methoden und des Inhalts verwirklicht.

Das heißt, die Erneuerung geht aus der Kulturrevolution hervor — Hand in Hand mit der Veränderung der Institutionen und mit der Veränderung der Bewußtseinsinhalte, damit jeder einzelne in die Lage versetzt wird, an der gemeinsamen Erarbeitung der Zielsetzungen eines neuen Zivilisationsentwurfs teilzunehmen und auf allen Ebenen und Stufen als autonomes Subjekt an der gesellschaftlichen Arbeiterselbstverwaltung der Wirtschaft, der Politik, der Kultur zu partizipieren.

Das also sind die Grundzüge und die Spannweite einer Revolution von heute.

III

Das Bild der Revolution von heute

1. Der neue historische Block

Wenn man sich für einen Sozialismus der Arbeiterselbstverwaltung (der gesellschaftlichen Selbstverwaltung) entscheidet und nicht für eine reine Machtübertragung, die den Dualismus der Regierenden und der Regierten unter neuen Formen einfach fortsetzt, so muß es sich — damit die angewandten Mittel nicht im Widerspruch stehen zu den verfolgten Zielen —, um eine Revolution der Majorität handeln, d. h. sie muß von der Mehrheit des Volkes bewußt gewollt werden.

Das besagt keineswegs, daß eine solche Revolution a priori jede Gewalt ausschließt, sondern lediglich, daß sie von ihrem Wesen her nicht mit Gewaltanwendung, mit irgendeinem Überraschungscoup verbunden ist, durch den eine Minderheit den Augenblick abpassen würde, wo sie im Schutze einer schweren Krise die Macht ergreifen könnte. Wenn dagegen die Mehrheit des Volkes den Weg des Sozialismus der Arbeiterselbstverwaltung einschlägt, und wenn dann eine Minorität ihre alten Privilegien gegen den Volkswillen beizubehalten oder wiederherzustellen sucht, indem sie zu den Waffen greift oder eine ausländische Macht zur Intervention auffordert (wie das in den Konterrevolutionen der Vergangenheit häufig der Fall war), so ist es eine unabdingbare Pflicht, diesen Versuch zu unterdrücken; in diesem Falle wäre auch Gewaltanwendung kein Verrat an der im Entstehen begriffenen Zukunft. Wir können also nicht im voraus sagen, ob diese Revolution friedlich verlaufen wird, denn das hängt nicht von uns ab, sondern vielmehr von denen, die sich möglicherweise der vom Volk getroffenen Wahl widersetzen. Wir können nicht mehr sagen, als daß wir unsererseits nicht die Initiative zur Gewalt ergreifen werden: eine solche Revolution bedarf zu ihrer Verwirklichung nicht der Gewalt.

Die Feststellung, daß diese Revolution, wenn sie ihr eigenes Prinzip nicht verleugnen will, nur als eine von der Mehrheit getragene Revolution denkbar ist, bedeutet keineswegs, daß sie auch eine parlamentarische Revolution sein wird, und zwar zunächst aus dem sehr einfachen Grund — den wir im nächsten Abschnitt näher ausführen werden —, daß das Parlament schon seit langem kein über die Macht entscheidendes Instrument mehr ist und also auch kein Instrument sein kann, das über die Revolution oder über die Veränderung und den Wandel entscheidet.

Im Augenblick suchen wir nur die Antwort auf die einzige Frage: Wer wird die Revolution machen? Ausgehend davon, daß auch der Übergang zu dieser Form der Selbstverwaltung „selbstbestimmt und selbstgeführt" sein muß, auf welche sozialen Schichten wird sich die Sammlungsbewegung der Mehrheit stützen?

Der neue historische Block als Träger der revolutionären Zukunft des Volkes kann sich nicht mit der „antimonopolistischen Allianz" identifizieren, auf die sich z. B. das Programm und die Strategie gewisser Oppositionsparteien gründen.

Eine „antimonopolistische Sammlungsbewegung" kann zu einem Wahlbündnis führen, das die verschiedenartigsten und auch widersprüchlichsten Forderungen aller jener vertritt, die sich aus irgendeinem Anlaß über die großen kapitalistischen Monopole zu beklagen haben — ob es sich nun um die Arbeiterklasse handelt oder um den von seinem Land vertriebenen Bauern oder um den von den „Mammutkaufhäusern" vernichteten kleinen Einzelhändler.

Die Forderungen dieser verschiedenen Schichten sind gegensätzlicher Natur. Die Forderungen der traditionellen Mittelklassen (kleine selbständige Bauern, Handwerker, Kaufleute) gründen sich auf die Sehnsucht nach einer Rückkehr zum vorindustriellen liberalen Kapitalismus, was historisch ganz unmöglich ist. Die Forderungen der Arbeiter, aber auch der Techniker und eines großen Teils der Intellektuellen dagegen zielen vielmehr ab auf die Überwindung des gegenwärtigen Kapitalismus, auf den Wechsel zu einer Gesellschaft, in welcher der Grund und Boden sowie die Maschine immer weniger die Hauptproduktionskraft sein werden und an ihre Stelle mehr und mehr das Wissen tritt, dessen Lenkung und Ausbeutung durch die kapitalistischen Eigentümer sich immer unerträglicher, ja tödlich auswirken.

Eine „antomonopolistische Allianz" kann also nicht zu einer historischen Veränderung führen, sondern ausschließlich zu einer unechten parlamentarischen Koalition. Wenn man davon ausgeht, daß die Summe dieser kontradiktorischen Wahlversprechen den Sieg bringt, sind drei Hypothesen möglich:

- die Koalition zerbricht, weil die objektiv nur zur Bourgeoisie gehörenden Fraktionen (auch wenn sie das bestreiten) das Kartell verlassen und sich wieder dem Flügel der Opposition anschließen (so wie 1936 die Volksfront oder 1945, nach der Befreiung, die Sammlungsbewegung dreier Parteien auseinandergebrochen sind);
- das konkrete Experiment wird eine Zeitlang durchgeführt und offenbart dann in der Praxis seine Widersprüche und seine tatsächliche Ohnmacht. Es ist ganz einfach unmöglich, alle gegebenen Versprechen zu erfüllen. Ihre Finanzierung kann gar nicht sichergestellt werden. Die einfach nebeneinanderstehenden widersprüchlichen Optionen machen es unmöglich, ein kohärentes, funktionsfähiges System aufzubauen. In diesem Fall würden Unordnung und Enttäuschung so groß sein, daß ein faschistischer Staatsstreich alle Chancen hätte;
- schließlich — und das ist die am wenigsten wahrscheinliche Hypothese — könnte es gelingen, den Staats-

apparat in genügendem Maße zu durchsetzen, um ihn zu gegebener Zeit gegen die mehr zufälligen Verbündeten zu richten, die vorher mitgeholfen haben, eine parlamentarische Mehrheit zu gewinnen; danach wird man ein kohärentes System aufbauen, aber ohne die Verbündeten und gegen sie, und zwar nach einem dualistischen Modell, für das es in der Vergangenheit vielfältige Beispiele gibt.

Um welche der drei angedeuteten Hypothesen es sich auch handelt, niemals wird die antimonopolistische Allianz mit ihrem Programm und ihrer Strategie, die sich notwendig für sie ergeben, zu einer sozialistischen Lösung führen.

Soll das heißen, daß die Mittelklassen der Vernichtung durch die Monopole preisgegeben werden müssen? Keineswegs. Aber es ist nicht sauber und ehrlich, ihnen zu versprechen, man werde ihre Interessen verteidigen, indem man ihre derzeitige Situation aufrechterhält: niemand kann ihnen die Erhaltung ihrer Berufe und Arbeitsbereiche versprechen, die nicht allein durch den Monopolkapitalismus, sondern auch durch die technische Entwicklung der Produktion und des Warenaustausches in ihrer Existenz bedroht sind. Dem kleinen Bauern oder dem kleinen Einzelhändler versprechen, man werde ihm sein Stückchen Land, seinen Laden erhalten, ist reine Demagogie. Das einzige wirkliche Problem, die einzige effektive Hilfe für diese in historischer Regression befindlichen Mittelschichten besteht darin, die Mittel und Wege für ihre Umstellung, ihre Integration in die neue Wirtschaft, in die neue Gesellschaft zu finden. Wenn man, nur um die Gunst der Wähler zu bewahren, so tut, als könne man auch weiterhin Hunderte von Milliarden an Subventionen und verschiedensten Beihilfen ausschütten, so verlängert man damit nur die Agonie von Unternehmen, die nicht mehr lebensfähig sind. Man muß die Subventionsmilliarden vielmehr zur Umschulung dieser sozialen Schichten verwenden und die Erfahrung, das Wissen, die Initiative dieser Menschen in jenen Bereichen des Wirtschafts- und Soziallebens nutzen, die eine Zukunft haben. Selbst wenn diese bezahlten Lehrgänge, diese zum Erlernen anderer Berufe ausgeschütteten Löhne und Gehälter ebenso viel oder mehr kosten als die früheren Subventionen, so tragen sie doch dazu bei, die Zukunft vorzubereiten, statt ihre Entstehung zu verhindern.

Der Begriff „neuer historischer Block“ widerspricht radikal dem der „antimonopolistischen Allianz“.

Es handelt sich nicht mehr um einen Kompromiß zwischen Parteien oder heterogenen sozialen Schichten, um auf diese Weise ein Wahlbündnis, ein parlamentarisches Kartell oder eine Regierungskoalition zustandezubringen. Es gilt vielmehr, die Kräfte zu bestimmen, die befähigt sind, einen historischen Wandel zu verwirklichen.

Der große italienische kommunistische Theoretiker und Kämpfer Antonio Gramsci, der den Begriff des „neuen historischen Blocks“ geprägt hat, unterschied dabei drei charakteristische Merkmale, die auch für unsere Analyse wegweisend sein können, obwohl diese von völlig anderen Verhältnissen ausgeht als Gramsci im Italien der zwanziger Jahre.

Wenn wir uns auf Gramsci beziehen, genau wie auf Marx, Lenin oder Mao Tse-tung, so handelt es sich keineswegs darum, deren Formulierungen im Namen einer „Orthodoxie“ zu wiederholen, die nichts anderes als Dogmatismus ist. Es geht vielmehr darum, ihre Methoden anzuwenden und damit für unsere Zeit und für unser Land das zu tun, was diese Männer für ihr Land und zu ihrer Zeit getan haben; mit anderen Worten: ihre Analysen weiterzuführen, indem wir sie unter radikal neuen Bedingungen und Verhältnissen neu überdenken und mit den notwendigen Umstellungen über ihre Erfahrungen reflektieren.

Der Begriff „historischer Block“ verbindet sich bei Gramsci immer mit einer Polemik gegen die Benutzung von veralteten Schemata der Gesellschaftsanalyse und gegen die mechanistischen Konzeptionen des historischen Materialismus, die dazu verleiten, die Rolle der „politischen Initiative“ zu leugnen oder zu unterschätzen.

In jeder Epoche erfordert die Definition des historischen Blocks:

1. Eine vorausplanende wissenschaftliche Analyse der neuen Beziehungen zwischen „Basis und Überbau“ und, wie Gramsci in seinen «Bemerkungen zu Machiavelli» kühn sagt, der neuen Form der „Einheit von Natur und Geist“;
2. eine entsprechende Analyse der Klassen und sozialen Schichten, die, so Gramsci, „absorbiert werden müssen, um den neuen ökonomischen und politischen historischen Block, in sich homogen und ohne innere Kompromittierung, zu verwirklichen“, der allein in der Lage ist, eine authentische Revolution herbei- und durchzuführen;
3. die „geeignete Initiative“, um diesem Block das Bewußtsein seiner Einheit und seiner Macht zu vermitteln, nämlich ein historisches, noch nie dagewesenes Mögliches zu verwirklichen.

Die Bedeutung dieses Konzepts liegt zunächst einmal darin, daß es als unerläßliche Voraussetzung fordert, sich nicht mit veralteten Entwürfen und auswärtigen Modellen zufriedenzugeben, als ob eine Revolution am Ende des 20. Jahrhunderts nur die Widersprüche des Kapitalismus aus dem 19. Jahrhunderts oder aber diejenigen, die zu Beginn des 20. Jahrhundert in unterentwickelten Ländern auftraten, zu lösen hätte. Des weiteren liegt die Bedeutung dieser Konzeption darin, daß sie es ermöglicht, nicht eine zufällige taktische Koalition zwischen Klassen oder zusammengewürfelten sozialen Schichten zu bilden, sondern ein Bündnis zu schaffen, das auf einem neuen Verhältnis zwischen der ökonomischen Basis einer Gesellschaft und ihren politischen Überbaustrukturen gegründet ist.

Um dieses Konzept in großen Zügen zu veranschaulichen, nehmen wir das Beispiel der Französischen Revolution von 1789. Die Bourgeoisie hatte bereits vor 1789 die neuen Formen, die zukünftigen Kräfte der Wirtschaft in Besitz: Industrie, Handel, Banken. Durch ihre Revolution hat sie einen „neuen historischen Block“ gebildet, indem sie einmal die politischen Überbaustrukturen schuf, die der ökonomischen Basis angepaßt waren, während bis dahin diese politischen Überbaustrukturen den alten Strukturen des feudalen Grundbesitzes entsprochen hatten, und indem sie zum andern die Bündnisse verwirklichte, die befähigt waren, die alten Überbaustrukturen zu zerbrechen und die neuen zu schaffen: das Bündnis mit dem Bauernstand, für den die Zerstörung der Überbleibsel aus der Feudalherrschaft ebenfalls eine Notwendigkeit war; das Bündnis mit den Handwerkern und den Arbeitern in den Städten, die beide ebenfalls durch das System zugrunde gerichtet worden waren. Das Bündnis der revolutionären Kräfte mußte brüchig werden, als eine Fraktion der Bourgeoisie nicht länger das verteidigte, was der gemeinsame Hauptnenner der Forderungen war, die den Block zementierten. Dieser Partikularismus führte in der Folge zur Spaltung und schließlich zur Restauration der Vergangenheit. Als die Bourgeoisie dann 1830 die Macht wieder ergreifen wollte, kam es nicht zur Bildung eines echten historischen Blocks, sondern zu einer trügerischen Koalition, die sich der Unterstützung der Arbeiter von Paris versicherte. Gleich nach den „Trois Glorieuses" * wandte sie sich gegen die Arbeiterschaft und hatte nur noch ihre eigenen Ziele im Auge. Dieses Beispiel zeigt in großen Zügen den Unterschied auf zwischen einem historischen Block, der sich objektiv und tatsächlich auf eine gemeinsame historische Sicht gründet, und einer notwendigerweise trügerischen Koalition zwischen Kräften, die völlig voneinander abweichende Interessen und Bestrebungen vertreten.

Wie stellt sich heute das Problem des neuen historischen Blocks dar?

Das Hauptphänomen, das die Beziehung zwischen der „Basis und der Überbaustruktur" verändert, *ist die Integration der Wissenschaft in die Produktivkräfte,* die uns zwingt, einige der Grundkategorien der marxistischen Analyse neu zu überdenken.

Rosa Luxemburg hat als erste erkannt, daß die zunehmende Bedeutung der Technik und der Wissenschaft das ökonomische Schema des «Kapital» von Marx „unstimmig machte",

* Die drei ruhmreichen Tage der Revolution, vom 27. bis 29. Juli 1830 (Anm. d. Übers.).

insbesondere auf Grund des Anwachsens der Produktivität, das in immer größerem Maße die Folge der technischen Entwicklung war, d. h. der intellektuellen Arbeit, die in den Maschinen umgesetzt wurde.

Die Grenzen der Analyse von Rosa Luxemburg fallen zusammen mit den historischen Grenzen des Kapitalismus ihrer Zeit; doch daß sie den *subversiven Charakter des Phänomens der Technik* so unterstrich, wie sie es getan hat, d. h. im Hinblick auf die Probleme der „erweiterten Reproduktion" des Kapitals (was wir heute Wachstum nennen), das lenkt das Denken der marxistischen Nationalökonomen auf den Weg, den Marx in «Grundrisse der Kritik der politischen Ökonomie» bereits angedeutet hat. So können diejenigen, die sich auf den Hauptgedanken von Marx berufen, ihre Analyse und ihre eigene Methode verfeinern und den Marxismus schöpferisch weiterentwickeln, indem sie die ökonomische Analyse, die besonders auf die tiefgreifende Veränderung der Produktivkräfte eingehen muß, aktualisieren.

Wenn wir die Bedeutung der gegenwärtigen Transformation und des großen wissenschaftlichen und technischen Wandels in unserer Zeit abwägen wollen, werden wir die Theorien des Wertes, des Mehrwerts, der produktiven Arbeit, der Ausbeutung mehr und mehr revidieren müssen. Das wiederum führt uns notwendigerweise zu einer Revision des Verhältnisses der Klassen untereinander, des Klassenkampfes, der Strategie und der Taktik einer sozialistischen Revolution und des eigentlichen Modells des Sozialismus, das wir verwirklichen können.

Wir werden uns hier darauf beschränken, einige wichtige Punkte dieser bereits von Henri Callat durchgeführten Untersuchung aufzuzeigen. Es ist z. B. unerläßlich, den Bgriff der Ausbeutung von Grund auf neu zu überdenken. In meinem Buch «Reconquête de l'espoir» habe ich bereits geschrieben: „Marx, und das betont Rosa Luxemburg in ihrem Buch «Die Akkumulation des Kapitals» mit Nachdruck, hat niemals gesagt, daß die Ausbeutung der Arbeiterklasse einfach auf der Tatsache beruhe, daß die Löhne niedrig sind und der Konsum erbärmlich, sondern vor allem auf die Tatsache, daß das Anwachsen des gesellschaftlichen Reichtums — Ertrag der manuellen und intellektuellen Arbeit aller Arbeiter — im kapitalistischen Regime die *Form von Privateigentum annimmt.*

Und angesichts der gewaltigen Entwicklung der Funktionen, die der Wissenschaft und der Technik heute in der Produktion zufallen, ist dieser grundlegende Aspekt der Ausbeutung noch greifbarer: hier wird nicht nur die unmittelbare Ausbeutung irgendeines einzelnen Arbeiters sichtbar, sondern *die private Aneignung dessen, was das kollektive Werk der gesamten Gesellschaft ist.*"

Diese wichtige Feststellung steht bereits im «Kapital» von Marx, freilich nur „en passant", d. h. ohne daß die ökonomische Analyse, die sich aus einer solchen Aussage ergibt, weitergeführt wurde. Vor mehr als hundert Jahren war dieses Phänomen eben noch nicht genügend „signifikant", um eine entscheidende Rolle in der ökonomischen Analyse zu spielen.

Marx schrieb: „Nebenbei bemerkt, ist zu unterscheiden zwischen allgemeiner Arbeit und gemeinschaftlicher Arbeit. Beide spielen im Produktionsprozeß ihre Rolle, beide gehen ineinander über, aber beide unterscheiden sich auch. Allgemeine Arbeit ist alle wissenschaftliche Arbeit, alle Entdeckung, alle Erfindung. Sie ist bedingt teils durch Kooperation mit Lebenden, teils durch Benutzung der Arbeiten Früherer. Gemeinschaftliche Arbeit unterstellt die unmittelbare Kooperation der Individuen." [1]

Das wirft eine wichtige theoretische Frage auf, nämlich die nach der heutigen Funktion der Wissenschaft in der Produktion des Mehrwerts, da die Erfindung im wesentlichen nicht mehr das Werk früherer Generationen, sondern von heute lebenden Forschern ist.

Marx mißt den Wert einer Ware nach der Arbeitszeit, die in einer Gesellschaft für die Herstellung nötig ist; im kapitalistischen System, d. h. in einer Marktwirtschaft, in der die Arbeitskraft eine Ware geworden ist, erklärt sich die Bildung des Mehrwerts aus einer Tatsache, daß die Arbeitskraft eines Lohnempfängers mehr „Wert" schafft, als benötigt wird, um sie zu erhalten und zu reproduzieren (insofern der Lohn dem Arbeiter Ernährung, Kleidung, Wohnung, Erziehung der Kinder usw. ermöglicht). Daraus folgt, daß nur die lebendige Arbeit Erzeuger von Mehrwert ist; die Maschine bleibt darauf beschränkt, in der Form der Amortisation den in ihr „kristallisierten" Wert als „tote Arbeit" zu übertragen.

Heute erhebt sich die Frage, ob die Wissenschaft angesichts ihrer ständig wachsenden Funktion an der Produktion nur als „tote Arbeit", die in den Maschinen kristallisiert ist, teilnimmt oder ob sie ganz im Gegenteil als „lebendige Arbeit", und zwar gleichrangig mit der Arbeit des Arbeiters, an der Bildung von Mehrwert beteiligt ist.

Für einen sehr großen Teil der wissenschaftlichen Arbeiter hat Marx die Antwort bereits gegeben: „Wie im Natursystem Kopf und Hand zusammengehören, vereint der Arbeitsprozeß Kopfarbeit und Handarbeit. Später scheiden sie sich bis zum feindlichen Gegensatz. Das Produkt verwandelt sich überhaupt aus dem unmittelbaren Produkt des individuellen Produzenten in ein gesellschaftliches, in das gemeinsame Produkt eines Gesamtarbeiters, d. h. eines kombinierten Arbeitspersonals, dessen Glieder der Handhabung des Arbeitsgegenstandes näher oder ferner stehen. Mit dem kooperativen Charakter des Arbeitsprozesses selbst erweitert sich daher notwendig der Begriff der produktiven Arbeit und ihres Trägers, des produktiven Arbeiters. Um produktiv zu arbeiten, ist es nun nicht mehr nötig, selbst Hand anzulegen; es genügt, Organ des Gesamtarbeiters zu sein, irgendeine seiner Unterfunktionen zu vollziehen." [2]

Im letzten Band des «Kapital» fügte er hinzu: „Diese Arbeiter (Hilfsarbeiter, Arbeiter, Ingenieure, die vor allem mit ihrem Kopf arbeiten, usw.) als kollektive Produzenten bilden eine lebendige Maschine. Betrachtet man die *Gesamtproduktion,* . . . so reproduzieren sie das Geld des Kapitalisten als Kapital . . . Die Situation eines jeden einzelnen dieser Männer im Verhältnis zum Kapital bleibt die einer Lohnarbeiters, eines produktiven Arbeiters im spezifischen Sinn des Wortes."

Heute läßt sich die Funktion der Kopfarbeit innerhalb der Produktion in ihrem Ausmaß mit der Zeit von Marx nicht vergleichen. Das wird erkennbar an dem erheblichen Anteil der wissenschaftlichen und technischen Investitionen, zumal in den Spitzenindustrien. In einigen Erdölraffinerien z. B. funktioniert eine vollautomatische Anlage für 60 Millionen Francs mit sechs Technikern. Kann man da noch davon sprechen, daß der realisierte Mehrwert ausschließlich aus der „lebendigen" Arbeit dieser sechs Arbeiter entsteht?

Es handelt sich hier zwar um einen besonders typischen Fall, der jedoch keineswegs eine Ausnahme darstellt, zumal die jüngste Arbeit von Levinson, dem Sekretär des internationalen Chemiearbeiterverbandes, zeigt, daß 65 Prozent der in der westlichen Welt investierten Summen für Zwecke der „Rationalisierung" und für technologische Neuerung ausgegeben werden. [3]

Der Raum, den die wissenschaftliche Forschung und die technische Erfindung in der erweiterten Reproduktion des Kapitals einnehmen, ist in der heutigen Zeit so groß, daß das frühe Modell von Marx, die Bildung von Wert und Mehrwert betreffend, von Grund auf zu modernisieren ist.

Marx hat diesen Wandel selbst vorausgesehen, denn während er im «Kapital» seine Werttheorie entwickelte, die auf den Begriffen der zur Herstellung einer Ware benötigten gesellschaftlichen Arbeitszeit aufbaut, bestimmte er zur gleichen Zeit in «Grundrisse der Kritik der politischen Ökonomie» den historischen Augenblick, in dem die Werttheorie nicht mehr anwendbar sein würde: „In dem Maße aber, wie die große Industrie sich entwickelt, wird die Schöpfung des wirklichen Reichtums abhängig weniger von der Arbeitszeit und dem Quantum angewandter Arbeit, als von der Macht der Agentien, die während der Arbeitszeit in Bewegung gesetzt werden und die selbst wieder — deren *powerful effectiveness* — selbst wieder in keinem Verhältnis steht zur unmittelbaren Arbeitszeit, die ihre Produktion kostet, sondern vielmehr abhängt vom allgemeinen Stand der Wissenschaft und dem Fortschritt der Technologie, oder der Anwendung dieser Wissenschaft auf die Produktion ... In dieser Umwandlung ist es weder die unmittelbare Arbeit, die der Mensch selbst verrichtet, noch die Zeit, die er arbeitet, sondern die Aneignung seiner eigenen allgemeinen Produktionskraft, sein

Verständnis der Natur und die Berherrschung derselben durch sein Dasein als Gesellschaftskörper — in einem Wort die Entwicklung des gesellschaftlichen Individuums, die als der große Grundpfeiler der Produktion und des Reichtums erscheint ... Sobald die Arbeit in unmittelbarer Form aufgehört hat, die große Quelle des Reichtums zu sein, hört und muß aufhören die Arbeitszeit sein Maß zu sein und daher der Tauschwert [das Maß] des Gebrauchswerts" [4]

Nehmen wir also die Analyse an diesem Punkt wieder auf, an dem Marx sie liegengelassen hat, und fragen wir uns unsererseits, ob bei dem gegenwärtigen Stand der wissenschaftlichen und technischen Investition innerhalb der Produktion nicht die Schwelle erreicht ist, wo die Unterscheidung zwischen „toter Arbeit" und „lebendiger Arbeit" und infolgedessen die Unterscheidung zwischen dem absoluten Mehrwert (aus der lebendigen Arbeit gewonnen) und dem relativen Mehrwert (möglicher Ertrag des technischen Fortschritts) eine unnütze Diskussion wird.

Als Marx „die allgemeine Arbeit", d. h. „alle wissenschaftliche Arbeit, alle Entdeckung, alle Erfindung" von der „gemeinschaftlichen Arbeit der lebenden Menschen" unterschied, fügte er hinzu: „Beide spielen im Produktionsprozeß ihre Rolle, beide gehen ineinander über, aber beide unterscheiden sich auch." [5]

Diese These von Marx findet im Kapitalismus unserer Zeit die Bestätigung, die ihr zu seiner Zeit fehlte. Wenn Marx damals sagen konnte: „Sie (die allgemeine Arbeit, alle wissenschaftliche Arbeit) ist bedingt teils durch Kooperation mit Lebenden, teils durch Benutzung der Arbeiten Früherer", [6] so verliert diese Unterscheidung ihr Gewicht angesichts der Feststellung eines UNESCO-Berichts, daß 90 Prozent der Wissenschaftler, die seit Beginn der Zivilisation überhaupt gelebt haben, in unserer heutigen Zeit leben, daß heute praktisch die Gesamtheit der „allgemeinen" (wissenschaftlichen) Arbeit integrierender Bestandteil der „gemeinschaftlichen (lebendigen) Arbeit" ist.

Wie Serge Moscovici in seiner Studie «L'histoire humaine de la nature» (Die menschliche Geschichte der Natur) dargelegt hat, ist die Entwicklung der Produktivkräfte seit der Renaissance, seit der Entstehung des Kapitalismus nicht nur ein Phänomen, das „an einer ununterbrochenen Stufenleiter ablesbar“ ist: die Steigerung der Produktivität, die Verkürzung der menschlichen Arbeitszeit sind deutliche Zeichen für eine tiefgreifende historische Entwicklung. Es hat eine qualitative Veränderung stattgefunden: *eine neue Dimension der menschlichen Arbeit ist sichtbar geworden,* da nicht nur der unmittelbar mit der Produktion verbundene *Ingenieur,* sondern auch der *Wissenschafter* und der *Forscher* als Träger dieser menschlichen Arbeit in Erscheinung treten.

Wie wird dieses Phänomen durch die Entwicklung des Kapitalismus in unserer Zeit verschleiert?

Im 19. Jahrhundert und in der ersten Hälfte des 20. Jahrhunderts übten die Wissenschaft und die technische Neuerung ihre Funktion wesentlich im Bereich der Produktion der Produktionsmittel — im sogenannten primären Sektor — aus, insbesondere durch Erfindung und Konstruktion von Maschinen (z. B.: Dampfmaschine, Elektromotor, Explosionsmotor usw.). Von dem Augenblick an, in dem sich das ereignete, was Galbraith „die Umkehrung der Reihenfolge“ nennt, und zwar in dem Augenblick, in dem die Produzenten begannen, sich nicht mehr nach der Nachfrage des Marktes zu richten, sondern den Markt zu manipulieren und ihn sich unterzuordnen, um neue Bedürfnisse zu wecken oder die alten Bedürfnisse auf neue Art zu befriedigen, da wurden die Forschung und die Erfindung neuer Verbrauchsgüter, wie Granou sagt, „die treibende Kraft und die wesentliche Voraussetzung für die Ausweitung der kapitalistischen Produktion“. Die massive wissenschaftliche und technische Investition im sekundären Sektor, der Verbrauchsgüterproduktion, erhielt durch den ihr abverlangten ständigen Zwang nach Neuem eine derartige Bedeutung, daß der Ablauf des kapitalistischen Entwicklungszyklus dadurch von Grund auf verändert wurde. Was z. B. die ökonomischen „Krisen“ betrifft, so wurde in der klassischen Analyse von Marx, die bis zur Weltwirtschaftskrise von 1929 uneingeschränkte Gültigkeit besaß, die Betonung auf den Unterschied der Entwicklung in den beiden Sektoren gelegt. Auch in diesem Punkt muß das Schema neu durchdacht werden, wenn man nicht fortfahren will, immer nur zu wiederholen, „die Krise des Kapitalismus spitzt sich zu“, und sich weigert zu erkennen, daß die Krise eine neue Form angenommen hat, die — wie wir schon gezeigt haben — nicht mehr ausschließlich eine ökonomische ist.

Halten wir für den Augenblick nur fest, daß ein bisher nie dagewesenes Problem aufgeworfen worden ist durch die Rolle, die die technische Neuerung in der Verbrauchsgüterproduktion übernommen hat. Dies darf aber nicht ein noch viel wichtigeres Phänomen verschleiern: Es wird immer deutlicher erkennbar, daß die Techniker und die Forscher in den Planungsbüros und in den Laboratorien für angewandte Forschung zum „gemeinschaftlichen (kollektiven) Arbeiter“ gehören, zur „lebendigen Arbeit“ zählen, unmittelbar Mehrwert schaffen.

Aber oberhalb dieser angewandten Forschung, in der Grundlagenforschung, dort, wo die Wissenschaft mitbeteiligt ist — nicht an der Oberfläche der Produktion, sondern in der Planung und Entwicklung neuer Produktionsformen —, dort tritt die Funktion der Wissenschaft nicht so unmittelbar deutlich in Erscheinung. Gehört auch sie zur „lebendigen Arbeit“, schafft auch sie Mehrwert, ja oder nein?

Die Frage wird dadurch verschleiert, daß diese Arbeit im allgemeinen nicht im Bereich des Einzelunternehmens angesiedelt ist. Die Investitionen für die Grundlagenforschung sind so beträchtlich, so gewagt und gleichzeitig nur sehr langfristig ablösbar, daß die Industrie — abgesehen von einigen Riesenunternehmen, und das auch nur in den Spitzenindustrien — es vermeidet, diese Risiken einzugehen.

Also trägt der Staat im wesentlichen diese Investitionen und die Risiken einer solchen Art von Arbeit. Die Bildung von Mehrwert nimmt hier eine neue Dimension an, und zwar eine *politische* Dimension; indem der Staat dergestalt in einen Produktionszyklus eingreift, der durch die Veränderung der Produktivkräfte erschüttert ist, trägt er zur Bildung eines neuen Mehrwerts bei, insbesondere durch die Übernahme der wissenschaftlichen und technischen Investitionen.

So kommt es, daß das Phänomen der erweiterten Reproduktion des Kapitals, des Wachstums also, den klassischen, rein ökonomischen Kategorien von Markt, Wert, Mehrwert mehr und mehr entgleitet.

Heute spielt sich alles so ab, als führe die Wissenschaft, die nunmehr wirklich eine Produktionskraft geworden ist, „zur Auflösung der berühmten Trennung des primären Sektors, der Produktion der Produktionsgüter, vom sekundären, der Produktion der Konsumgüter", da der wissenschaftliche und technische Sektor „in einer neuen gesellschaftlichen Aufgabenteilung die Stelle des Sektors der Schwerindustrie übernimmt, denn er eben ist das Laboratorium, wo die neuen Produktionskräfte im Entstehen begriffen sind". [7]

Ein permanenter wissenschaftlicher Beitrag, eine Innovation weitesten Ausmaßes berieselt so beständig die gesamte Wirtschaft.

Marx hat selbst auf die Analyse dieses neuen Phänomens, das seine Entwürfe „unstimmig machte", hingewiesen, als er schreibt, daß die Produktion der Reichtümer „vielmehr abhängt vom allgemeinen Stand der Wissenschaft und dem Fortschritt der Technologie, oder der Anwendung dieser Wissenschaft auf die Produktion . . .".

„Die Anwendung dieser Wissenschaft auf die Produktion", aber „oder auch" die Macht der mechanischen Agentien, die während der Arbeitsdauer in Bewegung gesetzt werden — das eben ist die Tätigkeit des „kollektiven Arbeiters"; in dieser Phase der Produktion findet tatsächlich Bildung von Wert und von absolutem Mehrwert statt: Die Mitglieder des kollektiven Arbeiters „reproduzieren das Geld des Kapitalisten als Kapital", schreibt Marx.

Doch wenn man den „Stand der Wissenschaft und des Fortschritts der Technologie" in die Produktion dieses Reichtums mit einbezieht, so kann schwer aufrechterhalten werden, daß allein „die Anwendung der Wissenschaft" durch die Mitglieder der kollektiven Arbeiterschaft absoluten Mehrwert produziere, während die wissenschaftlichen Erfindungen selbst als „tote Arbeit" zu gelten habe, die durch ständige Steigerung der organischen Zusammensetzung des Kapitals ein Hindernis für das Anwachsen der Profitrate darstellt.

In der Tat spielt sich alles so ab, als sei die *Investition in die komplexe* (intellektuelle) *Arbeitskraft* mehr und mehr die Voraussetzung für die Bildung von Reichtümern. Die komplexe Arbeit des modernen wissenschaftlichen Arbeiters, sei es nun, um *die Technik zu benutzen und sie einzusetzen* (stromab), sei es, um *sie zu erfinden* (stromauf), stellt für das Wachstum des kapitalistischen Systems von heute eine *neue Chance* dar.

Geht man mit Marx aus von „einer Tendenz nach absoluter Entwicklung der Produktivkräfte, abgesehen vom Wert und dem in ihm eingeschlossenen Mehrwert“, [8] so kann man künftig darauf schließen, daß sich das Gesetz des tendenziellen Falles der Profitrate fast automatisch verschärfen werde, und man wird weiterhin die Wissenschaft als „tote Arbeit“ ansehen, die nur dazu beiträgt, die organische Zusammensetzung der Arbeit zu erhöhen.

Die Nationalökonomen der Schule von Cambridge analysieren seit mehr als zwanzig Jahren die Zusammenhänge zwischen der Berechnung des Kapitals und der Profitrate. [9] Es muß jeden Marxisten aus seinem dogmatischen Schlummer wachrütteln, wenn deutlich wird, daß die Erhöhung der organischen Zusammensetzung des Kapitals (Verhältnis Maschine/Mensch) die Profitrate nicht berührt. Das Marxsche Gesetz des tendenziellen Falles der Profitrate wird dadurch unmittelbar in Frage gestellt.

Wissenschaft, Forschung und Erfindung sind heute dergestalt in die Produktion integriert, daß diese Form der Arbeit nicht mehr der „toten Arbeit“ aus dem frühen Entwurf von Marx gleichzustellen ist, die den Wert nur übertrug, ihn aber nicht schuf und infolgedessen nicht zur Bildung des Mehrwerts beitrug.

Das ist der Hauptgrund, weshalb das gegenwärtige kapitalistische System beträchtlich von dem theoretischen Modell abweicht, das Marx vor einem Jahrhundert auf einer anderen Entwicklungsstufe aufgestellt hat. Die Zukunft des Systems kann also nicht von diesem Modell her gesehen werden.

Zum Beispiel: die grundlegenden Widersprüche des Kapitalismus, die, wie Marx gezeigt hat, sich aus der Entwicklung der Produktivkräfte herleiten, beschränken sich nicht mehr auf Widersprüche rein ökonomischer Natur, wie es sich beim Gesetz des tendenziellen Falles der Profitrate zeigt, das schon für sich allein das gesamte System zum Untergang verdammt.

Die politische Einschaltung des Staates, die heute zum großen Teil durch die Einbeziehung von Wissenschaft und Forschung in die Produktion ausgelöst wird, zusammen mit der wachsenden Bedeutung der langfristigen Investitionen, die sich aus dieser Integration ergeben und die im allgemeinen die Möglichkeiten der Einzelunternehmen übersteigen, haben neue Widersprüche hervorgebracht, die viel tiefgreifender und nicht mehr rein ökonomischer Natur sind:

- Den Widerspruch zwischen den vom technischen Fortschritt angebotenen Möglichkeiten und der Vergeudung oder gar Zerstörung dieser Möglichkeiten durch ein System, das keine andere Zielsetzung kennt als nur seine eigene wirtschaftliche Entwicklung, ohne Rücksicht auf die menschliche Entwicklung.
- Den Widerspruch zwischen der Befriedigung der privaten Bedürfnisse der Privilegierten — bis hin zu den künstlich erzeugten Bedürfnissen — und der ungenügenden Befriedigung der gesellschaftlichen Bedürfnisse.
- Den Widerspruch, der sich daraus ergibt, daß auf Grund der wachsenden Komplexität der wissenschaftlichen Organisation der Unternehmen die effektive Führung mehr und mehr von dem Eigentum an den Produktionsmitteln abgetrennt ist, während die parasitären Privilegien aus diesem Eigentum bestehen bleiben.
- Den Widerspruch, der dadurch entsteht, daß der rechnische Fortschritt dahin führt, in immer stärkerem Maße an die Bildung und Kultur und an die Initiative einer wachsenden Zahl von Arbeitern zu appellieren, während man weiterhin von ihnen unbedingten Gehorsam gegenüber dem privaten oder kollektiven Eigentümer an den Produktionsmitteln fordert.

- Den Widerspruch schließlich, aus dem sich heute alle anderen herleiten: auf der einen Seite macht der wissenschaftliche und technische Wandel das *Wissen* und die *schöpferische Erfindung* mehr und mehr zur entscheidenden Produktivkraft; und dieses Wissen und diese schöpferische Erfindung, die von der Arbeit und von dem Genius des Menschengeschlechts zeugen, sind nicht nur das kollektive Werk der Gesamtheit der Gesellschaft im Verlauf ihrer ganzen Geschichte, sondern heute auch wesentlich die lebendige Arbeit und die lebendige schöpferische Erfindung der Gesamtheit der Arbeiter der Hand und der Stirn. Auf der anderen Seite eignen sich die großen Monopole mit privatem Rechtstitel und unter der Mithilfe des Staates eben dieses Wissen und diese schöpferische Erfindung an.

Dieser fundamentale Widerspruch bildet die *objektive Basis für den neuen historischen Block der Arbeiter,* dessen Mitglieder nicht etwa nur am Rand des modernen Produktionsprozesses arbeiten und wirken, sondern die ganz im Gegenteil dessen lebendiges Geflecht und Gefüge sind. Ihre Bewußtseinsfindung kündigt die großartigste Wiedereroberung des Menschen an, die die Menschheit je gekannt hat.

Alles Zögern und alle Verwirrung gegenüber dem neuen historischen Block haben eine einzige Quelle: es fehlt die Analyse der Umwälzung, die in der zweiten Hälfte des 20. Jahrhunderts durch die schwindelerregende Entwicklung der Produktivkräfte ausgelöst wurde. Diese Entwicklung leitet sich aus dem großen wissenschaftlichen und technischen Wandel her, stellt eine echte qualitative Veränderung dar.

Wenn man diesen Wandel allein herausgreift, ohne seine Rückwirkungen auf das gesamte ökonomische und gesellschaftliche System zu verfolgen, d. h. wenn man die Funktion der Entwicklung der Produktivkräfte bagatellisiert und den Blick auch weiterhin nur auf die Produktionsverhältnisse richtet, so bleibt man notwendigerweise in den Konzepten des letzten Jahrhunderts befangen. Wenn z. B. in Italien die Verfasser des «Manifesto» — deren Untersuchungen übrigens sehr interessant sind — erklären, „die Grenzen zwischen den produktiven und unproduktiven Arbeitern erscheinen weniger starr", und wenn sie sich dann fragen, ob dieser oder jener Arbeiter „mehr oder weniger eng . . . an die produktive Arbeit gebunden" sei, so werfen sie ein falsches Problem auf, und zwar falsch deshalb, weil sie die neuen Dimensionen des menschlichen Arbeitsaktes in unserer heutigen Zeit nicht analysiert haben. Dasselbe gilt für eine kürzlich erschienene französische Arbeit, «Classe ouvrière et révolution», die die Ingenieure und die Techniker radikal von der Arbeiterklasse trennt und in ihnen, und zwar in ihnen allein, die möglichen Initiatoren einer Revolution sieht, für die die Arbeiterklasse disqualifiziert sei.

Eine andere Analyse, die dem historischen Block gegenüber sehr zurückhaltend ist, stellt fest: „In ihrem Verhältnis zum Kapital haben die technisch-wissenschaftlichen Arbeiter die gleiche Stellung wie die Arbeiter; im Verhältnis untereinander sind ihre Stellungen verschieden." Das stimmt: ökonomisch gesehen sind sie alle Produzenten von Mehrwert, soziologisch gesehen sind ihr Lebensstandard und ihre Lebensweise verschieden.

Eine widersprüchliche Stellung nimmt der Ingenieur ein. Einerseits übt er in seinem beruflichen Status, und zwar als Lohnempfänger, nicht nur eine technische Funktion aus, sondern hat häufig auch eine Kommandofuktion inne, durch die er Arbeitgeberautorität weiterleitet und eben dadurch mit seinen Untergebenen zusammenstößt; andererseits ist auch sein persönlicher Status komplex: durch seinen Lebensstandard, seine Bildung und Ausbildung, seine persönlichen oder familiären Verhältnisse steht er meistens der bürgerlichen Lebensweise viel näher als der des Proletariats.

Das heißt, er erlebt und erfährt die Ausbeutung und die kapitalistische Entfremdung in anderer Weise als die Arbeiterklasse.

Wenn ihm die Forderungen nach höheren Löhnen und Gehältern, nach Arbeitszeitverkürzung, nach Renten und vor allem nach Sicherheit des Arbeitsplatzes auch nicht fremd oder gleichgültig sind, so sind sie für ihn doch nicht so unmittelbar akut wie für die Arbeiter, besonders die Allerbenachteiligtesten unter ihnen, für diejenigen nämlich, die man die *vom Konsum Ausgeschlossenen* nennen könnte.

Andererseits hat das beträchtliche Anwachsen der Zahl der Ingenieure die meisten von ihnen mehr und mehr von den Entscheidungszentren (Chef oder Generaldirektion) entfernt, und wenn sie allenfalls noch über die *Mittel* zur Optimierung der Produktion gehört werden, so konsultiert man sie nicht im Hinblick auf die *Ziele,* die das Unternehmen verfolgt. Sie erleben also diese kapitalistische Entfremdung nicht als die *vom Konsum Ausgeschlossenen,* sondern als die *von der Entscheidung Ausgeschlossenen.*

So sind sie in einem Widerspruch zwischen einer doppelten rationalen Notwendigkeit befangen: Einerseits der eigentlich kapitalistischen Notwendigkeit, der sie unterworfen sind, jener Notwendigkeit also, die die Technik den Zielen des Kapitalismus unterordnet — Profit einiger weniger und blindes Wachstum (im Hinblick auf ein solches Ziel besteht für sie die Notwendigkeit darin, das zu produzieren, was am rentabelsten ist, und daraufhin durch Konditionierung, Manipulation, Werbung künstliche Bedürfnisse zu wecken, um die Erzeugnisse absetzen zu können); zum anderen der eigentlich technischen und menschlichen Notwendigkeit, die sie selbst ersinnen und entwerfen, derjenigen Notwendigkeit also, welche die Technik in den Dienst der Bedürfnisbefriedigung aller und eines Wachstums stellt, das auf die Förderung und Entfaltung des Menschen und jedes Menschen ausgerichtet ist, indem vorrangig die kollektiven Bedürfnisse der Kultur und Bildung, der Gesundheit, der Umwelt usw. befriedigt werden sollen.

Diese Bewußtseinsfindung wird deutlich durch die Tatsache, daß eine wachsende Zahl von Ingenieuren und Führungskräften der Gewerkschaftsbewegung bei weitem nicht so allergisch gegenübersteht wie das traditionelle Arbeitgebertum.

Diese Entwicklung und Bewegung greift übrigens über die Ingenieure, Führungskräfte und Techniker hinaus und erfaßt intellektuelle Schichten, wie die Lehrer oder die Angestellten und Beamten im allgemeinen, die ebenfalls die Tendenz zeigen, sich durch ihre Organisationsformen und ihre Kampfesweise der Arbeiterklasse und ihren Gewerkschaften anzupassen.

Wenn man die Frage nach dem historischen Block stellt, so sollen damit keineswegs die Intellektuellen der Arbeiterklasse einverleibt werden; vor allem aber sollen die Beziehungen zwischen der Arbeiterklasse (im hergebrachten Sinn des Wortes) und den Intellektuellen nicht verwechselt werden mit den Bündnisbeziehungen, die man sich zwischen der Arbeiterklasse und den Bauern oder allgemeiner zwischen der Arbeiterklasse und den Mittelklassen vorstellen konnte.

Mit Ausnahme der freien Berufe, die häufig noch einen individuellen Status haben (obwohl 60 Prozent der Künstler, 50 Prozent der Ärzte und des Pflegepersonals, 30 Prozent der Juristen, 84 Prozent der Angehörigen der literarischen und wissenschaftlichen Berufe und 98 Prozent der Forscher in Frankreich heute Arbeitnehmer sind), rechnen sich die Intellektuellen im allgemeinen nicht zu den Mittelklassen.

Das hat einen wichtigen Grund. Sie sind nicht die Eigentümer ihrer Produktionsmittel; sie schaffen Mehrwert für diejenigen, die diese Produktionsmittel besitzen. Und im Gegensatz zu den traditionellen Mittelklassen, die im Zuge der Entwicklung von Wissenschaft und Technik zurückgehen, sind diese intellektuellen Schichten vor allem keine Überbleibsel aus der Vergangenheit; sie sind vielmehr organisch aus dem wissenschaftlichen und technischen Fortschritt hervorgegangen.

Sie sind nicht das Ergebnis der kapitalistischen Produktionsverhältnisse, sondern der Entwicklung der Produktivkräfte, denn ihre Wachstumsrate ist überall schwindelerregend, und zwar ausnahmslos in jedem ökonomischen und gesellschaftlichen System.

Das bedeutet keineswegs — und wir wiederholen das ausdrücklich, da man uns diese Torheit so oft unterstellt —, daß man die Intellektuellen in Bausch und Bogen in die Arbeiterklasse integrieren kann. Das ist nicht nur aus den bereits angeführten soziologischen Gründen unmöglich, sondern auch weil die führenden Technokraten in den Generaldirektionen, den Generalstäben der Wirtschaft, zur herrschenden Klasse gehören.

Doch die weithin vorherrschende Tendenz ist die, daß eine wachsende Zahl der Intelligenzler an der erweiterten Reproduktion des Kapitals teilnimmt und auf Grund dieser Tatsache auch an der Bildung von Mehrwert beteiligt ist.

Die sozialen Schichten, die heute jene neuen Formen des Reichtums einsetzen und anwenden, deren Vorläufer im Grund und Boden und später im Kapital zu suchen waren und die heute mehr und mehr im Wissen, der Ausbildung und der wissenschaftlichen Information liegen, bilden also zusammen mit der Arbeiterklasse den neuen historischen Block.

Die Arbeiterklasse selbst ist in einer Veränderung begriffen, denn in der beruflichen Qualifikation für die Beherrschung der technologischen Prozesse wird immer mehr Wert auf eine gute Allgemeinbildung gelegt.

In der gegenwärtigen Zeit und im Sinne der Voraussagen von Marx ist die Handarbeit immer weniger produktiv. Wenn es gilt, die Werttheorie (und alle sich daraus herleitenden Konsequenzen) neu zu durchdenken, welche Position werden dann unsere „Orthodoxen" einnehmen? Werden sie als Ewiggestrige sich darauf versteifen, daß in einer vollautomatisierten Fabrik der Angestellte am Kontrollpult tatsächlich derjenige sei, der das Funktionieren des ganzen Betriebes bewirke? Werden sie immer noch unbeirrbar versuchen, den Wert der Arbeit an der Arbeitszeit zu messen, die nötig ist, um auf einen Knopf zu drücken?

Und selbst wenn dem so wäre, wird die Entwicklung über sie hinweggehen. Die Parole für die Sammlung aller Kräfte, die an der Zukunft bauen, heißt nicht „antimonopolitische Allianz mittels eines Kompromisses zwischen politischen Generalstäben", sondern nach dem Beispiel der Kommunistischen Partei Spaniens „Vereinigung der Kräfte der Arbeit und der Kultur"; denn so wird das Problem der Einheit auf eine solide theoretische Basis gestellt, nämlich die Vereinigung aller Kräfte, die sich mit der Wirtschaft selbst entwickeln und die gemeinsame Gründe haben, die kapitalistische Struktur und deren eigentliches Grundprinzip zu vernichten.

Wenn wir jetzt von der theoretischen Analyse zur konkreten Wirklichkeit übergehen, können wir feststellen, daß die Statistik unsere Arbeitshypothesen bestätigt. * Von 1921 bis 1968 ist die Zahl der Landwirte in Frankreich von neun Millionen auf drei Millionen zurückgegangen, d. h. von 45 auf 15 Prozent der arbeitenden Bevölkerung. Diese Tendenz in den Industriestaaten ist endgültig und nicht umkehrbar. Frankreich selbst hinkt hinterher: in der Bundesrepublik Deutschland machten schon 1960 die Bauern nicht mehr als 14 Prozent der arbeitenden Bevölkerung aus, in den Vereinigten Staaten von Amerika 7 Prozent.

Die Arbeiterklasse in ihrer Gesamtheit (mit Ausnahme der Bergarbeiter und der Textilindustrie, wo das Absinken des Bestandes seit 1954 ebenso rasch verläuft wie bei den Bauern) bleibt konstant: Von 1962 bis 1968 stieg die Arbeiterzahl von 7,060.000 auf 7,698.000, was eine Zunahme um 9 Prozent bedeutet, also nur um ein geringes unter der Ziffer des Bevölkerungszuwachses liegt. Die Arbeiter machen heute 37 Prozent der arbeitenden Bevölkerung aus, und nach den wahrscheinlichsten Vorausberechnungen wird der Anteil im Jahre 1980 ungefähr der gleiche sein.

Ein Index für die schwindelerregende Wachstumsrate der Fachkräfte: geht man aus von dem Index 100 im Jahre 1954, so stieg die Zahl der Techniker und technischen Zeichner auf 275 im Jahre 1968 und wird im Jahre 1980 auf voraussichtlich 500 ansteigen. Im gleichen Zeitraum erhöhte sich die Zahl der Ingenieure von 100 auf 170, die der Lehrer von 100 auf 200.

Von 1962 bis 1968 stieg die Zahl der gehobenen Führungs- und Verwaltungskräfte von 760.000 auf 993.000; die der mittleren Führungs- und Verwaltungskräfte von anderthalb auf zwei Millionen.

1962 betrug die Zahl der Studenten 172.000, im Jahre 1967 558.000; heute ist sie auf fast 700.000 angestiegen.

* Alle nachfolgenden Zahlen, die manchmal vereinfacht wurden, um sie einsichtiger und lesbarer zu machen, sind den Statistiken des I. N. S. E. E. *(Institut national de la statistique et des études économiques)* entnommen.

Alles in allem kommen heute, ohne die Studenten, auf 100 arbeitende Franzosen:

37 Arbeiter,
19 Lohn- und Gehaltsempfänger der intellektuellen Berufe,
18 Angestellte oder Beamte im tertiären Sektor,
14 Bauern,
8 Handwerker und Kaufleute,
4 verschiedene (Angehörige der freien Berufe, Unternehmensleiter usw.).

Nur die drei ersten Gruppen gehen zahlenmäßig nicht zurück.

Die zweite und die dritte Gruppe nehmen rasch zu.

Schon jetzt stellen diese drei Gruppen zusammen drei Viertel der arbeitenden Bevölkerung dar. Sie bilden potentiell im wesentlichen die Hauptelemente des neuen historischen Blocks. Das wichtigste Problem ist nunmehr, daß sie sich ihrer grundsätzlichen Gemeinsamkeit in ihren Bestrebungen und in ihren Interessen sowie der historischen Funktion und Rolle, die ihnen zufällt, bewußt werden: den großen gesellschaftlichen, politischen, kulturellen Wandel herbeizuführen, der es möglich machen wird, die gewaltigen Produktivkräfte, über die wir verfügen, in den Griff zu bekommen und in den Dienst des Menschen zu stellen. Das „subjektive" Moment der Revolution spielt dabei künftig eine entscheidende Rolle: Die Kulturrevolution, die wirtschaftliche und die politische Revolution können nur von dem neuen historischen Block durchgeführt und vollendet werden.

Wer seine Augen vor der Existenz und Entwicklung der objektiven Grundlagen dieses neuen historischen Blocks verschließt, wer nicht daran mitwirkt, daß die entscheidende Rolle dieses Blocks in dem von uns zu vollziehenden notwendigen historischen Wandel allgemeine Anerkennung findet, der beraubt den Sozialismus der echten Chance und Hoffnung.

2. *Vom Arbeiterrat zum nationalen Streik*

Mit welcher Methode kann dieses Ziel — ein Sozialismus der Arbeiterselbstverwaltung — erreicht werden?

Die Festlegung der Zwischenziele erfordert eine genaue Bestimmung der einzelnen Etappen.

Stellen wir also eine „Rückrechnung" an, indem wir am Ende beginnen.

a) Laut Definition *ist die Arbeiterselbstverwaltung in einem kapitalistischen Regime nicht möglich;* sie ist ein Modell des Sozialismus, das radikal verschieden ist beispielsweise von dem bürokratischen Zentralismus, wie er in der Sowjetunion verwirklicht worden ist.

b) Damit stellt sich eine zweite Frage: Wie wird sich der Aufbruch, der Übergang vom Kapitalismus zum Sozialismus vollziehen? Durch die Einnahme der Bastille oder den Sturm auf den Winterpalast (wie heute die Anhänger „einer Revolution mit dem Bajonett" verkünden)? Durch eine Koalition der „linken" Parteien, ihren parlamentarischen Sieg und die Verwirklichung eines völlig neuen Programms, das zu einer Ausweitung der demokratischen Freiheiten führt und dem Sozialismus dann den Weg bereitet (wie alle jene vorschlagen, die sich keinen anderen Weg als eben nur den parlamentarischen vorzustellen vermögen)? Oder werden die Arbeiter der Stirn anders handeln und ihre Macht etwa entweder an eine aktive Minderheit delegieren, die in ihrem Namen einen bewaffneten Kampf führt, oder aber an eine Gruppe von Regierenden, von Berufspolitikern, die versprechen, ihnen die Demokratie und den Sozialismus zu oktroyieren, und die dafür lediglich verlangen, daß man ihnen seine Stimme gebe ... alles übrige würden dann schon sie machen?

Ohne die Möglichkeiten der politischen Erziehung und der Wahlbündnisse noch eine eventuelle gewaltsame Antwort auf einen bewaffneten Angriff einer Minderheit auszuschließen, die mit Gewalt ihre Privilegien zurückzuerobern versucht, ist die Szene der eigentlichen Hauptaktion dort, wo der Arbeiter

Wenn der Arbeiter schon jetzt die Autonomie der politischen Funktion akzeptiert, wird er den Staat nie kontrollieren.

Wenn der Arbeiter nicht schon jetzt seinen künftigen Arbeiterrat vorbereitet, wird er den Betrieb nie kontrollieren.

Wie bereits in «Reconquête de l'espoir» festgestellt, wird hier weder eine leichte Aufgabe noch eine von vornherein gewonnene Schlacht vorgeschlagen. Wenn die Menschen jahrhundertelang von Klassenregimen, Regierungen, Generalstäben, Generaldirektionen, Parlamenten und Parteien dirigiert und manipuliert worden sind, so ist es keine einfache Sache, die Initiativen an der Basis neu zu wecken und anzuregen, damit jeder einzelne aktiv, effektvoll und mit ganzem Herzen an dem Entwurf und an der Verwirklichung der Zukunft mitwirkt.

Das ist wohl die wichtigste Aufgabe, vor die uns unsere Zeit stellt, und so rufen wir alle auf, diesen langen Weg zu einem Sozialismus der Selbstverwaltung anzutreten, den langen Weg zur Wiedereroberung der Hoffnung.

Die Einheit, die notwendig ist, um dieses Ziel zu erreichen, kann nicht, wie unsere Definition des neuen historischen Blocks gezeigt hat, eine *antimonopolistische Allianz* sein, sondern einzig und allein die Bewußtseinsfindung und die vereinte Aktion des *Gemeinschaftsarbeiters* (Kollektivarbeiters), welcher Begriff den Arbeiter der Stirn und den Arbeiter der Faust in sich schließt.

Warum läßt sich diese Einheit nicht durch eine Parteienkoalition verwirklichen?

Die Entstehung der Parteien ist verbunden mit der Schaffung der Parlamente. Die Parteien sind nach dem Muster der Parlamente aufgebaut, d. h. dualistisch: jeder ist aufgefordert, seine Macht zu delegieren, zu veräußern, hier an einen Wahlkandidaten, dort an einen Regierenden.

Die Schaffung des Parlaments stellt einen großen historischen Fortschritt dar, den Sieg über den Feudalismus; gegenüber einer monarchischen, durch und durch feudalen und stark zentralisierten Macht ist es der Bourgeoisie, deren ökonomische Kräfte über das ganze Land verstreut waren und sich wechselseitig Konkurrenz machten, gelungen, im Parlament einen gemeinsamen Nenner zu finden und damit die Möglichkeit, gegen das feudale und monarchische Ancien régime zu kämpfen.

Diese Bourgeoisie hat aus dem Parlament das Instrument zur Verwirklichung ihrer eigenen Ziele gemacht, zunächst durch das Klassenwahlrecht, laut dem nur der Grundeigentümer Bürger ist, und als dann das allgemeine Wahlrecht unvermeidlich geworden war, durch die Manipulierung der öffentlichen Meinung.

So hat das Parlament über anderthalb Jahrhunderte, wie Marx es ausdrückte, der Aufsichtsrat der gemeinschaftlichen Geschäfte der Bourgeoisie bleiben können.[10] Jede wichtige bürgerliche Schicht hatte ihre eigene Partei, eine Art Parlament im kleinen. Das Kräfteverhältnis zwischen den Parteien drückte sich aus in der parlamentarischen Mehrheit und der daraus resultierenden Regierung.

Die Bourgeoisie in ihrer Gesamtheit befürchtete sehr die Rückkehr des Feudalismus, der die von der Französischen Revolution eingeführte neue Grundeigentumsordnung und die „industriellen Freiheiten" wieder anfechten würde, und bewahrte deshalb schlecht und recht ihre Einheit, solange diese Gefahr bestand.

Im letzten Viertel des 19. Jahrhunderts, nach der Pariser Kommune und nach der Gründung der III. Republik, stellten sich die Probleme mit dem Heraufkommen einer neuen Gefahr in veränderter Weise: die wachsende Bedeutung der Arbeiterklasse, die man nicht mehr einfach von Zeit zu Zeit mit Hilfe der Armee niederschlagen konnte wie im Juni 1848 oder im Mai 1871, sondern die es vielmehr in das System einzubauen und zu zähmen galt. An dieser neuen Front erwies sich das Parlament für die Bourgeoisie als ein wirksames Instrument. Nun entstand eine große radikale Partei, die lange Zeit die französische Politik beherrschte und so die historischen Aufgaben der Bourgeoisie erfüllte: Kampf gegen die Anhänger des mit dem Klerikalismus verbundenen Ancien régime durch eine laizistische Gesetzgebung; imperialistische und kolonialistische Expansion; Protektionismus usw.

Am Ende des Jahrhunderts wurde das Heraufkommen der Arbeiterklasse durch die Gründung von sozialistischen Parteien in geordnete Bahnen gelenkt. Die wesentlichen Vorstellungen dieser Parteien waren reformistisch: der Sozialismus konnte nur aus der vollständigen Entwicklung des Kapitalismus entstehen. Es entsprach also der Mission solcher Parteien, das System sich entwickeln zu lassen und sogar dessen „loyale Geschäftsführer“ zu werden, wie Léon Blum es später ausdrückte. Es spielten diese sozialistischen Parteien bestenfalls, so wie die Parteien aller bürgerlichen Parlamente, die Rolle von „pressure groups“, um bessere Arbeitsbedingungen für die Arbeiterklasse durchzusetzen: Verkürzung des Arbeitstages, soziale Gesetzgebung, Anerkennung weiterreichender Gewerkschaftsrechte, während sie sich gleichzeitig den wesentlichen Plänen der Bourgeoisie, ihrer imperialistischen Kolonialpolitik, ja selbst der Kriegspolitik anschlossen. Der Kampf von Jaurès gegen den Kolonialismus und gegen den Krieg endete mit seiner Ermordung im Jahre 1914. Von da an führte die sozialistische Partei die Kriege und den Kolonialismus des Regimes bis zum konsequenten Ende durch, d. h. bis zur Suezexpedition gegen Ägypten und bis zum Algerienkrieg.

Der Krieg 1914 und die Oktoberrevolution führten zur Auflehnung gegen diese Integration und im Jahre 1920 zur Gründung einer Partei neuen Typs, einer rein proletarischen Partei, die aus dem Kampf gegen den Krieg hervorging und entschlossen gegen die imperialistischen und kolonialistischen Unternehmungen auftrat, wie der Kampf gegen den Krieg in Marokko und gegen den Krieg in Indochina zeigt. Dem opportunistischen Reformismus der sozialistischen Parteien stellte sie eine neue Taktik „Klasse gegen Klasse“ entgegen, durch die sie zeitweise isoliert wurde, die jedoch die einzige Möglichkeit war, sich gegen die Integration aufzulehnen. Sie fühlte sich der ersten sozialistischen Revolution verpflichtet und machte sich als erste Organisationsgrundlage die einundzwanzig Bedingungen zu eigen, die Lenin auf der III. Internationale aufgestellt hatte — zu einem Zeitpunkt also, als er glaubte, der Sozialismus könne sich in rückständigen Ländern wie Rußland nur durchsetzen, wenn er von siegreichen Revolutionen in großen Industriestaaten begleitet würde; diese Revolutionen wiederum seien nur möglich, wenn das Proletariat dieser Länder seine Organisationsformen denen der bolschewistischen Partei anpasse, die lange Zeit illegal war und nur durch bewaffneten Kampf gesiegt hatte.

Über vierzig Jahre lang bemühte sich die kommunistische Partei Frankreichs, die Organisationsformen einer kleinen Gruppe professioneller Revolutionäre, die jeden Augenblick bereit waren, in den Untergrund zu gehen, mit den Forderungen einer Politik zu verbinden, die befähigt war, die Gesamtheit der Arbeiterklasse zu vereinen und die progressiven Kräfte rund um sie herum zu sammeln.

Auf beiden Ebenen wurden große Erfolge erzielt.

Die Tatsache z. B., daß sie die einzige Partei in Frankreich war, die sich jeden Augenblick wieder in eine Untergrundorganisation verwandeln konnte, ermöglichte es der kommunistischen Partei, eine entscheidende Rolle im Widerstandskampf gegen die Hitlersche Besatzung zu spielen. Unter der Führung von Maurice Thorez bewies die Partei ihre Entschlossenheit, Verantwortung auf nationaler Ebene zu übernehmen, und brachte eine Generation von ausgezeichneten politischen Kämpfern hervor, die ganz im „Geist der Partei“ aufgingen und zugleich von dem Streben nach nationaler Unabhängigkeit durchdrungen waren, ohne das es damals keine revolutionäre Chance und Hoffnung geben konnte.

Trotz des Ansehens, das ihr angesichts der hervorragenden Leistungen ihrer Kämpfer in den schwersten Stunden des Kampfes gegen den Faschismus mit voller Berechtigung zukam, und trotz der persönlichen Integrität ihrer Mitglieder, die von der traditionellen Korruption der parlamentarischen Institutionen völlig bewahrt blieben, war diese Partei in ihrem Bestand stabil (während rund um sie herum seit dreißig Jahren alle Parteien und Gruppen abbröckelten), aber zugleich auch ohnmächtig auf Grund der Isolierung, zu der sie die Tatsache verdammt, daß das für sie gültige Modell des Sozialismus immer noch dasjenige ist, das ihr die Führung der sowjetischen Partei als das einzig richtige vorzuschreiben wagt, und zwar mit allen seinen Konsequenzen: unter Stalin der innere

Terror der Prozesse, die Exkommunikation Jugoslawiens; unter seinen Nachfolgern die Exkommunikation Chinas, der Aufstand in Ungarn, die Intervention in der Tschechoslowakei und die Rückführung der ČSSR an das sowjetische „Modell“, in Polen Repression zur Aufrechterhaltung des Modells; in der Sowjetunion das Fehlen von sozialistischer Demokratie, ja von Demokratie überhaupt, und eine mörderische Kulturpolitik.

Solange die kommunistische Partei Frankreichs fortfährt, diese „Normalisierung“ für „normal“ zu halten, wird sie auch weiter in ihrer Isolierung und Ohnmacht verharren. Um diese Isolierung zu durchbrechen, gerät sie also in Versuchung, einerseits immer eindringlicher zu versichern, es gebe keine Alternative zum Parlamentarismus, andererseits in ihrem Regierungsprogramm die traditionellen Züge des sowjetischen Modells (Nationalisierungen, Verstaatlichungen ohne Arbeiterselbstverwaltung) zu vermengen mit den traditionellen Zügen des bürgerlichen Parlamentarismus, d. h. Nebeneinanderstellen von widersprüchlichen Versprechungen und Forderungen — und dies alles einzig und allein, um die Bildung einer Koalition zu erreichen, die man für ein Wunder- und Universalmittel hält, ohne auch nur im Ansatz die neuen Widersprüche des Kapitalismus unserer heutigen Zeit und die Voraussetzungen für ihre Überwindung zu analysieren.

Die „Sperre“ der französischen Politik heute hängt sowohl von der Unfähigkeit der an der Macht befindlichen Partei ab, die Probleme zu lösen, als auch von der Unfähigkeit der Opposition, einen glaubhaften Weg zu ihrer Lösung aufzuzeigen.

Solange man seine Strategie und seine Taktik auf den Mythos der „antimonopolistischen Allianz“ stützt, kann sich bestenfalls nur eine Mehrheit bilden, die nein sagt. Kein Problem aber läßt sich mit einem „Kartell von Neinsagern“ lösen.

Und das ist um so weniger möglich, als dieses „Kartell von Neinsagern“ über kein anderes Werkzeug verfügt als das Parlament, das schon seit langem kein Hebel der Macht mehr ist, und von dem sich der Staatsapparat völlig unabhängig gemacht hat.

Was diesen Staatsapparat angeht, so haben die Analysen von Marx und Lenin gezeigt, daß es dem eigentlichen Wesen des Sozialismus widerspricht, sich seiner zu bedienen.

Wollte man aber einen anderen Staatsapparat nach dem gleichen dualistischen Modell aufbauen (etwa wie die sowjetische Technobürokratie), so würde das darauf hinauslaufen, daß das alte System bestehen bleibt und lediglich das Personal ausgewechselt wird.

Das aber ist der wesentliche Grund, warum Revolutionen klassischen Typs unfähig sind, einen Sozialismus der Arbeiterselbstverwaltung zu verwirklichen.

Eine Erhebung neuen Typs, so wie sie uns vorschwebt, impliziert nicht einen systematischen Kampf gegen die Parteien, der stets zur Gründung einer neuen Partei geführt hat, zu der schlimmsten Partei von allen: zu der des Faschismus. Und sie impliziert ebensowenig einen systematischen Kampf gegen die kommunistische Partei. Der Antikommunismus hat immer nur den verschiedenen Formen der Reaktion genützt.

Die Bedeutung der politischen Ebene des revolutionären Kampfes soll keineswegs unterschätzt und schon gar nicht geleugnet werden, doch es geht darum, die dualistischen Strukturen der Parteien zu bekämpfen: Man kann nicht das politische Bewußtsein pflegen, indem man sich an die Stelle der Massen setzt und sie mit Parolen manipuliert.

Es geht vielmehr darum, daß sich ein jeder an seinem Platz, gleich welcher Partei, welcher Religion, welcher Gewerkschaft er angehört, und ebenso die Parteilosen, die Ungläubigen, die Nichtorganisierten innerhalb jeder Gruppierung, die sich das Ziel setzt, den Sozialismus zu errichten, für die Verwirklichung dieses neuen demokratischen Modells persönlich verantwortlich fühlt.

Die Einheit des neuen historischen Blocks geht über die alten parteilichen Trennungen hinaus. Es ist schon lange her, daß Maurice Thorez die alten Begriffe von „rechts“ und „links“ als überholt bezeichnete. *Die Fronten bilden heute diejenigen, die versuchen, gleichsam rückwärts in die Zukunft zu gehen, und diejenigen, die sich der wahren Bewegung bewußt sind und sich bemühen, sie in den Griff zu bekommen.*

Im Unterschied zur sogenannten „antimonopolistischen Allianz“ verwirklicht sich die Einheit des historischen Blocks, des „Kollektivarbeiters“, zuerst einmal am Arbeitsplatz.

Bei der Erfüllung dieser Aufgabe werden also die Gewerkschaften eine viel größere Rolle spielen als die politischen Parteien.

Zwei Anzeichen sind schon recht ermutigend: der eigentliche Gesprächspartner der Macht sind künftig die Gewerkschaften, und zwar in einem viel stärkeren Ausmaß als das Parlament, denn sie allein verfügen über eine reale Macht. Es ist außerdem als Zeichen der Zeit zu werten, daß im Abstand von nur wenigen Monaten die beiden für die Arbeiterklasse Frankreichs repräsentativsten Gewerkschaftsverbände, die C. G. T. und die C. F. D. T., der eine wie der andere Pläne für den Übergang zum Sozialismus entwickelt haben. Was immer auch ihr Inhalt sein mag, der Tatsache als solcher kommt grundlegende Bedeutung zu: Das ist der Anfang vom Ende eines weiteren mörderischen Dualismus, nämlich desjenigen der radikalen Unterscheidung zwischen Gewerkschaften, die streng auf die wirtschaftlichen Forderungen beschränkt bleiben, und Parteien, die auf die politischen Aufgaben spezialisiert sind und „von außen“ die Lösungen für die Probleme herantragen, die zunächst im Bereich der Arbeit auftreten und sich in *ununterbrochener Kontinuität* auf alle gesellschaftlichen Bereiche ausdehnen.

Es dürfte klar sein, daß am Ende dieses 20. Jahrhunderts das Verhältnis von Wirtschaft und Politik nicht mehr so verstanden werden kann wie zu Beginn dieses Jahrhunderts, als man, wie es der damaligen Entwicklungsstufe des Kapitalismus entsprach, die Gewerkschaften noch auf den innerbetrieblichen Kampf um bessere Bedingungen für den Verkauf der Ware Arbeitskraft beschränken konnte, während den Parteien der Arbeiterklasse die rein politische Aufgabe zufallen sollte, ein Regime zu bekämpfen, in dem die Arbeitskraft eine Ware ist.

Heutzutage nun ist der Staat (durch seine verstaatlichten Betriebe und seine Angestellten und Beamten) nicht nur der bei weitem größte Arbeitgeber Frankreichs; die wechselseitige

Verflechtung der Generalstäbe wie der Interessen der großen Monopole und derjenigen des Staates ist derart, daß jeder Kampf auch nur für eine „rein tarifliche Forderung" schon ein Kampf gegen den Staat, also ein politischer Kampf ist. Ein Streik kann schon allein hinsichtlich seiner Forderungen politisch sein, wenn diese Forderungen die alten Autoritätsstrukturen im Betrieb wie im Staat in Frage stellen. Die Streiks des Jahres 1968 haben dafür zahlreiche Beispiele geliefert.

Wichtig ist nur, daß die Gewerkschaften in den Verhandlungen mit der Arbeitgeberschaft und mit dem Staat ihre Maßnahmen und Schritte nicht dem dualistischen parlamentarischen Modell angleichen.

Während der Dauer eines Streiks umfaßt das Streikkomitee normalerweise Vertreter aller Gewerkschaftsverbände und auch Nichtorganisierte. Doch wenn man dann wieder in den gewohnten Schlendrian verfällt, kehrt man auch sogleich wieder zum System der Machtdelegation zurück: man verläßt sich auf die Gewerkschaftsführer. Hier geht es darum, im Kampf des Alltags die Einheit der Gewerkschaften zu bewahren und gleichzeitig die Abschaffung des Dualismus durchzusetzen. Der „Arbeiterrat" in seiner einfachsten Form ist die Einheit der Gewerkschaften und auch die Einheit zwischen gewerkschaftlich Organisierten und Nichtorganisierten, wie die in der täglichen Arbeit praktisch geübt wird und wie in Krisenzeiten das Streikkomitee sie verwirklicht.

Doch damit der Arbeiterrat wirksam werden und die alten Dualismen abschaffen kann, damit er die Stimme des revolutionären Bewußtseins wird, das nicht „von außen" herangetragen wird, sondern im Gegenteil aus den Kämpfen hervorgeht, muß man dafür sorgen, daß er die Bewußtseinsfindung vorbereitet.

Dafür sind zwei Voraussetzungen notwendig:

- zunächst einmal die gewerkschaftliche Einheit; sie allein kann das Eindringen von Parteien mit ihren „von außen" herangetragenen politischen Orientierungen verhindern, gleichzeitig den Arbeitern das Bild von und den Wunsch nach eigener Einheit vermitteln;

- und weiter das Bewußtsein der Einheit des Kollektivarbeiters, des historischen Blocks, die nicht durch Propaganda oder Predigen zu verwirklichen ist, sondern durch konkrete Forderungen, die bereits schon Ausdruck der zukünftigen Zielsetzungen der Bewegung sind.

Was für Forderungen sollen das sein?

Keinesfalls kann die Rede davon sein, daß auf die „quantitativen" Forderung in bezug auf Löhne, Stundenleistung, Arbeitszeit, Urlaub, Rente usw. verzichtet wird. Ohne den permanenten Kampf für solche Forderungen würden, wie Marx betonte, die Lebensbedingungen der Arbeiterklasse derart vernichtend sein, daß überhaupt kein Kampf mehr möglich wäre.

Doch gerade diese Kämpfe können nur wirksam sein und zu einem dauerhaften Sieg über das Kapital führen, wenn man sich ihrer Grenzen bewußt ist; diese Kämpfe sind rein *defensiver* Art, und die Arbeitgeberschaft wie der Staat haben stets die Möglichkeit, die Resultate einer Lohn- und Gehaltserhöhung durch eine Abwertung zu annullieren, wie das in Frankreich nach den Streiks von 1936 und 1968 geschehen ist.

Und selbst wenn man, wie die amerikanischen Gewerkschaften nach dem Bestreiken von General Motors, die maximale Erfüllung der quantitativen Forderungen durchsetzt, nämlich Indexlöhne im Verhältnis zur Produktivität, so bleiben der Kampf und seine Resultate doch systemimmanent, ohne das eigentliche Prinzip als solches zu bedrohen.

Wie müssen also die Forderungen aussehen, die dazu beitragen, die angestrebten Ziele — Abschaffung des Kapitalismus und Sozialismus der Arbeiterselbstverwaltung — bewußt zu machen?

Wir behaupten nicht, eine vollständige und erschöpfende Aufzählung geben zu können, sondern wir wollen nur eine Richtung weisen und Prioritäten vorschlagen.

Die erste Voraussetzung für jede wahre Befreiung der Arbeiterklasse, sagte bereits Marx, ist die *Verkürzung der Arbeitszeit.* Es läuft schon auf beginnende Integration hinaus, wenn man damit einverstanden ist, daß Überstunden, gesundheitsschädigende und abstumpfende Arbeit, in Geld abgegolten werden.

Die zweite Voraussetzung ist der Kampf gegen die *kapitalistische Arbeitsteilung,* die sich nicht aus technischen Notwendigkeiten herleitet, sondern aus der Entschlossenheit und dem Willen, die Autorität und die Kontrolle über die Arbeitgeberschaft aufrechtzuerhalten und zu verschärfen. In Italien haben im Herbst 1970 die Arbeiter des italienichen Stahlkonzerns „Italsider" einen epochemachenden Sieg errungen, sie haben die Abschaffung der Arbeitspostenbewertung durchgesetzt. Die Arbeitspostenbewertung ist das vollkommenste Beispiel für die sogenannte „wissenschaftliche Organisation der Arbeit", nicht im Dienste der Technik, sondern der Arbeitgebermacht, denn sie ermöglicht es, die Löhne und Gehälter so zu differenzieren, daß es für große Gesamtbereiche sehr schwierig wird, gemeinsame Lohnforderungen aufzustellen. Die Arbeitsteilung, so wie sie in einem kapitalistischen Betrieb heute verstanden und praktiziert wird, resultiert nicht aus der Entwicklung der Produktivkräfte; sie beruht vielmehr auf der Absicht, die Produktionsverhältnisse — welche Herrschafts- und Ausbeutungsverhältnisse sind und zur Aufsplitterung der Arbeiterklasse beitragen — zu verewigen. Unser Ziel muß es sein, die Arbeit wieder neu zusammenzusetzen, ihr einen spezifisch menschlichen Charakter zurückzugeben, d. h. ihre Zweckbestimmtheit mit allen Dimensionen der Initiative, des Denkens, der Verantwortung auszustatten, die ihr eigen sind (siehe hierzu S. 222).

Von gleicher Wichtigkeit ist die Forderung nach Information und Ausbildung der Arbeiter.

Was die Information betrifft, so haben die italienischen Metallarbeiter nach dem Streik im „heißen Herbst" des Jahres 1969 bei Fiat und in anderen Unternehmen folgendes durchgesetzt: eine Stunde gewerkschaftliche Information pro Monat, und zwar im Betrieb, während der bezahlten Arbeitszeit. Im letzten Jahr haben französische Gewerkschaften diesen Punkt in den Katalog ihrer gemeinsamen Forderungen aufgenommen. Das ist ein bemerkenswerter Sieg mit schwerwiegenden Konsequenzen: Diese Versammlungen ermöglichen es jedem einzelnen, selbst Verantwortung zu übernehmen, selbst an der Entschlußfassung mitzuarbeiten, einen Ansatz zu unmittelbarer Demokratie zu machen — während normalerweise in den großen Betrieben die Arbeiter, die im allgemeinen weit von ihrem Arbeitsplatz entfernt wohnen, sofort nach Arbeitsschluß nach Hause fahren und es ihren Beauftragten oder ihren zuständigen Gewerkschaftsvertretern überlassen, als Mittelsmänner zwischen ihnen und der Direktion zu fungieren.

Auf solchen Versammlungen kommen übrigens nicht nur Vertreter der verschiedenen Gewerkschaftsverbände zusammen (was die gewerkschaftliche Einheit in Italien wesentlich gefördert hat); alle Arbeitnehmer nehmen daran teil, die gewerkschaftlich Organisierten und die Nichtorganisierten. Das Ziel ist es, daß alle Arbeiter über alle wichtigen Fragen sowohl informiert als auch konsultiert werden.

1968 haben in Frankreich die Arbeiter einiger Unternehmen dieses Recht ebenfalls erhalten. Es wäre sehr wichtig, es auf alle Betriebe auszudehnen und für seine allgemeine Verbreitung und Durchsetzung tatsächlich zu kämpfen.

Eine weitere Etappe auf diesem Weg ist erreicht, wenn diese Versammlungen in die Buchführung und Rechnungslegung des Betriebes Einsicht erhalten und infolgedessen nicht nur die Aktenordner mit ihren Forderungen füllen, sondern der Kontrolle durch die Arbeiter einen Schritt näher kommen. Die deutschen Gewerkschaften haben dem Arbeitgebertum dieses Recht abgerungen.

In einer Zeit, in der Umschulung und dauernde Fortbildung eine technische Notwendigkeit für die Expansion werden und in der die Allgemeinbildung eine wachsende Rolle in der beruflichen Qualifikation spielt, ist nicht nur die Information, sondern vor allem auch die Ausbildung der Arbeiter ausschlaggebend. In diesem Zusammenhang ist es angebracht, auf eine der wesentlichsten Forderungen näher einzugehen: die Gewährung eines „Bildungsurlaubs" in der Dauer von einem Monat pro Jahr, selbstverständlich zusätzlich zum Urlaub und vom Arbeitgeber bezahlt wie die tägliche Arbeitsleistung, und zwar nicht nur, um die neuen Qualifikationen zu erreichen, die der technische Fortschritt uns abverlangt, sondern um die Allgemeinbildung zu erwerben, kraft derer man die Frage nach den Zielen stellen und uneingeschränkt an der Entschlußfassung und ihrer Vorbereitung mitwirken kann. Damit aber diese Umschulung nicht im Sinne der kurzfristigen Arbeitgeberziele umfunktioniert wird, sondern vielmehr auf die langfristigen Bedürfnisse des Menschen im Hinblick auf den gegenwärtigen Wandel von Wissenschaft und Technik Bedacht nimmt, wird es — wie wir im Zusammenhang mit der Kulturrevolution gezeigt haben — im allgemeinen Interesse liegen, eine dreigeteilte Leitung und Kontrolle dieser Lehrgänge zu organisieren.

Durch eine solche Forderung nach dauernder Ausbildung vom Arbeitsplatz aus wird die Brücke geschlagen zwischen dem Kampf in der Fabrik gegen die Entmenschlichung der Arbeit und dem Kampf in der Schule und an der Universität gegen ein Erziehungs- und Bildungssystem, das jenen Menschentyp produziert, der in die Hierarchie des kapitalistischen Betriebs paßt, wo die Arbeit ihrer spezifisch menschlichen Dimension entblößt wird.

In diesem Sinn liegt die Forderung nach Einrichtung eines dritten Fernsehprogramms, das die Elemente einer von uns beschriebenen und neu belebten informativen, ästhetischen, zukunftsgerichteten Allgemeinbildung auszustrahlen vermag, im gemeinsamen Interesse der Arbeiter und Studenten, die sich übrigens auf den Ausbildungslehrgängen in den Betrieben wieder begegnen werden.

Es sei noch einmal gesagt, daß dies alles nur sehr allgemeine Hinweise sind, die lediglich eine bestimmte *Art* von Forderungen herausstellen, denen im Hinblick auf die Arbeitszeit, die Arbeitsteilung, die Information und die Ausbildung der Arbeiter besondere Bedeutung zukommt.

So können die subjektiven Voraussetzungen für eine vorrevolutionäre Situation heranreifen, die sich niemals bloß aus objektiven Widersprüchen ergibt, die aber in eine revolutionäre Situation umschlägt, wenn die Masse der Arbeiter sich darüber im klaren ist, daß sie ausgebeutet wird, und sich auch der zu erreichenden Ziele bewußt wird, durch die der Ausbeutung ein Ende gesetzt werden kann.

B. Die Phase des Aufbruchs: revolutionäre Situation und nationaler Streik

Wie sieht heute eine revolutionäre Situation aus?

Das Schema, mit dem Lenin eine „revolutionäre Situation" näher bestimmt, entspricht den spezifischen historischen Bedingungen und Verhältnissen der russischen Oktoberrevolution.

Es zeichnet sich aus durch die Umkehrung des von Marx entwickelten Modells. Für Marx war die Revolution die Überwindung der Widersprüche eines kapitalistischen Systems, das seine volle Reife erreicht hatte. Die erste sozialistische Revolution 1917 aber wurde in einem Land verwirklicht, das in einem hohen Maße technisch und wirtschaftlich im Rückstand war, und wo folglich der Kapitalismus eine solche Reife noch nicht erlangt hatte. Der Hauptwiderspruch zwischen Kapital und Arbeit konnte also für sich allein nicht die objektiven Voraussetzungen für eine Revolution schaffen. Eine Revolution war nur möglich durch das Zusammentreffen vielfältiger Gegensätze und Widersprüche. In Rußland waren es zunächst einmal die Widersprüche eines Agrarregimes in einem Land, in dem der Bauernstand eine erdrückende Mehrheit bildete. Die Zustände im Krieg und in der Niederlage enthüllten die Unfähigkeit des Regimes in seiner Gesamtheit. Sie machten den großen Ausbruch der Revolution von 1917 möglich. Die konkrete Analyse und die kühne Strategie Lenins haben die Modelle des „klassischen", „orthodoxen" Marxismus umgestoßen. Mit Bauern, die nichts anderes wollten als „Grund und Boden und Freiheit" (d. h. eine bürgerliche Revolution) hat Lenin eine auf den Sozialismus ausgerichtete proletarische Revolution gemacht.

In einem Land wie Frankreich kann eine Revolution im Jahre 1972 weder eine durch besondere Zustände bedingte *konjunkturelle* Revolution sein (d. h. durch ein zufälliges Zusammentreffen von Widersprüchen ausgelöst) noch eine durch einen Eklat bedingte *punktuelle* Revolution (die sich also in einem einzigen plötzlichen Akt verwirklicht); sie ist vielmehr ein fortgesetzter Prozeß, der jeweils durch verschiedene Aufbrüche gekennzeichnet ist.

Unter den Verhältnissen in Frankreich, wo der Kapitalismus zu echter Reife gelangt ist (d. h. wo die typisch kapitalistischen Verhältnisse nicht nur die gesamte nationale Wirtschaft — einschließlich der Landwirtschaft — beherrschen, sondern alle Formen des öffentlichen Lebens, insbesondere den Staat und seinen Apparat, Universität und Schule, Wissenschaft und Forschung), geht es nicht vorwiegend darum, den Augenblick *abzuwarten,* in dem ein außergewöhnliches Zusammentreffen von heterogenen Widersprüchen eine revolutionäre Situation schaffen könnte, sondern es gilt diesen Augenblick vorzubereiten. Spontaneität bedeutet nicht das Gegenteil von Bewußtsein, sondern ein noch verworrenes Bewußtsein. Diese Einstellung der Spontaneität gegenüber ermöglicht es, die mehr oder weniger aufgeklärten Despotismen auszuschalten, die durch eine dogmatische Interpretation des „*von außen* an die Massen herangetragenen Bewußtseins" entstanden sind.

Diese Formulierung von Kautsky ist von Lenin im Jahre 1902 wieder aufgegriffen worden, und zwar unter den völlig klaren historischen Verhältnissen eines Landes, in dem die Arbeiterklasse nur eine kleine Minderheit darstellte und die Mehrheit des Volkes Analphabeten waren. Die geradezu dogmatische Verallgemeinerung und Anwendung dieser Formulierung als eine für alle Zeiten und an allen Orten gültige Regel ist eines der Hauptmerkmale des Stalinismus und der noch heute „orthodoxen" Linie in den meisten kommunistischen Parteien. Schluß zu machen mit einer solchen Auffassung von den Beziehungen zwischen „Spontaneität" und „Bewußtsein" wie auch mit den sich daraus ableitenden, für die Sozialbürokratie charakteristischen Organisationsformen, das ist eine der ersten subjektiven Voraussetzungen für eine revolutionäre Situation.

Das Unverständnis für die tiefere Bedeutung der Krise vom Frühjahr 1968 ist ein typisches Beispiel für die schädlichen Auswirkungen dieser Auffassung.

Eine kritische und selbstkritische Betrachtung dieser Krise von 1968 ist unerläßlich für die Definition einer „revolutionären Situation" und der Mittel zu ihrer Lösung.

Was ist ein nationaler Streik?

Im Sinne der Analyse, die wir bisher in Umrissen angedeutet haben, ist der eigentliche Ort, wo sich ein solcher entscheidender Kampf in der Hauptsache abspielen kann, weder die Straße noch das Parlament, sondern einzig und allein der Arbeitsplatz.

Es lassen sich drei Stufen und drei aufeinanderfolgende Formen dieses Kampfes erkennen:

a) Der Mythos Sorels vom „Generalstreik" besagt, es genüge, wenn die Arbeiterklasse die Hände in den Schoß legt, damit der Staat und das bürgerliche Regime zusammenbrechen. Die historische Erfahrung zeigt, daß auf diesem Weg in verschiedenen kapitalistischen Ländern wichtige Ergebnisse erzielt werden konnten, und zwar auf wirtschaftlichem Gebiet die Verkürzung der Arbeitszeit, auf politischem Gebiet die Ausweitung des allgemeinen Wahlrechts (1905 in Österreich, danach in Belgien), ja selbst auf militärischem Gebiet, wie 1944 in Frankreich, wo ein Streik die revolutionäre Aktion bei der Befreiung unterstützte, oder in Kuba während der Befreiung von Havanna.

Heute ist es klar, daß eine solche Aktion ihre Grenzen hat: Nicht nur weil die Arbeiterklasse isoliert wäre, sondern weil der technische Fortschritt es ermöglicht, mit einer kleinen Zahl von Technikern den Betrieb in vielen Werken und Dienstleistungsbetrieben trotz allem aufrechtzuerhalten.

b) Die Streiks der Volksfront im Jahre 1936 kennzeichnen eine neue Stufe der Entwicklung: Die Arbeiter begnügten sich nicht damit, die Arbeit niederzulegen, sondern besetzten die Betriebe. Die Situation war um so günstiger, als aus den Wahlen gerade eine Volksfrontregierung hervorgegangen war, die für die Gewerkschaften einen zugänglicheren Verhandlungspartner abgab als die im Mai/Juni 1968 amtierende Regierung. Es muß ganz klar gesagt werden — und wenn wir auch dessen Grenzen aufzeigen, so freuen wir uns doch über jeden Fortschritt, auch den winzigsten, auf dem Weg zur Einheit der „linken" Parteien —, daß eine Regierung mit einer solchen Mehrheit jedenfalls ein verständnisvollerer Verhandlungspartner für die Arbeiterbewegung wäre. Das wichtigste für die Arbeiter wäre also, sich über die Kohärenz und die Wirkungskraft einer solchen Regierung keine Illusionen zu machen und sich auf Grund ihres Sieges nicht dazu bewegen zu lassen, die Waffen zu strecken, sondern vielmehr sich stets daran zu erinnern, daß der eigentliche Ort dieses Kampfes der Arbeitsplatz bleibt. Auf jeden Fall darf die Vorbereitung der einzelnen Etappen auf dem Weg zum Sozialismus, d. h. Arbeiterräte, Arbeiterkontrolle und dann vorübergehende Dualität der Macht, keinesfalls irgendeiner parlamentarischen Mehrheit untergeordnet werden.

c) Die Streiks des Jahres 1968, die durch die studentische Bewegung ausgelöst worden sind, kennzeichnen eine neue Etappe: sie stellen einen mißlungenen Entwurf dessen dar, was ein echter „nationaler Streik" einmal sein wird.

Der nationale Streik, an sich nicht die einzige Form des Kampfes, wohl aber das für die Einführung des Sozialismus der Arbeiterselbstverwaltung wirksamste Mittel, unterscheidet sich vom alten „Generalstreik" zunächst durch seine Ausdehnung: Er greift über die Arbeiterklasse auf eine Reihe anderer sozialer Schichten über. Die Ingenieure und Techniker haben 1968 in viel größerer Zahl mitgemacht als in der Vergangenheit. Die Beamten und Angestellten schlossen sich an. Die Studenten besetzten ihre Universitäten. Die Bewegung hatte so große Reichweite, daß es selbst in dem repressiven Staatsapparat Anzeichen von Unschlüssigkeit und Unstimmigkeit gab: in der Armee, in der Polizei, in den Ämtern. Das Personal des Fernsehens weigerte sich mehrere Wochen lang, seine gewohnte Rolle als Instrument der Meinungsmanipulation zu spielen, und dieses Verhalten fand in der Kunst und in der Presse seinen Widerhall.

Doch dieser Streik unterscheidet sich von dem alten „Generalstreik" auch durch seinen Inhalt. Den Studenten ist es zu verdanken, daß dem Streik eine politische Dimension gegeben wurde, indem sie nicht nur eine Regierung, sondern die Ordnung eines Regimes, ja das ganze Zivilisationssystem in Frage stellten. Außerdem versuchten die Studenten, allerdings nur vereinzelt und ohne Plan, einen Universitätsbetrieb auf die Beine zu stellen, der mit den klassischen Normen nichts mehr zu tun hatte; man setzte sich über die Lehrpläne und die hierarchische Verfassungsstruktur der Universität einfach hinweg und erörterte grundsätzliche Fragen nach den Zielen von Erziehung und Bildung und nach den Zielsetzungen der Gesellschaft.

In einigen Forschungszentren wurde das Problem der Organisation der Forschung im Dienst einer neuen Orientierung diskutiert: nicht mehr den kurzfristigen Bedürfnissen eines blinden wirtschaftlichen Wachstums dienen, sondern die Bedeutung der Forschung für die Förderung und Entfaltung des Menschen und nicht für seine Manipulierung auf lange Sicht durchdenken und überprüfen.

In einigen Unternehmen wurde sogar ein für die Zukunft höchst bedeutungsvoller Versuch unternommen: man bewies durch Arbeitsniederlegung und Besetzung des Betriebs, daß man nicht nur in der Lage war, die Produktion und die anderen Bereiche des Wirtschafts- und Soziallebens lahmzulegen, sondern daß man auch fähig war, sie *nach anderen Normen und Gesetzen als denen der Arbeitgeberschaft und des Arbeitgebers Staat* wieder in Betrieb zu nehmen.

Das aber ist die Hauptvoraussetzung für die Schaffung einer revolutionären Situation. Auch andere Aktionen können dazu beitragen, von der Manifestation auf der Straße bis zur Parlamentswahl — unter der Bedingung, daß sie sich alle dem nationalen Streik unterordnen, der den entscheidenden Schlag führen wird.

Es ist klar, daß der Staatsapparat darauf mit Gewalt reagieren kann, doch nicht nur der nationale Streik muß mit dieser

Schwierigkeit rechnen. Jeder Versuch einer revolutionären Transformation, welcher Weg auch beschritten wird — ob in Form eines Aufstands, eines Streiks oder über das Parlament — geht dieses Risiko ein. Im Falle eines bewaffneten Aufstands (dank der überwältigenden Übermacht der Staatsgewalt, die Panzer, Hubschrauber und zahlreiche andere Waffen gegen einige Gewehre und Maschinenpistolen einsetzen kann) oder einer parlamentarischen Mehrheit ohne Macht über einen Staatsapparat, der sich weigern würde zu gehorchen, ist die Repression leichter.

Der nationale Streik aber, wenn er die Reichweite des Aufstands von 1968 erreicht, wäre viel schwieriger niederzuschlagen, denn es ist zwar einfach für die Staatsgewalt, das Palais-Bourbon zu umzingeln und zu „erstürmen", doch es ist schon nicht mehr so einfach, zur gleichen Zeit alle Unternehmen, alle Behörden, alle Laboratorien und Forschungszentren zu umstellen, und es ist alles andere als einfach, den gesamten Betrieb mit Hilfe der Polizei oder der Armee aufrechtzuerhalten. Das ist die Aktionsform, die der Repression die geringste Angriffs- und Zugriffsmöglichkeit bietet.

Voraussetzung für einen solchen siegreichen Streik ist jedoch vor allem ein höheres technisches und politisches Bewußtseinsniveau der Gesamtheit der Arbeiterklasse und des historischen Blocks wie auch die Verwirklichung der Einheit des „Kollektivarbeiters", worunter nicht nur die gewerkschaftliche Einheit zu verstehen ist, sondern die Einheit der Arbeiter mit der Mehrheit der Ingenieure und Techniker.

Außerdem müßte sich die Bewegung des nationalen Streiks sehr rasch auf nationaler Ebene ausbreiten, damit ein Verband der Arbeiterräte und der Betriebsgruppen die allgemeinen Entscheidungen treffen kann. Diese Entscheidungen sollen aus der Streikbewegung selbst kommen und nicht aus irgendeiner außerhalb der Bewegung stehenden politischen Institution oder Organisation, ob parlamentarisch oder nicht.

Die ersten zu treffenden Maßnahmen wären sicher die Verstaatlichung der großen Produktionsmittel, des Transportwesens, des Kreditwesens und der Informationsmittel sowie die Legalisierung und allgemeine Einführung der Arbeiterselbstverwaltung in den Unternehmen und in allen Einrichtungen des Wirtschafts- und Soziallebens.

Ihrem eigenen Prinzip nach kann die Arbeiterselbstverwaltung weder im voraus „programmiert“ noch oktroyiert werden. Sie ist das Werk der Beteiligten selbst. Sie wird sich auch nicht in einem Mal einführen lassen. Der Sozialismus ist laut Definition kein geschlossenes, ein für allemal fertiges System, das sich automatisch selbst reproduziert. Er ist eine fortgesetzte Schöpfung, denn sonst würden sich die Klassenunterschiede immer wieder neu bilden, wie das in der Sowjetunion in allen „Ostblockstaaten“ und in geringerem Maße auch in Jugoslawien der Fall ist. Mao Tse-tung hat mit Recht betont, eine einzige Kulturrevolution reiche nicht aus, um diese Tendenz zur Bildung von Klassenunterschieden zu beseitigen, sondern es seien zwei oder drei Kulturrevolutionen notwendig, um den Kurs auf dieses große Ziel hin einzuhalten.

3. Die Arbeiterselbstverwaltung

Arbeiterselbstverwaltung — *„Eine Assoziation, worin die freie Entwicklung eines jeden die Bedingung für die freie Entwicklung aller ist“* [11] — ist das Gegenteil von Dualismus und mangelnder menschlicher Zweckbestimmung.

1. Sie stellt den Kapitalismus in seinem wesentlichsten Prinzip in Frage — dem Privateigentum an den Produktionsmitteln mit allen Konsequenzen, nämlich den Machtstrukturen, die sich aus dieser Eigentumsform herleiten. Solange das Privateigentum an den Produktionsmitteln fortbesteht, kann es keine Arbeiterselbstverwaltung geben.
2. Sie stellt alle Formen der Bürokratie und der Hierarchie in Frage, die aus dem Kapitalismus abgeleiteten ebenso wie diejenigen, welche einem autoritären und zentralisierten „Sozialismus“ entspringen, der sich vom Kapita-

lismus allein durch die Tatsache unterscheidet, daß der Mehrwert auf nationaler Ebene und durch den Staat abgeschöpft wird und nicht mehr auf Unternehmensebene, ohne jedoch die lohnabhängige Arbeitnehmerschaft und die Entfremdung des Arbeiters abzuschaffen.

3. Sie stellt das Prinzip der Delegierung der Macht in Frage, das für die formale parlamentarische bürgerliche Demokratie ebenso typisch ist wie für den bürokratischen „Sozialismus“, wo der aktive Kämpfer seine Macht an einen politischen Führer, der für ihn entscheidet, delegiert und veräußert.

Die Arbeiterselbstverwaltung ist die Kampfparole gegen alle Formen der Integration in ein von außen her auferlegtes System.

Aus diesem Grund ist sie der Alptraum des Kapitalismus im Westen und ebenso der Technobürokratie im Osten. 1968 läßt der eine seine Polizei auf die Studenten in Paris los, die andere ihre Panzer gegen die Arbeiter von Prag, so wie einst die Feudalherren zur Verteidigung ihrer Privilegien gegen die Französische Revolution in Koblenz ihre Armeen aufstellten, um in Frankreich einzufallen, oder so wie sich 1917 die kapitalistischen Länder verbündeten, um die Oktoberrevolution, den Anfang der Hoffnung, zu ersticken.

Eine „heilige Allianz“ bildet sich gegen die Arbeiterselbstverwaltung: die Arbeitgeber nennen sie eine Utopie, und die Bürokraten schimpfen sie „Geschwätz“.

Die Arbeiterselbstverwaltung ist die Forderung, die Grenzen zu überschreiten, die der freien Entfaltung des Menschen, eines jeden Menschen, gesetzt sind von der schwarzen Dreieinigkeit des Habens, der Macht und des Wissens, durch die alle Dualismen und alle Herrschaftsformen aufgezwungen werden: wer über das Eigentum an den Produktionsmitteln verfügt, hat seine Hand am echten Hebel der Autorität und macht Erkenntnis und Wissen zu einem Privileg und zu einer Rechtfertigung seines Reichtums wie seiner Macht.

Das Prinzip der Arbeiterselbstverwaltung stimmt mit dem der Demokratie überein, so wie Jean-Jacques Rousseau sie im

«Gesellschaftsvertrag» definiert hat: die Autonomie jedes einzelnen und seine volle Teilnahme an der gemeinsamen Entscheidung.

Doch die bürgerliche Demokratie hat dieses Prinzip nie entwickelt. Sie ist aus zwei Gründen eine „formale" geblieben: einmal hat sie nicht auf das Wirtschaftsleben übergegriffen, wo die Monarchie des Eigentümers der Produktionsmittel erhalten bleibt, zum anderen läßt sie sogar im politischen Bereich die Macht der besitzenden Klassen unter der rechtlichen Fiktion der Volkssouveränität fortbestehen. Dank dem System der Machtdelegierung, die charakteristisch ist für die parlamentarische Institution und durch die, wie Rousseau feststellt, der Bürger seine Macht an einen Berufspolitiker „veräußert", ist es der besitzenden Klasse immer noch möglich, über die Macht zu verfügen, sei es durch eine eindeutige Sperre wie das Klassenwahlrecht, sei es im Rahmen des allgemeinen Wahlrechts durch Meinungsmanipulation über die Massenmedien und das Erziehungswesen, oder aber schließlich durch die Korruption des Gewählten und durch den Druck, den die ökonomischen Kräfte auf ihn ausüben können.

Der Sozialismus kann also nicht einfach die Ausdehnung der im politischen Leben vorherrschenden formalen Demokratie auf das Wirtschaftsleben sein. Ein echter Sozialismus kann nicht *für* das Volk gemacht werden, sondern nur *durch* das Volk. Es kann also nur ein Sozialismus der Arbeiterselbstverwaltung sein. Bei jeder anderen Hypothese würde sich die unheilvolle Vorhersage von Bakunin erfüllen: „Der Despotismus einer Minorität ist um so gefährlicher, wenn er als der Ausdruck des sogenannten Volkswillens auftritt."

Um in dieser Untersuchung jede Abstraktion und jede Utopie zu vermeiden, soll hier nicht eine „ideale" Arbeiterselbstverwaltung definiert werden. Sie soll nur dort studiert werden, wo sie im Laufe der Geschichte Ereignis geworden ist.

Die Produktionsgenossenschaften stellen die Vorgeschichte der Arbeiterselbstverwaltung dar. Marx sah darin eine Andeutung des Sozialismus.

Im «Kapital» erinnert Marx daran, daß die Exploitation, d. h. die private Aneignung des Mehrwerts aus der gemeinschaftlichen Arbeit, häufig dargestellt worden ist als der dem Eigentümer des Kapitals gebührende Arbeitslohn, und er unterstreicht weiter, daß seit der Mitte des 19. Jahrhunderts die Arbeit der Oberaufsicht und Leitung schon ganz getrennt vom Kapitaleigentum ist. „Bei der Kooperativfabrik . . ., (wo) der Dirigent von den Arbeitern bezahlt wird, statt ihnen gegenüber das Kapital zu vertreten . . . Die Kooperativfabriken liefern den Beweis, daß der Kapitalist als Funktionär der Produktion . . . überflüssig geworden (ist) . . .“ So wird die Arbeitgeberautorität entmystifiziert, ohne daß die technische Kompetenz bestritten wird. Marx bemerkt dazu ironisch: „Ein Musikdirektor braucht durchaus nicht Eigentümer der Instrumente des Orchesters zu sein, noch gehört es zu seiner Funktion als Dirigent, daß er irgend etwas mit dem ‚Lohn‘ der übrigen Musikanten zu tun hat.“ [12]

In seiner «Inauguraladresse der Internationalen Arbeiterassoziation» (21. Oktober 1864) erwähnt Marx die Bewegung der Produktivgenossenschaften. „Wir sprechen von der Genossenschaftsbewegung, namentlich von den genossenschaftlichen Fabriken, die einige kühne ‚Hände‘ ohne jede Beihilfe errichteten. Der Wert dieser großen sozialen Experimente kann nicht hoch genug geschätzt werden. Durch die Tat statt durch Argumente haben die Arbeiter bewiesen, daß Produktion in großem Maßstabe und im Einklang mit dem Fortschritt moderner Wissenschaft vor sich gehen kann ohne die Existenz einer Herrenklasse, die eine Klasse von ‚Händen‘ anwendet; daß die Arbeitsmittel, um Früchte zu tragen, nicht monopolisiert zu werden brauchen als Werkzeug der Herrschaft über und der Ausbeutung gegen den Arbeiter selbst.“ [13]

Marx preist dieses große Beispiel und deutet gleichzeitig seine Grenzen an:

1. Im kapitalistischen System kann die Produktivgenossenschaft „die Fehler des Systems“ reproduzieren, d. h. die Teilhaber am Kollektiveigentum können ihrerseits die Arbeit der Lohnempfänger, die nicht Mitglied der Genossenschaft sind, ausbeuten;
2. die schlimmste Gefahr ist nach Marx die Intervention

des kapitalistischen Staates, der vorgibt, der Genossenschaft durch Subventionen helfen zu wollen, sie unter seine Kontrolle bringt und sie in sein System integriert. In seiner Polemik gegen den „Staatskapitalismus" von Lassalle kritisiert Marx scharf das „Gothaer Programm" der deutschen Arbeiterpartei von 1875, das für die Kooperativgesellschaften staatliche Hilfe forderte. Damals schrieb Marx: „Was aber die jetzigen Kooperativgesellschaften betrifft, so haben sie *nur* Wert, soweit sie unabhängige, weder von den Regierungen noch von den Bourgeois protegierte Arbeiterschöpfungen sind." [14]

3. Schließlich wäre es eine Illusion zu glauben, man könne auf diese Weise kleine Inseln des Sozialismus in einem kapitalistischen System schaffen. Der Sozialismus läßt sich nicht im Detail verwirklichen. In seiner Inauguraladresse von 1864 erklärt Marx: „Um die arbeitenden Massen zu befreien, bedarf das Genossenschaftssystem der Entwicklung auf nationaler Stufenleiter und folglich der Förderung durch nationale Mittel." [15] Dieses genossenschaftliche System, das auf nationaler Ebene verwirklicht ist und die gesamte Produktion ordnet, ist der Sozialismus der Arbeiterselbstverwaltung. Das ist der „Kommunismus", so wie Marx ihn sich vorstellte — nach dem Modell der Pariser Kommune, die beschlossen hatte, die von ihren Eigentümern verlassenen Unternehmen sollten den Betrieb in Selbstverwaltung und Mitbestimmung der Arbeiter wieder aufnehmen. Marx schrieb dazu: „Wenn aber die genossenschaftlichen Produktionen nicht eitel Schein und Schwindel bleiben, wenn sie das kapitalistische System verdrängen, wenn die Gesamtheit der Genossenschaften die nationale Produktion nach einem gemeinsamen Plan regeln, sie damit unter ihre eigene Leitung nehmen und der beständigen Anarchie und den periodisch wiederkehrenden Konvulsionen, welche das unvermeidliche Schicksal der kapitalistischen Produktion sind, ein Ende machen soll — was wäre das andres, meine Herren, als der Kommunismus, der ‚mögliche' Kommunismus?" [16]

Trotz der neostalinistischen Auslegung der Texte ist die Arbeiterselbstverwaltung alles andere als „Geschwätz", sie ist das erste große Ziel des Marxismus.

Die Pariser Kommune war der erste historische Versuch dazu. Der gesamte Staatsapparat befindet sich in Versailles, zusammen mit den Besitzenden. Paris ist von seinen Arbeitgebern und von seinen Berufspolitikern verlassen. Während der Parlamentarismus durch das System der Machtdelegierung die Regierung, wie Marx schreibt, „unter die unmittelbare Kontrolle der herrschenden Klasse" stellt, verwirklicht die Kommune eine Regierung „für das Volk und durch das Volk" ohne Vermittlung eines Parlaments oder einer Partei.

„Die Proudhonanhänger beherrschen das Zentralkomitee der Kommunen", schreiben Bruhat, Dautry und Tersen. Sie haben zwei Drittel der Sitze inne. Und alle Maßnahmen der Kommune, ausgenommen die Gründung des öffentlichen Wohlfahrtsausschusses, der von der Blanquistenminderheit angeregt wurde, sind im Geist von Proudhon geschaffen worden:

- unmittelbare Demokratie, d. h. keine Übertragung von Autorität, sondern Verteilung von Autorität;
- wirtschaftliche Arbeiterselbstverwaltung;
- politischer Föderalismus.

Für jeden, der diese Geschichte der Kommune nicht in der stalinistischen Version liest (d. h. die Diktatur des Proletariats mit der Diktatur einer Partei verwechselt, die sich per Postulat mit dem Proletariat identifiziert), hat die Pariser Kommune die erste „sozialistische Demokratie" entworfen: *die Diktatur des Proletariats ist diejenige Form, welche die sozialistische Demokratie angesichts eines gegenrevolutionären Angriffs von innen oder außen notwendigerweise annehmen muß.* Die Vendée und Koblenz machten die jakobinische Diktatur notwendig, so wie die Machthaber in Versailles und Bismarck die Diktatur der Kommunarden auslösten und wie die Konterrevolution und die ausländische Intervention die bolschewistische Diktatur heraufbeschworen.

Auch die Haltung Lenins zur Arbeiterselbstverwaltung muß entmystifiziert und von fünfzig Jahren stalinistischer Interpretation befreit werden, die den Leninismus zu reduzieren suchte auf den reinen Zentralismus aus «Was tun?», geschrieben 1902 im illegalen Kampf, der militärische Disziplin erforderlich machte. Es ist übrigens bemerkenswert, daß in «Was tun?», das als Bibel des „demokratischen Zentralismus" ausgegeben wird, der Ausdruck „demokratischer Zentralismus" nicht ein einziges Mal vorkommt, und dies aus einem ganz wesentlichen Grund: Angesichts der spezifischen Bedingungen des Kampfes in jener Epoche betont Lenin lediglich, wie notwendig der Zentralismus an sich ist, ebenso wie die Theorie des „von außen" herangetragenen revolutionären Bewußtseins, die er ausdrücklich von Kautsky entlehnt.

Als 1917 die revolutionäre Bewegung in Gang gerät, begrüßt derselbe Lenin mit Begeisterung die Initiativen und die schöpferischen Aktionen der „Spontaneität", die aus dem Volk kamen.

Während der Revolution im Jahre 1905 waren die Sowjets, wie Lenin ausdrücklich betont hat (und das hat ihn auch bewogen, seinen drei Jahre früher in «Was tun?» vertretenen Standpunkt zu ändern), spontane Gründungen der Arbeiter von Petersburg. Vom Frühjahr 1917 an entstehen ebenfalls ganz spontan Fabrikkomitees einerseits und Sowjets (Arbeiter-, Soldaten-, Bauernräte) andererseits.

Die Resolution der ersten allrussischen Konferenz der Fabrikkomitees (17. bis 22. Oktober 1917) proklamierte einige Tage vor der Übernahme der Macht: „Die Einführung der Arbeiterkontrolle garantiert die Wahrnehmung der Interessen des gesamten Volkes weit besser als die einsame aristokratische Entscheidung der Arbeitgeber, die sich von materiellen oder politischen Profiterwägungen leiten lassen ... Allein die Arbeiterkontrolle des kapitalistischen Unternehmens kann, wenn sie sich ihrer Ziele und ihrer gesellschaftlichen Bedeutung bewußt wird, günstige Voraussetzungen für die Einführung der Arbeiterselbstverwaltung schaffen."

So sind durch die Arbeiter selbst die Etappen auf dem Weg zum Sozialismus festgelegt: Solange der Kapitalismus fortbesteht, muß die Arbeiterkontrolle entsprechend dem Kräfteverhältnis mehr und mehr vorangetrieben und ausgebaut werden, um auf diese Weise die Arbeiterselbstverwaltung vorzubereiten für die Zeit nach der Übernahme der Macht und nach der Abschaffung des Kapitalismus.

Schon in den ersten Tagen der Oktoberrevolution, am 14. November 1917, veröffentlicht Lenin das Dekret, das die Arbeiterkontrolle legalisiert. Es unterscheidet deutlich zwischen Kontrolle und Leitung, die noch in den Händen der Arbeitgeber verbleibt. Der Arbeitgeber hat jedoch aufgehört, absoluter Monarch zu sein; er ist zum konstitutionellen Monarchen geworden.

Lenin hat damit also voll und ganz die spontane Initiative der Arbeiter bestätigt. Auf dem III. Gesamtrussischen Kongreß der Sowjets der Arbeiter, Soldaten und Bauerndeputierten (11. Januar 1918) erklärt er: „Als wir die Arbeiterkontrolle einführten, wußten wir, daß bis zu ihrer Ausbreitung über ganz Rußland nicht wenig Zeit vergehen werde, aber wir wollten zeigen, daß wir nur einen Weg anerkennen — den Weg der Umgestaltungen von unten, auf dem die Arbeiter selbst von unten her die neuen Grundlagen der wirtschaftlichen Verhältnisse schaffen. Dazu ist nicht wenig Zeit erforderlich.“ [17]

Lenin kommt immer wieder auf dieses Thema zurück: „Nur der ist in der Praxis ein Sozialist, der auf die Erfahrung und den Instinkt der werktätigen Massen vertraut.“ „Die Arbeiter müssen zur Organisation der Arbeiterkontrolle übergehen . . . der Sozialismus läßt sich nicht durch Befehle schaffen, die von oben kommen. Der offizielle und bürokratische Automatismus ist ihm fremd. Der lebendige schöpferische Sozialismus ist das Werk der Volksmassen selbst.“ [18]

Schon im April 1917 begrüßte er in seiner Broschüre «Die Aufgaben des Proletariats in unserer Revolution» freudig die neue Pariser Kommune, die sich in Rußland bildete: „. . . das ist es, was bei uns jetzt, im gegenwärtigen Augenblick, *bereits zur Wirklichkeit* wird dank der Initiative des vielmillionenköpfigen Volkes, das aus eigener Machtvollkommenheit, auf *seine* Art, die Demokratie schafft.“ [19]

Durch die Revolution wurde es möglich, von der Kontrolle durch die Arbeiterschaft zur Unternehmensleitung durch die Arbeiterschaft überzugehen.

Doch dafür wären ein hoher Entwicklungsstand der Produktivkräfte und eine zahlenmäßig starke und gebildete Arbeiterklasse notwendig gewesen. Ohne diese konnte die Revolution nur mit Hilfe des Proletariats der hochentwickelten Länder siegen. Die Oktoberrevolution hatte diese innere Vorbedingung und Grundlage nicht, und sie erhielt auch nicht die erhoffte Unterstützung von siegreichen Revolutionen in Westeuropa.

Lenin, der die erste sozialistische Demokratie seit der Pariser Kommune gegründet hatte, gab sich keinen trügerischen Hoffnungen hin. Am 30. Dezember 1920 in einer Diskussion über die Gewerkschaften rief er aus: „Genosse Trotzki spricht vom 'Arbeiterstaat'. Mit Verlaub, das ist eine Abstraktion! Als wir 1917 vom Arbeiterstaat schrieben, war das selbstverständlich; . . . wir haben in Wirklichkeit nicht einen Arbeiterstaat, sondern einen Arbeiter-Bauern-Staat . . . Aber das ist nicht genug . . . Aus unserem Parteiprogramm ist bereits ersichtlich, daß unser Staat ein Staat mit bürokratischen Auswüchsen ist . . . Unser heutiger Staat ist derart beschaffen, daß das in seiner Gesamtheit organisierte Proletariat sich schützen muß, wir aber müssen diese Arbeiterorganisation zu Schutz der Arbeiter gegenüber ihren Staat und zum Schutz unseres Staates durch die Arbeiter ausnutzen.“ [20]

Lenin, der die erste sozialistische Demokratie seit der Pariser Kommune gegründet hatte, gab sich keinen trügerischen Hoffnungen hin. Im Januar 1921 in der Diskussion über die Gewerkschaften rief er aus: „Der Genosse Trotzki spricht von einem Arbeiterstaat. Aber das ist eine Abstraktion! Als wir 1917 vom Arbeiterstaat sprachen, war das normal; aber heute . . . ist unser Staat in der Tat kein Arbeiterstaat, sondern ein Arbeiter-Bauernstaat, das ist das eine . . . Aber das ist nicht alles . . . Unser Staat ist ein Arbeiterstaat, der eine bürokratische Deformation aufweist . . . Unser Staat sieht heute so aus, daß das völlig organisierte Proletariat sich verteidigen muß und daß wir uns dieser Arbeiterorganisationen bedienen müssen, um die Arbeiter gegen ihren Staat zu verteidigen und damit die Arbeiter unseren Staat verteidigen."

Von jetzt an kämpft Lenin bis zu seinem Lebensende gegen die bürokratische Deformation, gegen den „Bürokratismus": „Dieses niedrige Kulturniveau bewirkt, daß die Sowjets, die nach ihrem Programm Organe der Verwaltung *durch die Werktätigen* sein sollen, in Wirklichkeit Organe der Verwaltung *für die Werktätigen* sind, einer Verwaltung durch die fortgeschrittene Schicht des Proletariats, nicht aber durch die werktätigen Massen selbst." [21] Das schrieb er bereits im März 1921. Noch im Jahre seines Todes sagte er in einem seiner letzten Texte: „Unser schlimmster innerer Feind ist die Bürokratie, der Kommunist, der in den sowjetischen Institutionen einen verantwortlichen Posten innehat."

Die Arbeiterselbstverwaltung erfordert eine zahlenmäßig starke Arbeiterklasse, und das Rußland des Jahres 1917 war in seiner großen Mehrheit bäuerlich strukturiert; die Arbeiterklasse machte nur 3 Prozent der Gesamtbevölkerung aus. Die Arbeiterselbstverwaltung erfordert einen hohen Bildungsstand; im zaristischen Rußland führte, wie Lenin unterstrich, das niedrige Niveau zur Bürokratie. Die Vernichtung der artikuliertesten Vertreter der Arbeiterklasse, die an allen Fronten in den vordersten Reihen gegen die ausländische Intervention und die Konterrevolution kämpften, führte zu dem Paradoxon einer Diktatur des Proletariats fast ohne Proletariat, einer Diktatur, die aber in seinem Namen von einer Partei professioneller Kader ausgeübt wurde. Diese Partei, die mit der Hungersnot, der Invasion, der Unterentwicklung zu kämpfen hatte, wurde zur extremen Zentralisierung sämtlicher Hilfsmittel und der Macht gezwungen.

So starb die Arbeiterselbstverwaltung. Und in Rußland ist ihr Tod ein Drama der Unterentwicklung.

Ungefähr zum gleichen Zeitpunkt wurde in Italien der Kampf für die Arbeiterräte von dem Mann geführt, der auf diesem Gebiet einer der größten schöpferischen Marxisten nach Lenin war — von Antonio Gramsci.

In dem Bewußtsein, daß der Klassenkampf nicht in einem Parlament, sondern am Ort der Ausbeutung und des Widerstandes gegen diese Ausbeutung, d. h. im Rahmen der Betriebe gewonnen oder verloren wird, bemühen sich die italienischen Arbeiter, mit den Arbeiterräten die vorbereitenden Strukturen für zukünftige „Sowjets" zu schaffen. Auf der Konvention von Bologna im Februar 1919 wurde der Vorschlag eingebracht, das Parlament von Berufspolitikern durch eine konstituierende Versammlung von Werktätigen zu ersetzen, die aus den Räten an der Basis hervorgehen sollten.

Im Dezember 1919 werden die Textilfabriken Mazzoni besetzt; die Arbeiterräte beschließen, die Arbeit ohne den Arbeitgeber nach ihren eigenen Regeln und Vorschriften fortzusetzen. Das war einer der ersten Versuche von Arbeiterselbstverwaltung im Westen.

Der Mißerfolg dieses Versuches ist zurückzuführen auf das Scheitern des Reformismus, der das illusorische Ziel verfolgt, den Sozialismus im kleinen einführen zu wollen, in einem einzelnen isolierten Unternehmen und mit Arbeitern, denen jede Erfahrung in der Organisation fehlt.

Gramsci, der in dem Experiment der Räte eine höhere Organisationsform des Proletariats sah, arbeitete zwei Jahre lang am *Ordine nuovo,* um nach der Hauptmethode des schöpferischen Marxismus das von den Arbeitern spontan Geschaffene bewußt nachzuvollziehen und herauszuarbeiten. Er zeigte den Weg des zukünftigen Sieges auf und hob besonders hervor, wie notwendig es für die Arbeiterklasse ist, sich auf die Führungspraktiken vorzubereiten und die Organisationstechniken der Produktion zu beherrschen, um diese historische Aufgabe zu erfüllen.

In Rußland standen dem Sozialismus der Arbeiterselbstverwaltung die Probleme der Unterentwicklung im Weg, in Italien die des Reformismus.

Doch dieses Hauptziel des Marxismus, das lange Zeit vom Stalinismus und vom Neostalinismus verdeckt und erstickt worden war, nämlich die Arbeiterselbstverwaltung einer sozialisierten und planmäßig gelenkten Wirtschaft, taucht in jeder Krise des Stalinismus wieder auf: 1948 in Jugoslawien, 1956 in Ungarn, 1968 in der Tschechoslowakei, 1970 in Polen. Immer wieder ist die wichtigste Losung der Arbeiter im

Kampf gegen den bürokratischen Zentralismus unverändert: Arbeiterräte! Es ist ebenfalls bezeichnend, daß alle Versuche einer „Wirtschaftsreform" der Technobürokratien angesichts des Scheiterns ihres Zentralismus in die gleiche Richtung weisen: die Umkehrung der Tendenz zur Verstaatlichung der Gesellschaft.

Die Arbeiterselbstverwaltung steht heute auf dem Programm aller Kämpfe für den Sozialismus, im Osten wie im Westen.

Das Experiment der Arbeiterselbstverwaltung, das nach der Abschaffung des Privateigentums an den Produktionsmitteln in Jugoslawien seit 1950 durchgeführt wird, konnte bisher nur unter ungünstigsten Bedingungen verwirklicht werden; in einem Land nämlich, in dem sich wieder einmal die beim Aufbau eines Sozialismus der Arbeiterselbstverwaltung auftretenden Probleme mit denen des Kampfes gegen die Unterentwicklung überschnitten; in einem Land nämlich, das beim Start nicht nur durch die Rückständigkeit seines ehemaligen kapitalistischen Regimes benachteiligt war, sondern auch durch Folgeerscheinungen des Stalinismus im Konzept der Partei und des Staates, die für die Entwicklung der Arbeiterselbstverwaltung ein Hindernis gewesen sind und noch sind — und das um so mehr als die Strömungen, die diese Tendenz zum Ausdruck bringen, von außen Ermutigungen und Unterstützung erhalten; schließlich führen der multinationale Charakter des jugoslawischen Staates und die außerordentlich großen regionalen Verschiedenheiten im Lebensstandard (vom reichen Slowenien bis zum „Notstandsgebiet" der Herzegowina) zu ernsten Problemen und gefährlichen Spannungen.

Doch die Tatsache, daß es unter solch widrigen Umständen seit zwanzig Jahren funktionieren konnte und sogar einige der ewig wiederkehrenden Einwände seiner Verleumder zu widerlegen vermochte, spricht nur für das System.

Bedeutsam ist, daß diese Einwände alles Einwände *a priori* sind, die sonderbarerweise jenen gleichen, die von den Gegnern der Französischen Revolution gegen das eigentliche Prinzip der Demokratie und von den Gegnern des Sozialismus im allgemeinen im 19. und im 20. Jahrhundert erhoben wurden.

A) Sind die Arbeiter fähig, ihre Betriebe zu leiten? Wird der Mann, der am Bahnhof die Fahrkarten locht, über den Bau des Luftbusses mit entscheiden können? Wird er die richtige Wahl zu treffen vermögen zwischen einer sofortigen Lohnerhöhung und der Möglichkeit langfristiger Investitionen?

In genau der gleichen Weise spotteten die Aristokraten in Koblenz, als das von ihnen ewig und immer und seit jeher für unmündig gehaltene Volk von „Flickschustern und Advokaten" es wagte, die öffentlichen Angelegenheiten selbst in die Hand zu nehmen und das Volk „einzusetzen".

Es ist normal, daß die heute herrschende Klasse so urteilt und der Meinung ist, daß nur die „Herren" etwas verstehen. Weniger verständlich ist es, daß Menschen, die sich auf den Sozialismus und den Kommunismus berufen, diese Argumente übernehmen.

So törichte Fragen kann nur stellen, wer den Stand technischer Kompetenz mit der Hierarchie verwechselt, die nicht auf technische Notwendigkeiten zurückzuführen ist, sondern auf die äußere Autorität, die das Eigentum an den Produktionsmitteln und die Delegierung von Machtbefugnissen an mehr oder weniger subalterne Manager verleiht. Wie Daniel Chauvey in seinem Buch «Autogestion» hervorhebt, verbinden sich mit dem Wort „Hierarchie" schon von seiner Etymologie her die zweifache Vorstellung des Befehlens und des Heiligen. Die technische Kompetenz und die Organisation der Arbeit haben nichts zu tun mit diesem doppelten Charakter des Depotischen und des Sakralen. Wir haben bereits gesehen, wie Karl Marx im Hinblick auf die Genossenschaften diesen Begriff der Hierarchie mit seiner Parabel vom Musikdirektor entmystifizierte.

Eine zweite Verwechslung hängt zusammen mit einer zu engen Vorstellung von der Arbeiterklasse. Die Selbstverwaltung eines Unternehmens ist die Partizipation an der Beschlußfassung durch alle diejenigen, die dort arbeiten, mit der einen Ausnahme der parasitären Elemente, die den Mehrwert abschöpfen und darüber nach ihrem Belieben verfügen, ohne den Arbeitern oder den Ingenieuren darüber Bericht zu erstatten.

In einem selbstverwalteten Betrieb gibt es eine Leitung, gibt es Ingenieure, gibt es eine Organisation der Arbeit. Der Direktor aber wird auf Grund seiner Verantwortlichkeiten und nicht als Besitzer des Kapitals bezahlt. Die Ingenieure spielen ihre Rolle einzig und allein als Techniker und nicht als Sachverwalter der absoluten Macht des Arbeitgebers. Die Organisation der Arbeit leitet sich her aus den technischen Erfordernissen und nicht aus der Sorge um Herrschaft, die zur höchstmöglichen Zerlegung der Arbeit und zur Vermehrung der Aufseher führt.

Mit einer dritten Verwechslung ist hier noch aufzuräumen: Es stimmt nicht, daß die Parzellierung der Arbeitsabläufe, welche die Arbeit jedes menschlichen Sinnes entleert und den Menschen zum Anhängsel der Maschine macht, eine technische Notwendigkeit ist und die höchste Produktivität garantiert. Sie garantiert nur das größte Maß an Gehorsam und an Kontrolle und ermöglicht es, die Arbeiter im höchsten Ausmaß aufzuteilen, indem die Löhne nach Arbeitsstelle berechnet und die Lohngruppen endlos untergliedert werden, so daß jeder Arbeiter einen anderen Lohn erhält als sein Nebenmann und es keinen gemeinsamen Nenner mehr gibt, auf den sich die Lohnforderungen vereinheitlichen ließen. Doch diese Methoden stammen noch aus dem Taylor-System, das seit langem nicht mehr gültig ist. Sie entsprechen, wie wir in der Untersuchung des bürokratischen Dualismus schon gezeigt haben, einer überholten Stufe der Technik und der Betriebsleitung.

Die Methoden, welche das Maximum an Ausbeutung der physischen und nervlichen Kraft des Arbeiters erlauben und weitestgehend die Möglichkeit einer Kontrolle seitens der Arbeiter unterbinden, erlauben nicht, die Güterproduktion zu maximieren.

Selbst in kapitalistischen Unternehmungen sind die Arbeitgeber, die nicht hartnäckig an der Vergangenheit festhalten und die jüngsten Ergebnisse der Arbeitswissenschaft berücksichtigen, dazu übergegangen, aus Sorge um die Produktivität auf die Methoden Taylors zu verzichten. Es bewahrheitete sich, daß der Ertrag höher ist, wenn anstelle der äußeren

Zwänge der Kontrolle dem Arbeiter kollektiv die Möglichkeit gegeben wird, die Arbeit selbst zu organisieren, die Arbeitszeit und das Tempo zu bestimmen, die Anlagen einzurichten; wenn die Aufgaben derart neu geordnet worden sind, daß die Verantwortung der einzelnen oder der Gruppen wieder einen Sinn erhalten; wenn die Aufseher und die Kontrolleure abgeschafft werden und die Ingenieure und Techniker, anstatt diskussionslos anzuordnen, ihr Können und ihr Wissen den Arbeitern zur Verfügung stellen und ihnen helfen, die technischen Probleme zu lösen. Die Anwendung eines solchen Systems in einer Kunstfaserfabrik der I. C. I. in England hat nach ersten Übergangsschwierigkeiten zu einer 20-prozentigen Produktionssteigerung geführt.

Die Unternehmen Volvo und Saab in Schweden haben begonnen, das Fließbandsystem kritisch zu überprüfen. Es soll von halbautonomen Arbeitsgruppen abgelöst werden, die ganze Elemente fertigstellen.

Allgemein herrscht eine Tendenz zur Teamarbeit, um damit den Arbeitern eine größere Selbstkontrolle über ihre Arbeit zu geben.

Selbstverständlich ist das keine Arbeiterselbstverwaltung. Doch es zeigt im Inneren des Kapitalismus selbst, daß die Ab- und Entwertung und das Verrobotern des Arbeiters beim gegenwärtigen Entwicklungsstand der Produktivkräfte keine technischen Notwendigkeiten sind und daß es von der Seite der Technik her keinen Einwand gegen die Schaffung der technischen Voraussetzungen der Arbeiterselbstverwaltung gibt.

Auf der Stufe der Produktion ist es allein schon von der Produktivität her gesehen rentabler, die Arbeitsstelle dem Menschen anzupassen als den Menschen der Arbeitsstelle.

Auf der Stufe der Unternehmensleitung führt die Einführung der Datenverarbeitung, wie wir gezeigt haben, zu einer Dezentralisierung der Entscheidungsfunktionen. Auf der gegenwärtigen Entwicklungsstufe von Wissenschaft und Technik in der Produktion wie in der Unternehmensleitung *kann allein die Arbeiterselbstverwaltung die Logik der Informatik wie die Forschungen der Arbeitswissenschaft zum Ziel führen.*

Als man in China auf Grund politischer und ideologischer

(und nicht nur technischer) Forderungen die Fabrikräte einführte, erzielte man außerordentlich positive Resultate. Es ist keine Frage, daß es zu einer Zeit, da die Hauptquelle des Reichtums mehr und mehr in der Innovation liegt, immer unproduktiver wird, den Menschen nur als eine Maschine aus Knochen, Muskeln und Nerven zu benutzen, seine Intelligenz aber nicht einzusetzen.

Die Arbeiterselbstverwaltung begnügt sich nicht damit, diese Intelligenz und diese Initiative einzusetzen, sie ist auch ihr bester Anreiz und ihre beste Schule.

Sie ist nicht nur ein theoretischer Gesichtspunkt, wie die Erfahrung beweist. In Jugoslawien, wo seit dem ersten Gesetz über die Arbeiterräte im Jahre 1950 die Selbstverwaltung nach und nach in allen Bereichen des gesellschaftlichen Lebens (Schulen und Universitäten, Rundfunk, Fernsehen usw.) eingeführt wurde, ebenso wie in der Tschechoslowakei, wo sich mit den ersten Schritten der Wirtschaftsreform schon 1966 frühe Formen von Arbeiterselbstverwaltung bildeten und wo sich von Januar bis August 1968 die Erneuerung des Sozialismus durch die offizielle Anerkennung und den Ausbau der Arbeiterräte bekundete, zeigte sich ein und dasselbe Phänomen: bei den Wahlen zu den Arbeiterräten nicht die alten politischen Kämpfer, die sich am aktivsten für ihre Forderungen eingesetzt hatten, wiedergewählt, sondern eine große Zahl von Ingenieuren und Technikern (die mitunter eine Mehrheit von 70 Prozent in den Arbeiterräten innehatten). Zweifellos handelt es sich hier auf kurze Sicht um eine negative Motivation; als die Arbeiter an der Basis Ingenieure und Techniker wählten, waren sie sich bewußt, daß sie noch keine ausreichende Erfahrung im technischen Bereich und in der Organisation der Arbeit besaßen. Die Zusammensetzung der Arbeiterräte wird um so ausgewogener sein, je höher der technische und kulturelle Bildungsstand der Arbeiterklasse ist.

Gleichwohl hat dieses Phänomen auch sehr positive Aspekte. Zunächst ist es ein Zeichen dafür, daß sich neue Beziehungen zwischen Arbeitern und Technikern anbahnen, daß man von dem Konzept einer reinen Arbeiterbewegung abkommt und daß sich ein gegenseitiges Vertrauen entwickelt. Diese Wahl zeigt außerdem das Verantwortungsbewußtsein der Arbeiter — das Bestreben, die Befriedigung unmittelbarer Wünsche gegenüber den langfristigen Interessen des Unternehmens zurückzustellen und mögliche Investitionen nicht durch unüberlegte Lohn- und Gehaltserhöhungen zu gefährden. Auch wird auf diese Weise die Arbeiterselbstverwaltung zur Schule ihrer selbst: Die Ingenieure und Techniker, die von den Arbeitern in den Arbeiterrat gewählt worden und jederzeit aus diesem Rat wieder abwählbar sind, müssen informieren, erklären, überzeugen, und das ist die beste Ausbildung, um zu lernen, an der Entschlußfassung zu partizipieren, und das um so mehr, als die Arbeiter nicht nur das Recht haben zu verlangen, daß ihnen die verschiedenen Möglichkeiten und ihre Folgen zur Wahl vorgelegt werden, sondern auch von Experten außerhalb des Unternehmens ein Gegengutachten einzuholen.

So werden die Beschlüsse gemeinsam mit den Fachkräften, aber nicht ausschließlich von diesen gefaßt.

Das wird um so wichtiger, wenn es sich um große Entscheidungen handelt, die unter Umständen auch die Unternehmensziele selbst in Frage stellen. Auf dieser Ebene kommt der Meinung des Arbeiters an der Basis oder des Verbrauchers und Benutzers mindestens ebensoviel Bedeutung zu wie der des „Spezialisten" oder des Industriellen oder politischen „Führers", und seine Kompetenz ist keineswegs geringer. Um nur ein Beispiel anzuführen: eine echte Konsultation der Basis über die Ziele der Planung würde sicherlich nicht dazu geführt haben, daß Waffenlieferungen, insbesondere von Kampfflugzeugen, ein vorrangiges Ziel und einer der Hauptposten des französischen Exports ist.

Unter Arbeiterselbstverwaltung ist keineswegs die demagogische Anmaßung zu verstehen, ein jeder könne alle Fragen beantworten, wohl aber die Forderung, daß auf jeder Entscheidungsebene alle diejenigen an der Beschlußfassung beteiligt werden, die mit der Ausführung beauftragt sind, und alle diejenigen, die von den Folgen und Auswirkungen betroffen sind.

In einem Unternehmen kann man mindestens drei Entscheidungsebenen unterscheiden:

1. Die Personalfragen: Fragen der Einstellung, des Lohns, der Beförderung, der fachlichen Weiterbildung und Umschulung ... Im Sozialismus der Arbeiterselbstverwaltung können alle diese Probleme in direkter Demokratie auf der Ebene der Werkstatt gelöst werden, und in den großen Unternehmen von den Delegierten, die nach allgemein gültigen Bestimmungen aus den verschiedenen Werkstätten oder Abteilungen hervorgehen.
2. Die Fragen der Organisation der Arbeit können auf die gleiche Weise geregelt werden, wenn man — wie wir bereits gezeigt haben — zwischen der technischen Kompetenz und der Hierarchie unterscheidet, zwischen dem, was sich aus den tatsächlichen technischen Erfordernissen der Produktion herleitet, und dem, was nur auf die ehemalige Arbeitgeberautorität und ihre Umsetzung in den Technobürokratien zurückzuführen ist, die sich auf den Sozialismus berufen.
3. Die Führungsprobleme: Auswahl der Ziele, Investition, Preisfestsetzung, Marktbeziehungen. Hier stellt sich die Frage nach den Zielen und der Zweckbestimmung des Unternehmens: handelt es sich um einen Wettlauf nach Profit um des Profits willen oder nach Macht um der Macht willen, oder aber um die Befriedigung der Bedürfnisse der gesamten Gesellschaft? Ist dem individuellen Bedürfnissen oder den kollektiven Bedürfnissen der Vorrang zu geben?

Die Antwort auf diese Fragen hängt nicht nur von der Gesamtheit der Belegschaft, von den spezialisierten Technikern der Produktion oder der Unternehmensleitung ab, sondern ebenso von den Vertretern der allgemeinen Planung und ebenso von den Benutzern (d. h. von den Delegierten anderer Betriebsräte).

Es genügt, konkret einige dieser Probleme aufzuzählen — Ausbau und Modernisierung des gemeinschaftlichen Transport- und Verkehrsnetzes, der Autobahnen, des Post- und Telegraphenwesens, des Wohnungsbaus —, um die Überlegenheit eines Regimes der Arbeiterselbstverwaltung aufzuzeigen, verglichen mit dem kapitalistischen System, wo die Entscheidungen nach den Interessen der großen Privatunternehmen getroffen werden, oder dem System des bürokratischen Zentralismus stalinistischer Prägung, wo die Entscheidungen am Gipfel getreffen und die Arbeiter dann manipuliert werden, damit sie sich mit den „von außen" durch den für allwissend gehaltenen Unternehmensleiter festgelegten Zielen identifizieren. Lenin schrieb: „Nur diejenigen können dem widersprechen, die weit davon entfernt sind, die wahren Vertreter der Arbeiterklasse zu sein . . . immer lebensfremd sind . . . auf einem Kopfkissen weiterschlafen, unter das sie sorgfältig ein altes zerknittertes Buch geschoben haben, das niemand mehr braucht und das ihnen als Führer und Leitfaden dient in ihrem Bemühen, den offiziellen Sozialismus einzuführen. Doch die Intelligenz von vielen Zehnmillionen Erfindern und Gründern liefert etwas unendlich viel Erhabeneres als die weitreichensten und genialsten Vorhersagen."

B) Eine zweite Serie von Einwänden bezieht sich auch nicht auf die Fähigkeit der Arbeiter, ihre Betriebe zu leiten, sondern auf die Schwierigkeiten, die aus dem betriebseigenen Interesse der Unternehmen, aus ihren kollektiven Egoismen entstehen können, die eine allgemeine Planung unmöglich machen.

Dieses Problem ist viel ernster. Doch stellt es keinen echten Einwand dar, der sich ausschließlich gegen den Sozialismus der Arbeiterselbstverwaltung richtet. Es ist vielmehr ein Problem, vor das sich heute jede hochentwickelte Gesellschaft gestellt sieht, welches Regime auch herrscht: Wie sind die wissenschaftlichen Erfordernisse der Planung mit den Erfordernissen der Demokratie in Einklang zu bringen?

Bis jetzt lassen sich drei Hauptmodelle als Lösung für dieses Problem aufstellen:

Zunächst das Modell, das ich „animalisch", vormenschlich nennen möchte, nämlich das des Kapitalismus, wo unter raffinierten (und selbst mathematischen!) Formen noch die Gesetze des Dschungels herrschen. Die großen Unternehmen verschlingen die kleinen. Und die größten von ihnen wirken entscheidend auf die Wahlmöglichkeiten des Planes ein, und zwar so gründlich und nachhaltig, daß zuguterletzt der Plan das Resultat aus dem Kräfteverhältnis zwischen den großen Privatinteressen ist. Dann schaltet sich die „Ökonometrie" ein, um ihr mathematisches Geflecht zu knüpfen, das die Realität dieser Dschungelverhältnisse verhüllt. So kommt es, daß sich der Städtebau in anarchistischer, krebsartiger Weise entwickelt als Funktion der Bodenspekulationen; so kommt es, daß die Einrichtung von technischen Universitätsinstituten, genau wie die Trassierung der Autobahnen, abhängig ist von den Gelüsten und der Macht dieser oder jener „Lobbies" oder bestimmter privater Interessengruppen. Diese Liste ließe sich ohne Schwierigkeiten verlängern.

Das zweite Modell ist das des bürokratischen Zentralismus, das stalinistische Modell, das als Neostalinismus weiterlebt. Es ist ein mechanistisches Modell, bei dem alle Direktiven von oben kommen und sich über eine Reihe von Zwischenschaltungen und bürokratischen Kontrollen nach unten fortsetzen. Dieses System ist bewiesenermaßen von höchster Wirksamkeit, solange Knappheit herrscht, so daß selbst das blindwütigste quantitative Wachstum der Produktion keinen wesentlichen Nachteil darstellt, denn es mangelt an allem, und folglich kann alles aufgenommen und absorbiert werden. Wenn diese Stufe überschritten ist, erweist sich die Anmaßung, die Bedürfnisse von oben bestimmen zu wollen, als illusorisch, und die gleiche Zentralisierung, die ein stürmisches Wachstum ermöglicht hatte, wird zum Hindernis für dieses Wachstum. Die unverkauften Lagerbestände türmen sich, die nicht benutzten Geräte verrosten; dringende Bedürfnisse aber werden nicht befriedigt. Nun kommt es zu Arbeiterflucht im Betrieb, zu Unverantwortlichkeiten in den Direktionen, zu Verschwendung und Vergeudung in der nationalen Wirtschaft, und jede Initiative wird von der Bürokratie erstickt. Nur die Spitzenindustrien, die mit Rücksicht auf die nationale Verteidigung oder aus Gründen des nationalen Prestiges Vorrang haben, werden konkurrenzfähig gehalten, während die Landwirtschaft weiter dahinvegetiert und der Konsum auf der Strecke bleibt. Wenn Proteste gegen diese Methode laut werden, antwortet man mit Repression: im Inland wirft man Schriftstellern und Künstlern vor, sie nährten die Zweifel und den Streit, anstatt der Integration zu dienen (und das nennt man dann „den ideologischen Kampf für die Reinheit des Marxismus-Leninismus“); nach außen beschuldigt man die Nachbarn, die am sowjetischen Modell des bürokratischen Zentralismus ersticken, sie seien die Instrumente der weltweiten Konterrevolution, wie das in der Tschechoslowakei der Fall war (und das nennt man „die Solidarität des proletarischen Internationalismus“, denn die friedliche Koexistenz wird akzeptiert im Verkehr mit den kapitalistischen Ländern, jedoch nicht im Verkehr der sozialistischen Ländern untereinander).

Die Korrekturen erfolgen dann krampfartig und ungeplant. Ein Beginn von ökonomischer Reform gewährt relative Autonomie, zwar nicht für die Unternehmen, aber doch wenigstens für ihre von oben ernannten Direktoren. Wenn in Polen der Aufruhr tobt, revidiert man am Vorabend des XXIV. Kongresses hastig den sowjetischen Plan, um den Konsum etwas aufzupäppeln.

Zumindest kann man sagen, daß das harmonische Gleichgewicht zwischen Planung und Demokratie, wenn auch mit entgegengesetzten Methoden, weder durch den Kapitalismus noch durch den Stalinismus erreicht wird.

Vielleicht wäre es klug, ein anderes Modell auszuarbeiten, das sich auf die Prinzipien des Sozialismus der Arbeiterselbstverwaltung gründet. Die Tatsache, daß jeder Arbeiter an der Basis an der Festlegung der Zweckbestimmungen und Ziele jeder Arbeitseinheit partizipiert, im Unterschied zum Kapitalismus, wo die Anarchie der Privatinteressen nicht überwunden werden kann, und im Unterschied zum Stalinismus, wo jede Entscheidung „von außen“ und „von oben“ erfolgt, wird hier die Planung nicht nur an der Spitze, sondern eben auch an der Basis erarbeitet.

Mehr und mehr bilden sich auf diese Weise große Einheiten heraus, die wechselseitig ihre Ziele und ihre Aktivitäten koordinieren und ineinanderfügen, da die Produzenten eines Unternehmens auch als Benutzer in die Entscheidung der anderen Unternehmen eingreifen. So entsteht ein Netz von großen Einheiten, die sich selbst und die einander wechselseitig regulieren. Das kapitalistische Modell des Dschungels und das mechanistische Modell der Technobürokratie können dann ersetzt werden durch ein kybernetisches Modell, das sich auf die sozialistische Selbstverwaltung der Unternehmen und des gesamten gesellschaftlichen Lebens gründet. Die zentralen Planungsorgane werden in dieser Perspektive in keiner Weise verworfen und nicht einmal geschwächt. Doch sie liegen nicht mehr ausschließlich in Händen einiger Technokraten, die im Namen der von ihnen vertretenen Privatinteressen maßgebenden Einfluß nehmen, und auch nicht von einigen hohen Beamten, die ebenfalls Technokraten sind. Sie sind nicht mehr jeglicher Kontrolle durch die Basis entzogen wie im kapitalistischen System; sie sind auch nicht mehr in den Händen einiger Bürokraten einfache „Treibriemen" der Parteileitung und des Staates, ebenfalls der Kontrolle durch die Basis entzogen. Die zentralen Planungsorgane in einer sozialistisch selbstverwalteten Gesellschaft gehen vielmehr unmittelbar aus den Arbeiterräten und aus den Räten aller Arbeitseinheiten hervor, als da sind Unternehmen, Dienstleistungsbetriebe, Universitäten, Laboratorien, Forschungszentren. Darüber hinaus sind sie verpflichtet, ständig über ihre Tätigkeit, die Gründe und die Kriterien, von denen sie sich bei der Festlegung ihrer Ziele haben leiten lassen, über die verschiedenen Entscheidungsmöglichkeiten und ihre Konsequenz zu berichten. Nur so wird der Plan, von dem unserer aller Zukunft abhängt, die Sache eines jeden einzelnen sein.

Soll das heißen, daß es in dem nach diesen Prinzipien entworfenen Modell keine Gegensätze und Widersprüche, keine Spannungen mehr gibt? Gegensätze, Widersprüche und Spannungen wird es geben; neu ist jedoch die Tatsache, daß sie durch einen einsamen Regierungsbeschluß in einseitiger und autoritärer Form weder abgelehnt noch aufgelöst werden.

Diese Forderung unserer Zeit ist so unabweislich, daß sich selbst diejenigen, die sie bekämpfen, gezwungen sehen, zumindest so zu tun, als wollten sie langsam beginnen, sie zu erfüllen, wie im Westen die Regierungsmanöver zum Thema „Mitbestimmung" zeigen, die weder die Arbeitgebergewinne noch die Arbeitgeberautorität überhaupt in Frage stellen würden, und wie im Osten die Versuche der „Wirtschaftsreform“ und der „Demokratisierung“ des Systems beweisen.

Wenn die Arbeiterräte und danach die Selbstverwaltung die Richtung und den Inhalt des Kampfes für den Sozialismus bestimmen, ist es entscheidend, daß diese Zielsetzung an sich schon ein ständiges Bemühen um Ausbildung und Information impliziert, um die Arbeiter darauf vorzubereiten, die Produktion und das gesamte Wirtschafts- und Sozialleben in den Griff zu bekommen. Jede andere Politik dagegen arbeitet mit Schlagworten, mit Propaganda und mit Manipulation.

Von ihrem Prinzip her kann die Selbstverwaltung nicht im voraus „programmiert“ werden. Der Theoretiker kann nicht für sich in Anspruch nehmen, denjenigen, die er zur Selbstbestimmung auffordert, eine Zukunft vorzuschreiben.

Vielmehr ist es von jetzt an unerläßlich, das Ziel klar herauszustellen, aufzuzeigen, daß es möglich ist, es zu erreichen, und weiter über die Übergangsmaßnahmen nachzudenken, die die Voraussetzungen für den Sieg schaffen werden.

Das ist das Problem einer jeden echten Demokratie: das allgemeine Interesse an autonomen Erkenntnis- und Entscheidungszentren wachzurufen.

Eine solche Konzeption leugnet die Notwendigkeit einer Avantgarde nicht, wohl aber die einer Avantgarde, die sich selbst die leitenden Funktionen zuschreibt.

Der Weg zur Arbeiterselbstverwaltung braucht *Bewußtwerden* und *Bewußtsein,* aber nicht Befehl. Eine Konzeption, die sich das Ziel setzt, den Arbeiter zum Subjekt sämtlicher Rechte zu machen, kann nicht Mittel und Methoden anwenden, die diesem Ziel entgegengesetzt sind.

Es ist also nicht die Aufgabe der Avantgarde zu regieren; sie muß vielmehr entwickeln helfen, die Initiativen entdecken und sie anregen, sie koordinieren; sie muß zur Bewußtseinsfindung beitragen und die langfristigen Erfordernisse und Bedürfnisse theoretisch herausarbeiten und der Arbeiterselbstverwaltung als bewußten Plan und Entwurf zum Durchbruch verhelfen. Das ist weniger eine Sache der Führung als vielmehr der Erziehung. Die Selbstverwaltung ist eine Erziehung der Revolution und eine Revolution der Erziehung.

Schlußfolgerung

Dieses Buch ist ein Engagement — für den, der es geschrieben hat, für den, der es liest.

Ich konnte nicht anders, ich mußte dieses Buch schreiben, um meinem Traum treu zu bleiben, an den ich als Zwanzigjähriger glaubte.

In meinem Leben bedeutet das Buch Bruch und Erfüllung, Losreißen und erneutes Verwurzeln zugleich.

Ich verleugne keine meiner Hoffnungen; sie verwirklichen sich auf unerwartete Weise. Das Ziel bleibt das gleiche. Die Mittel und Wege, die dorthin führen, sind andere; wie sollten sie das auch nicht sein, da sich die Welt doch in diesen wenigen Jahren stärker verändert hat als in vielen Jahrhunderten?

Welch gewaltige Umwälzung im Leben eines Menschen, der, nachdem er sich so viele Jahre zum Atheismus bekannt hat, den Christen entdeckt, den er in sich trägt und den er vielleicht immer in sich getragen hat! Und der bereit ist, die Verantwortung für diese Hoffnung zu übernehmen.

Es erfüllt mit Angst, wenn man siebenunddreißig Jahre lang aktives Mitglied ein- und derselben Partei und zwanzig Jahre einer ihrer Führer gewesen ist und in ihr den Sinn und die Schönheit seines Lebens gefunden hat, und dann ebendiese Partei in ihren Grundsätzen in Frage stellt, nur um die Hoffnung zu verwirklichen, die diese Partei in einem geweckt hat.

Dieses Buch wurde in Angst und in Hoffnung geschrieben, ohne jede polemische Absicht. Allein aus dem leidenschaftlichen Willen heraus, mitzuhelfen, eine Ausweglosigkeit bewußt zu machen und die Alternative für eine mögliche Zukunft vorzuschlagen.

Alles, was ich über diese Aufgabe gesagt habe, zeigt, wie fest ich davon überzeugt bin, daß dies nicht die Aufgabe eines einzigen Menschen allein ist. Niemand weiß so gut wie der Verfasser selbst, daß dieses Buch unvollendet ist.

Doch wir leben in einer Zeit, die so schwindelerregend rasch abläuft, daß es uns nicht möglich ist, eine Intervention so lange hinauszuschieben, bis wir die ästhetische Befriedigung haben können, ein perfektes System vorzulegen: Der Tag seiner offiziellen Geburt wäre gleichzeitig auch der seines Todes, denn es wäre durch dieses Ereignis, auf das es keinerlei Einfluß hat, bereits überholt.

Wir brauchen nicht so sehr Systeme — die aus der lebendigen Gegenwart nur Geschichte machen würden, so wie aus der toten Vergangenheit —, sondern viel eher fließende Gedanken, die Antriebe, Werkzeuge oder Waffen sein können, um die Zukunft zu erfinden und zu realisieren.

Das Werkzeug erhält Wert allein durch denjenigen, der es ergreift und handhabt.

Und deshalb verpflichtet dieses Buch auch denjenigen, der es liest.

Von den Zornesausbrüchen und den Hoffnungen der Jugend angeregt, wendet es sich zuerst an die Jugend, und zwar an die Jugend dem Alter nach, aber auch an die Jugend des Geistes und des Herzens, an jene, die da glauben, daß das Leben des Menschen nicht allein dazu da ist, hinzunehmen und zu verfluchen, sondern neu anzufangen, zu erfinden und zu erschaffen.

Der Leser mag dieses Buch in Bausch und Bogen als anmaßende und anspruchsvolle Utopie verwerfen. Er mag dann glauben, seiner eigenen Zukunft nichts mehr schuldig zu sein.

Ein anderer kann sich auf die Kritik der Schwächen und der Unzulänglichkeiten der Arbeit versteifen — sie sind Legion —, und wenn er es dabei bewenden läßt, sollte er es sich ersparen, sie selbst zu verbessern und das Problem damit auch nur einen Schritt vorantreiben zu wollen.

Wieder ein anderer mag dem Buch vorwerfen, es sei kein „Programm", doch vergißt er dabei, daß es dem eigentlichen Geist dieser Arbeit widersprechen würde, „Kochrezepte für die Garküchen der Zukunft" vorzubereiten, wie Marx sagt. Denn es ist eines seiner Hauptthemen, daß die Zukunft aller das Werk aller sein muß, von allen erfunden und von allen realisiert.

Und dann sind da jene, die hier vielleicht eine Frage, ein Suchen anklingen hören, Töne, die ihnen verwandt sind, die sie schon in sich tragen. Sie werden vielleicht empfinden, daß sie persönlich für die Fortsetzung dieses Buches verantwortlich sind, damit ihr eigenes Denken, wie auch dieses Buch, in Taten umschlägt. Wir reichen uns die Hände. Wir haben uns noch etwas zu sagen, haben etwas gemeinsam zu tun.

Alles ist möglich, alles ist noch zu tun.

Zunächst einmal die Bestandsaufnahme der wirklichen Bedürfnisse. 1880 hatte Marx einen Fragebogen für eine „Arbeiterbefragung" vorbereitet, denn er maßte sich nicht an, als politischer Führer sich so mit den Massen identifiziert zu haben, daß er selbst ihre Forderungen und ihr Programm festlegen und ein für allemal in ihrem Namen sprechen könne. Er achtete jeden Augenblick aufmerksam auf neu entstehende Bestrebungen. (Diese Haltung hätte den leitenden Politikern und Gewerkschaftlern im Frühjahr 1968 wohl angestanden, um die neuen Bedürfnisse zu entdecken, die in der Bewegung zutage traten, anstatt sich damit zu begnügen, für das Althergebrachte einzustehen.) Der Fragebogen von Marx zeigt, daß er aus der Ökonomie eine lebendige Wissenschaft machen wollte, die aus der täglich erlebten Erfahrung eines jeden Arbeiters schöpft, in ihr verwurzelt ist und allmählich das Werk aller wird. Er gab nicht vor, endgültige Antworten bereit zu haben, sondern Fragen, die zum persönlichen Nachdenken eines jeden auffordern. Er wandte sich nicht „an die Massen", sondern an die Arbeiter und zwar an *jeden einzelnen von ihnen*. Von hier aus kann man zur theoretischen Ausarbeitung übergehen. Nur so kann ein „Programm" aufgestellt werden, das den Veränderungen unserer Zeit und den neuen Bedürfnissen, die sie hervorrufen, gerecht wird.

Ein jeder kann dazu beitragen, dort wo er ist: in seiner Werkstatt, seinem Büro, seiner Universität, seinem Laboratorium; in seiner Gewerkschaft, seiner Partei, seiner Kirche.

Ein jeder kann auch die Methoden vorschlagen, die es ermöglichen, alle diese Einzelbemühungen zu koordinieren, damit ein jeder in seinem Suchen und Forschen durch die Erfahrungen, die Entwürfe und die Initiativen aller anderen bereichert wird, und damit ein jeder in immer stärkerem Ausmaß zu einem Brennpunkt wird, an dem sich etwas Neues, die Zukunft entzündet. Hier soll wiederholt werden, was wir zu Beginn gesagt haben: *Wir wollen keine Partei schaffen, sondern eine Geisteshaltung.* Und diese Geisteshaltung wird die Parteien, die Gewerkschaften, die Kirchen verändern — denn er ist Ausdruck eines tiefen Bedürfnisses unserer Zeit.

Koordinieren und nicht unterordnen. Wecken und nicht befehlen. Das also ist eine Form der menschlichen Beziehungen, deren Modell noch zu erfinden ist. Auch das ist die Aufgabe von allen. Denn bis heute wurde die Organisation immer mit der Delegation von Macht und dem Despotismus der kleinen Zahl verwechselt.

Es wird keine leichte Aufgabe sein, sich gegen die Vorstellungen einer jahrhundertealten Polemik durchzusetzen.

Es wird nicht an Spott mangeln.

Man wird uns vorwerfen, wir wollten die Prophezeiung und die Utopie an die Stelle der Wissenschaft setzen. Es ist ein gutes Zeichen, wenn wir die „Realisten“ und die Positivisten aller Schattierungen erzürnen; ein Zeichen dafür, daß wir den Verführungen von heute und von gestern nicht erliegen, daß wir fest zu unserer Meinung stehen, daß das Mögliche Teil des Wirklichen ist und daß jede sogenannte „humane“ Wissenschaft und jede Politik, die sich weigert, diese Hauptdimension der gesellschaftlichen Wirklichkeit anzuerkennen, keine Wissenschaft, sondern toter Szientismus, keine Politik, sondern blinder Empirismus ist.

Man wird uns vorwerfen, an die Stelle der sakrosankten „Organisation“ einen Messianismus und eine Donquichotterie zu setzen. Es ist ein gutes Zeichen, wenn die Männer der Apparate und die Manipulatoren aller Schattierungen erzürnt sind, ein Zeichen dafür, daß wir der Mode eines bestimmten ökonomischen oder politischen „Manageering“ nicht erliegen, für das der Mensch nur eine „von den Strukturen geführte Marionette“ ist, und daß wir fest zu unserer Meinung stehen: Wenn der Mensch nicht „Zurückhaltung und Abstand“ gegenüber jeder Institution bewahrt, wenn er auf sein Recht, auf die historische Initiative verzichtet, dann dient die Organisation nicht länger dem Menschen, sondern unterjocht ihn sich.

Man wird uns vorwerfen, an die Stelle der Politik eine anarchisch-syndikalistische Mythologie zu setzen. Es ist ein gutes Zeichen, wenn wir alle jene erzürnen, für die die Politik das Metier geworden ist, im Namen der anderen zu sprechen, sich an ihre Stelle zu setzen; ein Zeichen dafür, daß wir den Annehmlichkeiten der Delegierung von Macht nicht erliegen und daß wir vorhaben, *das eigentliche Konzept der Politik zu verändern, indem wir daraus eine Wissenschaft und eine Kunst machen, indem wir die Voraussetzungen schaffen, unter denen jeder einzelne an der Festlegung der Ziele der Gesellschaft und an der Selbstverwaltung aller gesellschaftlichen Tätigkeitsbereiche teilnehmen kann.*

Eine *Wissenschaft,* weil es zum Beispiel Sache der Wirtschaftswissenschaftler sein wird, die diesen Plan vorantreiben wollen (wie einst Quesnay mit seinem «Tableau économique de la France» in einem anderen Moment geschichtlichen Umbruchs, einige Jahre vor der Französischen Revolution), ein doppeltes Modell zu errichten, das der realen Gegenwart und das der möglichen Zukunft. Das heißt, mit größtmöglicher Schärfe die gegenwärtigen Quellen des Nationaleinkommens und seine Aufteilung auf die verschiedenen Schichten des Volkes klar herauszustellen; und im Gegensatz dazu ein mögliches Modell zu bauen, das die potentiellen Quellen des Nationaleinkommens freilegt, die aus einer Reorganisation der ökonomischen und gesellschaftlichen Strukturen hervorgehen würden, und zwar einer Reorganisation der Produktion, die nicht auf die Profite einiger weniger, sondern auf die Bedürfnisse aller ausgerichtet ist und die Schmarotzereien, die Vergeudungen, die Hemmnisse ausschaltet, die einem System immanent sind, das sich auf den Profit um des Profits willen und auf blindes Wachstum gründet. Ich weiß um die Schwierigkeiten eines solchen Unternehmens, doch nur ein solches Modell macht es möglich, jener Demagogie zu entgehen, die dahin tendiert, Forderungen und Begehren aneinanderzureihen, ohne die konkrete Möglichkeit ihrer Finanzierung und ihrer Befriedigung aufzuzeigen. Nur ein solches Modell wird ein glaubhaftes und jedermann zugängliches Bild demokratischer Planung entwerfen können und einer Neuverteilung des Nationaleinkommens, die den Investitionen in den Menschen absoluten Vorrang gibt.

Die Erfüllung einer solchen Aufgabe erfordert die Teilnahme von Tausenden von Spezialisten, Freiwilligen, Suchern, Forschern und Kämpfern, und an Hand der permanenten Befragung die genaue Feststellung und Artikulierung der entstehenden Bedürfnisse und deren unaufhörliche Entfaltung.

Es handelt sich auch um *eine Kunst*. Denn es genügt nicht, zu wissen und das Wissen zu vermitteln, man muß auch anrufen und wecken. Hierzu können alle jene beitragen, die irgend ein Ausdrucksmittel beherrschen, vom schöpferischen Künstler bis zum Journalisten und zu jedem, der den Wunsch in sich fühlt, seinen Glauben an eine Zukunft mitzuteilen, die ein menschliches Antlitz trägt.

Dieses Buch hat sein Ziel erreicht, wenn es einigen Menschen geholfen hat, sich der Ausweglosigkeit und zugleich der Möglichkeit bewußt zu werden, die aus der Sackgasse wieder herausführt, aber auch der persönlichen Verantwortung, die in einem solchen Versuch liegt.

Diese Bewußtseinsfindung ist gleichsam ein Feuer, das sich entzünden kann. Es wird verlöschen, wenn sich niemand findet, der es mit dem besten Teil seines Selbst nährt. Es kann eine Feuersbrunst werden, wenn einige wenige zu Beginn die Notwendigkeit fühlen, es weiter zu tragen, um die politische Atmosphäre eines Landes radikal zu verändern.

Sich die Ausweglosigkeit bewußt machen, heißt, sich bewußt werden, daß in dreißig Jahren — wenn wir weiterhin zulassen, daß wir so wie im Augenblick in die Katastrophe schlittern — der Mensch und seine Umwelt sich auflösen werden. Es wird keine Zeit mehr zum Leben sein, höchstens zum Überleben — wir werden Schiffbrüchigen gleichen oder Verirrten, die durch den Dschungel hetzen.

Sich das Mögliche bewußt machen, heißt nicht, an irgendein magisches Rezept glauben, das uns „von außen" kommend ohne unsere persönliche Beteiligung rettet. Es gibt keine passive Befreiung; erst im Kampf für die Freiheit beginnen wir, unsere Freiheit auszuüben. Wenn wir sie nicht schon jetzt und persönlich ausüben, werden wir sie nie und von niemanden erhalten.

Es ist eine ständige Anfechtung für einen Revolutionär, daß die Notwendigkeiten des Kampfes für die Befreiung ihn dazu führen könnten, die Freiheit selbst, für die er kämpft, zu korrumpieren oder zu zerstören. Es stimmt nicht, daß man die Macht erobern und mit allen Mitteln die Strukturen verändern kann, um danach vom Gipfel der eroberten Macht herab eine echte Freiheit vorzuschreiben. Wie kann man Mittel ersinnen, die dem verfolgten Ziel angemessen sind? Solche Mittel anzuregen und vorzuschlagen, war eines der Hauptanliegen dieses Buches.

Die Menschen machen ihre Geschichte nicht willkürlich; sie machen sie immer unter Bedingungen und Verhältnissen, die von der Vergangenheit strukturiert worden sind. Dennoch machen sie ihre eigene Geschichte. Die Strukturen formen die Menschen, aber die Menschen verändern und schaffen die Strukturen. In dieser tragischen Dialektik hängt alles von den Menschen ab, ihren Willen und ihren Entscheidungen.

Es wäre sicherlich einfacher, den Sozialismus in höchsten Tönen zu loben und unter Berufung auf ein Beispiel sagen zu können: das zu erreichende Ziel ist erreichbar, denn es ist schon erreicht worden. Wenn man von einem zu schaffenden Gesellschaftsmodell spricht, wird man stets und immer ein Utopist gescholten. So urteilten die Feudalherren am Vorabend der Revolution von 1789 oder die Bourgeoisie am Vorabend der Oktoberrevolution: Das ist noch nie dagewesen, das gibt es ja nirgends, also ist es unmöglich.

Die Revolutionäre haben solche Voraussagen immer widerlegt: „Sie wußten nicht, daß es unmöglich war, also haben sie es getan."

Anmerkungen

I. KAPITEL

1 Dietz Verlag, Berlin 1947, S. 66

2 Karl Marx, Der historische Materialismus, in: Frühe Schriften, Kröner Verlag, Leipzig 1932, Bd. I, S. 84

3 In einem in Vorbereitung befindlichen Buch: *Dionysos,* Essay über die Bedeutung des modernen Tanzes

II. KAPITEL

1 Karl Marx/Friedrich Engels, Werke, Studienausgabe, Fischer, Taschenbuch Verlag, Frankfurt/Main 1966, Bd. I, S. 212, 227

2 Vgl. Roger Garaudy, Cahiers du communisme, Januar 1961, S. 13—20.

3 Marx/Engels, Werke, Studienausgabe, Bd. III, S. 180

4 In *Kritik der Hegelschen Staatsphilosophie*

5 Siehe hierzu das Buch von Max Rouquérol, *Ordinateur et décentralisation des décisions* (Elektronenrechner und Dezentralisierung der Entscheidungen), Entreprise moderne d'édition, 1968, dem die folgenden Ausführungen sehr zu Dank verpflichtet sind

6 Marx, Frühe Schriften, Bd. I, S. 393

7 Roger Garaudy, Reconquête de l'Espoir, S. 112—117

8 Joseph Comblin, Théologie de la révolution, S. 216

9 Marx/Engels, Werke, Dietz Verlag, Berlin 1966—1968, Bd. 7, S. 353

10 Marx/Engels, Werke, Studienausgabe, Bd. I, S. 29

11 Karl Marx, Das Kapital, Frankfurt/Main, 1972, Bd. I, S. 791

12 Marx/Engels, Werke, Studienausgabe, Bd. I, S. 149

13 ebda.

14 Ernst Bloch, Das Prinzip Hoffnung, Frankfurt 1959

15 Jürgen Molthaupt, Theologie der Hoffnung, München 1969 [8]

16 W. I. Lenin, Ausgewählte Werke, Moskau 1946/7, Bd. II, S. 993 ff.

17 Zur Geschichte dieses „Dogmas" vgl. Roger Garaudy, Reconquête de l'Espoir, S. 21 ff.

18 In *Miroir de la peinture* (Wie liest man ein Bild), Ed. Skira, Genf, und in *Dionysos* (Essay über die Bedeutung des modernen Tanzes)

19 Friedrich Nietzsche, Die Geburt der Tragödie, in: Werke, Kröner Verlag, Leipzig, Bd. I, S. 144

20 Herman Kahn/Anthony Wiener, Ihr werdet es erleben, deutsch bei Molden, Wien 1968

III. KAPITEL

1 Marx, Kapital, Bd. III, S. 113 f.

2 a. a. O., Bd. I, S. 531

3 Levinson, Capital, Inflation and Multinationals, London 1971

4 Karl Marx, Grundrisse der Kritik der politischen Ökonomie, Frankfurt-Wien, o. J., S. 592 f.

5 Marx, Kapital, Bd. III, S. 113

6 ebda.

7 Serge Moscovici, Aufsatz in *L'homme et la société,* Juli/September 1969, S. 869

8 Marx, Kapital, Bd. III, S. 259

9 Vgl. hierzu: Joan Robinson, The relevances of Economic theory, in: *Monthly Review,* Januar 1971

10 „... Die moderne Bourgeoisie ... erkämpfte sich endlich seit der Herstellung der großen Industrie und des Weltmarktes im modernen Repräsentativstaat die ausschließliche politische Herrschaft. Die moderne Staatsgewalt ist nun ein Ausschuß, der die gemeinschaftlichen Geschäfte der ganzen Bourgeoisieklasse verwaltet." (Marx, Frühe Schriften, Bd. II, S. 577)

11 Marx, Frühe Schriften, Bd. II, S 598

12 Marx, Kapital, Bd. III, S. 400

13 Karl Marx, Werke, Darmstadt 1960, Bd. III/2, S. 874 f.

14 Marx, Werke, Darmstadt 1960, Bd. III/2, S. 1032 (Randglossen zum Programm der deutschen Arbeiterpartei)

15 a. a. O., S. 876

16 Marx, Der Bürgerkrieg in Frankreich (Adresse des Generalrates vom 30. Mai 1971), in: Marx/Engels, Studienausgabe, Bd. IV, S. 217

17 W. I. Lenin, Werke, Dietz Verlag, Berlin 1961—1965, Bd. 26, S. 486

18 Zirkular des Rates der Volkskommissare, 5. Januar 1918

19 W. I. Lenin, Ausgewählte Werke, Moskau 1946, Bd. II, S. 27

20 W. I. Lenin, Werke, Dietz Verlag, Bd. 32, S. 7

21 Bericht über das Parteiprogramm auf dem VIII. Parteitag der KPR(B) am 19. März 1919, in: W. I. Lenin, Ausgewählte Werke, Moskau 1947, Bd. II, S. 523